國文教學三部曲
中國課文精選示範

柳詠梅 著

崧燁文化

國文教學三部曲：中國課文精選示範
目錄

目錄

序一 5

序二 7

一朝選擇，一生追求—— 我的國文教學成長之路 11

第一部曲 文本解讀 19

    第一次練功——《秦兵馬俑》片段賞析 19

    奇人與妙文——解讀《刷子李》之妙 22

    把教材讀厚——《談生命》細讀 30

    理想與現實——巴金《短文兩篇》解讀 35

    用足文本價值——《橋之美》精段解讀 40

    兩兩相應在家醅——《春酒》解讀 42

    魅力背影知多少——國中國文課本中人物背影賞析 51

    真實而可敬的她——《項鍊》再讀 65

    字字句句皆有味——夾注式解讀《那樹》 72

第二部曲 創意設計 81

    品家醅　解鄉愁——《春酒》教學設計 81

    析比喻　悟生命——《談生命》教學設計 89

    賞新月　品親情——《金色花》教學設計 98

    解讀愛　悟成長——《爸爸的花兒落了》教學設計（第一堂課時） ... 106

    重累積　練能力——《綠色蟈蟈》教學設計 112

    角度新　趣學文——《孫權勸學》教學設計 117

    多角度品析　體驗角色——《我的叔叔于勒》教學設計 ... 123

    領悟情感　賞析手法——《荷葉母親》教學設計 132

    品味詩意　理解情懷——《茅屋為秋風所破歌》教學設計 ... 136

    以贊證傳　深讀「五柳」——《五柳先生傳》教學設計 ... 141

景色奇美　手法豐美——《答謝中書書》教學設計　　　　　　　　151

第三部曲　課堂演繹　　　　　　　　　　　　　　　　　　　　159

《散步》之美——《散步》教學實錄片段　　　　　　　　　　　159
這個星球有你——《傾聽與複述》研究課實錄　　　　　　　　　168
言語無法形容——《就英法聯軍遠征中國給巴特勒上尉的信》課堂紀實
　　　　　　　　　　　　　　　　　　　　　　　　　　　　　187
品文學，學寫作——國中作文指導課堂實錄　　　　　　　　　　196
人物「像他」更「是他」——寫人作文評講課堂實錄　　　　　　214
巧用意外作憑藉——當窗外傳來鞭炮聲　　　　　　　　　　　　228
因為有了第四段——巴金《短文兩篇》課堂實錄　　　　　　　　236
以讀帶析　感受詩意——《金色花》課堂實錄　　　　　　　　　256
生成中盡顯教學能力——基測複習課上的精彩　　　　　　　　　273
依體而教報導文學——《羅布泊，消逝的仙湖》課堂實錄　　　　284

後記　　　　　　　　　　　　　　　　　　　　　　　　　　　305

序一

余映潮

優秀的國文老師、出色的國文名師是怎樣修煉而成的？

這雖然是一個很難回答清楚的問題，但一定也有蹤跡可尋。

可以這樣概括地認為：

他們非常熱愛國文老師這個職業，非常熱愛學生，總是想著盡最大的努力讓自己的學生受到最好的國文教育。

他們熱情飽滿地、有尊嚴地、穩穩地站在三尺講台上，在每天的教學中、在國文的課堂實踐裡一步一步地錘鍊教學本領，日復一日，樂此不疲。

他們崇尚前衛，喜歡新知，珍惜學習的機會，保持研讀專業雜誌的志趣，從同仁們優秀的教例與美妙的文章中吸收知識、吸取經驗。

美好新鮮的教學現象常常讓他們怦然心動，常常讓他們跟進與嘗試。他們常常有創新的激情與舉動，在對自己的嚴格要求之中提升著教學素養。

他們善於思考與提煉，筆耕不輟，在工作的八小時之外寫下學習與思考之所得，不僅只是整理資料，還要追求文章的公開發表。

他們往往注意調整努力與奮鬥的方向，進行一些力所能及的專案研究，在某個方面或某幾個方面形成自己的教學特長或特色。

他們勇於承擔艱苦的工作任務與教學任務，善於與志同道合者交流，樂於參與校內外一切與加強思想修養、提高教學本領有關的業務活動。

他們珍愛時間，在時間的利用上往往是一把好手；在對任何人而言都是等量的時間面前，他們能迅速進入專注的學習與工作的高效率的狀態。

……

柳詠梅老師，就是一位因為有這樣一些成才的美德而迅速成長著的優秀國文老師。

國文教學三部曲：中國課文精選示範
序一

　　她痴情地熱愛中學國文教學，以至於讓人覺得不可思議，她竟然離開了大學老師的工作職位。

　　她善於抓住一切機會向名家學習，不計時間成本，主動地參加了無數次能開闊眼界、豐厚知識、如春風化雨般的學習與培訓活動。

　　在中學國文老師的職位上，她的工作經歷不過十三年的時間，但閱讀與寫作的教學技藝日趨成熟，在中國的教學交流活動中也嶄露頭角。

　　她有廣泛研讀中學國文專業雜誌的良好習慣和見縫插針的學習習慣，幾乎天天都在隨記、練筆、寫作；她的不少論文已經刊載於全國一流的中學國文雜誌，有的全文收錄於中國人民大學的報刊複印資料。

　　她經受過很多艱苦的寫作、編纂的磨練，參與過多年的《中國基礎教育學科年鑑》（國文卷）的編寫工作；她不僅自己勤於寫作，還特別關注學生的作文水準的提高。她的學生的習作文集，也即將付梓。

　　優秀國文老師的成長，主要是為了兩個「尊嚴」：一是為了國文教學的尊嚴；二是為了個人職業的尊嚴。

　　優秀國文老師的成長，需要有火熱的情感、美好的嚮往、堅韌的毅力與步步為營的執著。

　　應柳詠梅老師之約，寫作這篇小序，主要目的還是著眼於國文老師的「成才」研究。感謝柳老師的奮鬥經歷，讓我們基本上知道了：優秀的國文老師、出色的國文名師是怎樣修練而成的。

　　這樣的修練之路，值得每一位追求優秀的國文老師去踐行。

　　於　映日齋

序二

李海林

　　到底怎麼樣才算一個好的國文老師呢？或者說，到底怎麼樣才能成為一個好的國文老師呢？我做國文教學三十多年，終於明白，最要緊的，是紮實的文學功底。教國文的人，自己的國文能力要強。國文老師不是「說國文」的人，更不是「談論國文」的人，而是「做文學」的人。這樣的人，自己的國文能力一定要強，就是老話說的「文學基本功」要好。文學基本功好的人，站在教室裡，他就是李白，就是杜甫，就是《紅樓夢》，就是「唐詩三百首」，有了這個功底，國文課就好上了。現在國文教學效率低，學生的國文成績差，說到底，就是有很多文學基本功不好的人在那裡教國文。這真是悲劇。一些在那裡「談論國文」的人，在說著國文，就是不能登上檯面，就是不能亮出國文的「真材實料」。

　　這就等於是一個數學老師，在那裡介紹什麼是數學，數學有什麼特徵，數學有什麼定律，數學有什麼規律，但就是沒有數學頭腦，解不出題。這樣的人怎麼能教好數學？他的學生的數學成績怎麼好得了？但是奇怪的是，在國文教學界，確實有文學基本功不強但天天在那裡向學生介紹什麼是文學的人在。他在那裡不是教國文，而是在對別人「說」國文。照我看來，這才是問題的關鍵：天天對學生「說」著國文，就是不「做」給學生看。

　　那麼，我們在這裡所說的文學基本功，到底指的是什麼呢？我覺得也不需要搞太複雜，簡單地說，一個是文本解讀的能力，一個是寫好文章的能力。這也就是我看柳詠梅老師的這部書稿的時候，第一眼就覺得實在，就覺得有「真材實料」的原因。當一個國文老師，首要的就是要會解讀文本，在解讀文本上有一套。當好國文老師當然還有其他一些要求，比如教學方法、教學技巧、活動設計、問題設計等等，都很重要，但是這些都是建立在對文本的解讀的成果之上才有可能、才有意義的。教學方法、教學技巧這些東西的根本目的，都是把文本解讀的方法以及文本解讀的結果更好地教給學生。如果

國文教學三部曲：中國課文精選示範
序二

沒有對文本的正確解讀，沒有總結出如何解讀這個文本的具體方法，這些所謂的教學方法、問題設計實際上都是瞎弄出來的。

最近，我參加了張大文老師的國文教學思想研討會，會上張老師講述了自己的一些教學經驗，讓我這麼近切地看到了國文教學的「大實話」：千說萬說，國文閱讀教學的關鍵是老師個人對文本要有具體的解讀過程、解讀結論，這種個人化的解讀過程、解讀結論是教學設計的前提，而且是必要前提。沒有這個前提，其他都免談，談也是瞎談，是空談，是假談。直接地說，國文閱讀教學，就是讓學生能在「複製」老師對文本的解讀過程和解讀結果之上有所突破。如果老師自己沒有解讀過程、沒有解讀結果，那麼所謂的教學目標、教學內容都無從產生。因此，我在這裡所說的「複製」不是說學生對文本的解讀要與老師的一模一樣，而是指要遵循共同的閱讀方法、閱讀路徑以及對文本的態度。文本閱讀是有規矩和標準的，不能這也可那也對。國文老師在課堂教學中的最大作用是示範。閱讀教學就是閱讀的示範，寫作教學就是寫作的示範。同學們，你們看，我就是這樣閱讀的，我就是用這樣的閱讀方法讀出這樣的結論的。你們讀吧！你們可以讀出自己的結論，但基本的閱讀方法、閱讀規矩我做給你看，這些閱讀方法、閱讀規矩是不變的，是基本的東西。這就是閱讀教學的本義。

閱讀教學最要緊的是什麼？就是老師個人對文本要有具體的閱讀過程、閱讀結論。這裡的第一個關鍵詞是「過程」。我們當然也可以參考別人的閱讀結論，但如果你沒有自己的閱讀過程，你就不知道這個閱讀結論是怎麼得出來的，你的教學設計就虛得很、飄得很，你不知道要點在哪裡。第二個關鍵詞是「個人」。國文教材裡的作品早就有人在解讀，有些解讀甚至是「公共的」，是大家都認可的，甚至是作為公共常識的。即便是這樣的作品，作為國文老師，也還是要有「個人化」的理解。這種「個人化」的理解，也許並不是學生閱讀的標竿，但它是教學設計的路標，對學生的閱讀來說，老師對文本的這種個人化的理解是個指路牌。我們知道，指路牌並不能代替學生走向終點，但學生要走向終點又少不了指路牌。

總之，閱讀教學，老師個人對文本的具體的閱讀過程、閱讀結論，是閱讀教學的「真料」。我讀柳老師這部書稿，常有會心之感，那種說不太清楚的「同感」。我知道柳老師讀文本讀到這一層次，真的是不容易的。如果我能讀到這一層次，我走到課堂裡就有了自信心，就有了教學的慾望，因為我確信我有「貨」給學生，而且是在學生沒有看到「貨」的地方我挖出了「貨」，是在學生以為沒有「貨」、不可能有「貨」的地方我挖出了「貨」，而且是「真材實料的貨」。國文教學不就是要這樣去盡披在它身上的種種華麗的外衣，直接提供「真料」給學生嗎？我是國文老師，但這麼多年來我更喜歡聽數學課、物理課、化學課，甚至地理課、歷史課、生物課，我後來仔細想了一下，因為我發現，即使是並不那麼出色的數學老師、物理老師、歷史老師等等，最後都總要給學生一點「真料」。而我聽的那些國文課，即使還真有一點才華的老師，不知為什麼，他自覺不自覺地，好像故意地，把自己的那點「真材實料」，包裝到看不見的程度，混雜在一大堆可有可無的、莫名其妙的東西之中，讓學生披沙揀金般地去尋找。這點「真料」被老師這麼一包裝，最後也許連他自己也不知道是什麼東西了。現在大家都在呼喚國文返璞歸真，提倡「真國文」，其原因，即在於此矣。

讀完柳詠梅老師的《中國國文教學三部曲》，有感而發，匆匆寫了以上這些話。以為序。

於上海

（李海林，師範大學教育學院教授）

國文教學三部曲：中國課文精選示範

一朝選擇，一生追求——我的國文教學成長之路

一朝選擇，一生追求—— 我的國文教學成長之路

從小，我的夢想就是做一名老師。目標在前，我就這樣一步一步走來。我常常以為，我是為教育而生的。沒有什麼話題會比談論讀書、教育、教學、學生，更讓我容易興奮、滿足和幸福的了。

深深淺淺獨摸索

初到中學，一切都是新的。起初我連「備課組」、「一次模擬考」、「二次模擬考」這些詞都聽不懂。因為不是新分配的大學生，學校是不派人指導的。我只能一個人前行，在國文之路上摸索著前行。我堅信一條：因為我愛著，我一定能把工作做好。凡是對學生生命成長有利的、對學生國文學習有幫助的事情我都用心地去做。

第一屆的兩個班，考高中的平均分分別為 101.3 分和 103.4 分（滿分 120 分），這是一直到現在，在中學十多年裡我所知道的一個老師所教的兩個平行班級平均分的最高值。帶著我對國文的理解，帶著我對教育的認識，我在我的課堂裡做了許多美好的事情。課前的聽記訓練，堅持日記寫作，自辦國文小報，唐詩宋詞背誦，每個學期有兩週時間用來辦文化藝術節，每兩天換一期黑板報，還有走出校園的逛公園、去菜市場、參訪街巷⋯⋯這些活動不僅僅給學生帶來快樂、帶來享受，更提升了學生的國文綜合素養。

因為與眾不同，因為獨樹一幟，免不了會遭到非議。我堅守的是：我在用自己的方式理解和實踐教育之道，我在讓學生過一種本應該擁有的生活，我是用活動來詮釋文學的豐富內涵。第一屆學生離開我十年了，他們返校看望我時，我們總是沉浸在對那三年文學生活的美好回憶中。學生們說，我給了他們不一樣的文學生活，和同齡人相比，因為文學，他們國中三年擁有更多的充實、快樂、幸福。我相信，來自學生的評價才是最有力量、最有價值的。

國文教學三部曲：中國課文精選示範
一朝選擇，一生追求——我的國文教學成長之路

然而，我反思自己的國文教學，卻總有這樣一種抹不去的感覺：教學形式的活潑、教學內容的豐富彌補了我解讀文本和教學設計的明顯缺陷。前幾年的教學，我更多的是跟著感覺走。不能迴避的事實是，我的精力被班導工作和國文教學工作平均分配了，我努力從教育的高度去踐行並反思我的教育教學行為。我讀書，試圖從書本裡為自己的實踐找到理論依據，或者用學得的理論指導自己的工作。教育學之類的書籍是我那時閱讀的主要內容。那時思考比較多的是如何建設班級文化，如何管理班級。在國文教學研究上，投入的精力相比較而言就少了。即使有一些思考，也讓它隨風飄走了，沒有及時記錄，更無法保存下來。我的課堂是活潑的，我的學生是喜歡我的，學生的成績是不錯的，那時我以為能做到這些就合格了。

培訓開啟新旅程

假期中，我把《我的叔叔于勒》作為我訓練獨自解讀文本的第一個對象。我放聲朗讀，每讀一遍，就有新的感受，新的收穫。我把這些感受記錄下來，然後進行提煉整合，再進行教學設計，印象中這是我第一次如此用心地面對我的教材。開學後我用這樣的設計上課，效果很不錯。我體會到了用心設計的快樂和幸福。從那以後，獨立思索教材並進行設計便成了我國文教學中的一件樂事。

永遠記得余老師說過的「走一步，再走一步」。這每一步是怎樣的，總要留下痕跡，日後回眸時才有了依據。於是，從2008年8月6日起，我正式開始記錄每天的國文生活內容。這一記錄的習慣一直保持到現在。我堅持寫日記，這些文字大多是關乎國文的。有一段時間，竟然迷上了思索課文，編寫教學設計。我把自認為有點創意的教學設計投向專業期刊，沒想到很快就發表了。這無疑給了我更大的鼓勵。兩三年的時間裡，有多篇文本解讀和教學設計在《中學語文教學》、《中學語文教學參考》、《語文教學通訊》等國文核心期刊上發表。就這樣，一篇篇地讀，一篇篇地寫，一篇篇地設計，不為其他，只為了培養自己作為國文老師應該具有的第一能力！

閱讀伴隨我成長

馬克思說過:「教育者本人一定是受教育的。」對於正在進行教育工作的我們來說,接受教育的最好方式當是讀書,而且是唯一途徑。布貝爾說過:「所有真實的生活都在於相遇。」教學就是無止境的相遇。課堂是存放教育理想的真實空間,是一個聖潔的殿堂,需要我用閱讀所得帶領著學生們一起學習國文、感悟人生。

翻看自己的讀書筆記,打開自己的閱讀書目,看看排列整齊的書架,我這十年的閱讀情況便一目瞭然了。

世紀之交國文教育教學大討論時,書店裡「審視」、「憂思」、「問題」等字眼充滿了教育書架,都曾深深地引發我對中小學教育的關注。《中國著名特級老師教學思想錄》(中學國文卷)一書裡的十三位特級老師,每一位都是一座豐碑,一面旗幟。我不僅讀他們的國文理念和實踐,更讀他們自強不息的追求、嚴謹踏實的治學、純潔高尚的品德。我從閱讀《中國現代語文教育史》入手,了解中國現代國文教育史的情況。《語文教學本體論》、《語文陶冶性教學論》、《語文教學解釋學》、《語文教育學引論》、《語感論》、《言語教學論》、《中國當代閱讀理論與閱讀教學》……在一段時間裡,我如飢似渴地去閱讀、去思考,聯繫自己的教學實踐,努力讓自己的國文教學合乎國文的法則和要領。

蘇霍姆林斯基的作品,不論是《給教師的建議》,還是《教育的藝術》,都再一次給我以明確的警示和清晰的訓導。《西方經典教育學說——從蘇格拉底到蒙特梭利》,列舉了世界上那麼多教育家、思想家對教育的理解和主張。時代愈發展,他們的言論愈顯示出穿越歷史的恆久魅力。《學會生存——教育世界的今天和明天》讓我擁有了遇到知音的快樂。「人永遠不會變成一個成人,他的生存是一個無止境的完善過程和學習過程。人和其他生物的不同點主要就是由於他的未完成性。」有了這樣的認識,我常常以同理之心面對學生,更以感恩之心對待他們,我知道,教育是必須講「良心」的事情。兩部美國教育著作《後現代課程觀》、《透視課堂》帶給我來自異域的對教育的思考和主張。「課程成為一種過程——不是傳遞所知道的,而是探索所

國文教學三部曲：中國課文精選示範

一朝選擇，一生追求──我的國文教學成長之路

不知道的知識的過程；而且透過探索，師生共同『清掃疆界』從而既轉變疆界也轉變自己。」《後現代課程論》中的這句話，一直鞭策著我不論是在國文教學還是班級管理中都要有對學生作為「人」的清醒認識，我努力地在我的國文教育教學中做到「不是傳遞」、「而是探索」。

自 2003 年起的四年，是我讀研究所的時間。這四年，除了基本的課程以外，我還自己選修了一些感興趣的課，如兒童教育、情感教育、課程論、影視學基礎、中古漢語詞彙研究、敦煌文獻研究、音韻學等。沒有人要求，沒有學分可得，一切只因為我喜歡，我想充實和豐厚自己。這四年，是我讀書最廣泛、收穫最大的四年。其間，專業類的書和教育類的書讀了很多，也讀了一些與我所選修學科相關的書。我把課程論、漢語研究等課程的收穫投入我的國文教學，增加我的教學厚度和力度；把兒童教育、情感教育課上的所得用在我的班級管理中，使我的班級的每一個孩子獲益，讓他們活得自在，活得快樂，活得幸福。

伴著對研讀教材和教學設計愈來愈濃的興趣，我讀書的方向也發生了變化。我把更多的精力投入到閱讀與文學實踐研究相關的書籍中。

余映潮老師，是文學界的一個傳奇人物。他的國文教學的書籍是我們中學國文老師的共同財富。從《中學語文教例品評 100 篇》、《余映潮閱讀教學藝術 50 講》、《聽余映潮老師講課》、《余映潮的中學語文教學主張》、《這樣教語文──余映潮創新教學設計 40 篇》，到新出版的《致語文教師》、《語文教學設計技法 80 講》等，每本書裡都匯聚了大量生動的案例。近二百堂示範課的累積，空前絕後，使余老師課例的豐富性、多彩性無人能及。看他的課，讀他的書，每一次都會有新的收穫。這種收穫不僅僅是來自課例的，更是來自余老師對國文的熱愛和執著，鑽研帶給我們的內心的震撼和敬仰。

李海林老師一直強調，「提高國文老師修養的方法和途徑只有一個，那就是讀書」。他在《李海林講文學》中寫道：「如果有一天，沒有讀書，沒有寫東西，就會有很空虛的感覺，一種『犯罪』的感覺。」李老師文字中的哲學思辨很強，他在很多文章裡運用自如的「矛盾展開法」與他曾經有過下功夫啃讀馬克思的《資本論》和《1844 年經濟學哲學手稿》的經歷是分不開

的。李老師的《言語教學論》、《語文課程論稿》都是有劃時代意義的作品。由他主編的《語文教育研究大系》（理論卷 1978～2005）更可以讓我們清晰地從宏觀上了解近三十年的國文研究概貌。讀李老師的書，讓我對「讀書，就是讀人」有了更深切的體會。

對國文老師來說，錢理群先生、孫紹振先生的書是一定要讀的。錢先生這十多年來以他特殊的方式面對中國教育，為基礎教育奔走呼喊，關注最底層的老師，發現、扶持和幫助「真正的老師」，累積了「豐富的痛苦」，和一流真正的老師「在寂寞和孤獨中相濡以沫」。他的《我的教師夢》、《名作重讀》、《對話語文》，常讀常新。孫紹振先生的《名作細讀》、《如是解讀作品》、《文學性講演錄》、《月迷津渡──古典詩詞個案微觀分析》等，從美學、文藝理論的角度指導我們如何去解讀文本。孫紹振先生把文化哲學的分析方法轉化為「還原」、「比較」方法，把閱讀的鮮活的體悟上升到理性的層次。當對文本的解讀陷入迷惑，找不到角度和方法時，孫紹振先生的幾本文本解讀的書便可以給我們指點迷津，讓我們豁然開朗。

了解當前的國文研究，王榮生、潘新和等學院派專家的研究成果是一定要了解的。他們的研究高屋建瓴，引領文學向前走。王榮生先生的多部著作是文人的必讀書，如《新課標與「語文教學內容」》、《語文科課程論基礎》、《聽王榮生教授評課》、《語文教學內容重構》。潘新和先生的《語文：表現與存在》、《存在與變革：穿越時空的文學》、《反思與重構》、《語文：回望與沉思──走近大師》、《語文：審視與前瞻──走近名家》等，尤其是兩本「走近」，在大量的閱讀、梳理和深入研究後，提出了很多新的研究觀點，給我們帶來了新的衝擊和思考。

文學同行的研究成果占據了我書櫥的部分空間；國文核心期刊，則是我書桌上永恆的客人。每個月的六、七本的新期刊，讓我了解到最真實、最新鮮、最前衛的國文教育研究情況。

還有太多太多的書，無法一一列舉，它們讓我感受著國文研究的美好和清新。家裡的書櫥已經由原來的四個增加到了現在的十一個，填塞得滿滿當

當。可是，即使是書愈來愈多，我也愈來愈勤奮地讀書，卻愈發覺得自己需要補充的知識太多太多。最近，兩個新書櫥正在定做中。

借用劉雲杉《學校生活社會學》中的一句話來表達我讀書的感受：「我對學術中的世界有著如同老農相信土地能帶來金子般的虔誠的心。我相信在自由探討的氛圍中能體驗到生命的存在感，能逐漸找到精神的舒展與心靈的超越。」

教改實踐見成效

人們喜歡用「靈魂的工程師」、「燃燒的蠟燭」、「辛勤的園丁」等美好的稱呼來評價老師工作的意義和老師形象。我更喜歡用「電梯」這個詞來形容我自己的工作。

老師是電梯，與學生一起前進；根據學生的要求，把學生送到各自選擇的不同高度。完成使命後，再回到底層來接新的一批學生。在接送學生的過程中，老師和學生是一個整體，老師要用心陪伴學生。學生到哪一個樓層完全是根據他們自己的需要，由他們自主選擇的。之所以說是電梯而不是其他的普通的梯子，還因為，老師必須不斷地充電，才有足夠的電力把學生送達不同的目的地，而不是一個僅僅可以提高相對高度的物品，更不是一架搭好後任人踩踏漸久漸破損的竹木梯子。老師是學生成長道路上的階梯，但不是簡單的人梯，而是一部始終滿含熱情和激情的電梯。

我就是學生成長過程中的一部電梯。這部電梯的外牆寫著「國文」，內壁刻著「EQ」。

我的國文教育教學中貫穿著這樣的幾個理念：經典 EQ 教育、聽說讀寫並重、素養累積提升、主體意識培養。我的國文教學重在累積，關注過程：在不著痕跡的濡染滲透中傳達出我對國文的理解、對生活的理解，以形成能力和素質為前提，以豐富認識、提升境界為目標。所以，我一方面和學生在課堂上一起背誦《大學》、《禮記》、唐詩宋詞，累積古漢字，聽記優美的文章和故事；另一方面開展豐富多彩的國文活動，如歇後語常識、詩歌意象、對聯常識、朗誦會、文史知識競賽、中西方神話、人名文化、影視欣賞、影

片寫作等活動；同時又把學習的時空放大，帶著學生在國文課賞校園雪景、品校園春意，在雪地裡、在花草邊，我的學生們真切地觀察奇妙的大自然；我還帶著學生一起走進農貿市場，讓他們接觸另一種生活，了解社會上其他人的生活狀況，豐富他們對社會的了解和認識……有了這些體驗，學生們學習國文的興趣濃厚，國文意識增強，國文素養增加，更重要的是，內心變得更為柔軟溫潤，情感變得更為細膩高尚。

我的課堂是我和學生共有的，我們互為師生。學生執教、我做學生，角色的轉變推動著我們更好地相伴學國文；互批作文，編輯文選，我把每一次作文訓練的功能放大到極致。一次作文訓練，每一個學生完成一篇寫作，批閱一篇同伴作文，還可以閱讀到含有至少二、三十篇作文的班級當次作文選。眼界開闊了，榜樣學多了，水準自然就提高了。每個學生寒暑假各整理出自己的一本文集。

文學的天地何其廣闊！文學的事業何其崇高！文學的樂趣何其豐富！一生獻給文學，何其幸福！

國文教學三部曲：中國課文精選示範

第一部曲 文本解讀

第一部曲 文本解讀

「文本解讀能力是國文老師的第一基本功」，這幾年我一直記著恩師的教導。

獨自研讀，深入研讀，反覆研讀，這是訓練和提高自己文本解讀能力的不二法門。大聲地反覆朗讀文本，為一個標點，一個詞語思前想後，為把零碎的想法組合為一篇解讀稿徹夜難眠，為將短短的課文寫出了數千字的解讀而興奮不已⋯⋯

如今的我，已經不單純把解讀視作備課的必須過程，更多的時候是把解讀作為一件有趣的事情、一件刺激的事情、一件快樂的事情、一件幸福的事情，我因而品嚐到了修練基本功——解讀文本帶給我的多種滋味。

▌第一次練功——《秦兵馬俑》片段賞析

一次偶然的機會，恩師讓我對《秦兵馬俑》的第十段做優點欣賞。可以說這是我獨立解讀文本的開始，是我的第一次真正練功。透過這一次的解讀，我更深刻地體會到，解讀文本對教學設計重要的鋪墊作用。所有的創意，都來自深入的解讀。

《秦兵馬俑》的第十段原文：

每一件兵馬俑都是極為精美的藝術珍品。仔細觀察，它們神態各異：有的微微頷首，若有所思，好像在考慮如何相互配合，戰勝敵手；有的眼如銅鈴，神態莊重，好像在暗下決心，誓為秦國統一天下作殊死拚搏；有的緊握雙拳，勇武幹練，好像隨時準備出征；有的凝視遠方，好像在思念家鄉的親人⋯⋯走近它們的身旁，似乎還能聽到輕細的呼吸聲。

我的優點欣賞如下。

國文教學三部曲：中國課文精選示範
第一部曲 文本解讀

1. 總分的結構

總寫：「每一件兵馬俑都是極為精美的藝術珍品」、「仔細觀察，它們神態各異」；

分寫：用四個「有的……」逐個地介紹每一個兵馬俑的情況，從人物的神態寫出不同的人物的特徵，表現秦兵馬俑「形象鮮明」的特點。

2. 工整的句式

用排比的手法使句式工整：「有的……好像……；有的……好像……」

（比喻修辭的運用，讓沒有活力的兵馬俑一下子生動起來，如「眼如銅鈴」。）

3. 動靜的結合

動靜的結合表現在兩個方面。

第一個方面：對所列舉的四種兵馬俑神態的描寫，有的側重動態，有的側重靜態。

如「微微頷首，若有所思，好像在考慮」、「緊握雙拳，勇武幹練，好像隨時準備出征」，這兩個兵馬俑重在寫其微妙的動態；「眼如銅鈴，神態莊重」、「凝視遠方」，呈現的則是靜態的兵馬俑的神態。

第二個方面：列舉的神態各異的兵馬俑都是靜默的、沒有生命的，但是加上最後一句話「走近它們的身旁，似乎還能聽到輕細的呼吸聲」，一下子就讓這些兵馬俑甦醒過來、生動起來，彷彿他們就是在戰場上的鮮活的士兵們。

4. 豐厚的內容

內容的豐厚主要表現在兩個方面。

第一個方面，觀察和描繪的部位不同。四個「有的」觀察點分別是兵馬俑的「首」、「眼」、「雙拳」、「目光」，這使得內容豐富、不單調。

第二個方面，從所寫的神態來看，分別反映了不同性格特徵的人物。善於思考、誓死衛國、勇武幹練、思鄉心切的都有，這更能表現製作工藝的高超和古代勞動人民的智慧。

5. 合理的聯想

為了更好地展現兵馬俑的形象，作者藉助合理的聯想，由表及裡（由人物的神態推測人物的內心）地表現了兵馬俑各異的神態。

如對「微微頷首，若有所思」的猜測是「好像在考慮如何相互配合，戰勝敵手」；看到「眼如銅鈴，神態莊重」的，聯想到他「好像在暗下決心，誓為秦國統一天下作殊死拚搏」；那「緊握雙拳，勇武幹練」的，自然是整裝待發的壯士，「好像隨時準備出征」；至於「凝視遠方」的，我們結合當時的背景，很自然就會想到，他們「好像在思念家鄉的親人」。

寫這些兵馬俑，作者不僅僅是客觀介紹，還把他們當作活生生的人來理解，理解他們的內心，理解他們的情感，以至於「走近它們的身旁，似乎還能聽到輕細的呼吸聲」。

兵馬俑的形象被刻畫得栩栩如生，是離不開作者合理的聯想的。

6. 精美的語彙（累積美詞）

這段文字雖只有一百三十多字，卻有許多精美的語彙值得學習、累積。

如兩個字的詞語：

珍品、出征、凝視、輕細。

四個字的短語：

神態各異、微微頷首、若有所思、眼如銅鈴、

神態莊重、殊死拚搏、勇武幹練。

7. 仿句的範本（生動造句）

段落中的句子格式工整、內容豐富，可以引導學生模仿這一段主體部分的句式說話、寫話：「有的……好像……；有的……好像……」。

解讀小結

A. 學會觀察，從不同角度進行觀察

B. 展開合理的聯想

C. 運用規範、工整的句式表達，適當運用修辭手法

D. 抓住人物的神態表現人物的性格特徵

E. 描寫手法的豐富多樣，能增強文章的生動性

F. 累積並運用精語雅詞

恩師的評語

優點欣賞做得真不錯，很有「發現」的水準。我想是不是還可以有：虛實之美，結尾的那一句是虛寫；承接之美，段的第一個句子承上啟下；還有融情入物之美。

▌奇人與妙文——解讀《刷子李》之妙

妙在題目雙關

題目的格式很特別：「刷子」，一個再簡單不過的名詞，在這裡指明人物的職業是做粉刷一行的；「李」，人物的姓氏；「刷子李」，既表明人物的姓氏、職業，更表現出在這一行業中，該人物技藝高超，具有不可撼動的地位和影響。

妙在情節波瀾

起初，徒弟是「半信半疑」，但大半天下來，居然連一個芝麻大的粉點也沒發現，他真覺得這身黑色的衣服有種神聖不可侵犯的威嚴。正當徒弟對師父佩服得五體投地時，卻突然發現刷子李褲子上有一個白點：師父那如山般的形象轟然倒去。不料刷子李最後揭開謎底：那白點原來是黑褲燒了個小洞造成的！一波三折的敘事，使刷子李的「奇」得到了一次次的渲染，更加強化了刷子李「如山般的形象」，造成了引人入勝的藝術效果。

妙在細節描寫

細節描寫對於塑造人物個性能造成重要作用。文中有多處細節描寫。

1.「他把隨身帶的一個四四方方的小包袱打開，果然一身黑衣黑褲，一雙黑布鞋。」

對小包袱的介紹，更有力地表現出刷子李給自己訂立的幾近苛刻的規矩：

(1) 刷漿時必穿一身黑，幹完活，身上絕沒有一個白點；

(2) 只要身上有白點，白刷不要錢。

這表現了刷子李的自信，更側面寫出他的技藝高超。

2.「曹小三給他點菸時，竟然看見刷子李褲子上出現一個白點，黃豆大小。」

3.「刷子李手指捏著褲子輕輕往上一提，那白點即刻沒了，再一鬆手，白點又出現，奇了！」

4.「那白點原是一個小洞！剛才抽菸時不小心燒的。裡邊的白襯褲打小洞透出來，看上去就跟粉漿落上去的白點一模一樣！」

這幾句是對刷子李黑褲子上的白點的細節描寫。寫出白點的大小、效果以及產生原因。這一令人吃驚的白點著實有力地使故事充滿起伏，人物形象也豐滿起來。

國文教學三部曲：中國課文精選示範
第一部曲 文本解讀

妙在伏筆設置

伏筆設置，即預先埋下伏筆。在本文中，埋有多處伏筆。

1.「這是傳說。人信也不會全信。行外的沒見過的不信，行內的生氣愣說不信。」

「這是傳說。」這一句話意味深長啊！尤其是「行內的生氣愣說不信」，充滿了幽默。為什麼「生氣」呢？不願意、不希望承認刷子李的高超技術罷了！到底信不信呢？俗話說，耳聽為虛，眼見為實。不論行內的、行外的，總要親眼看見才能服氣吧！這就為下文的徒弟親見師父的高超技藝預設了伏筆。

2.「曹小三當然早就聽說過師父那手絕活，一直半信半疑，這回非要親眼瞧瞧。」

這一句中的「早就」、「一直」、「非要」很有表現力，生動地揭示了曹小三想一探究竟的心理。「半信半疑」也為後面曹小三的徹底折服做了適當的鋪墊，埋下伏筆。

3.「每刷完一面牆，必得在凳子上坐一會兒，抽一袋菸，喝一碗茶，再刷下一面牆。」

刷子李休息這一規矩，是最重要的一個伏筆！因為：

沒有坐一會兒，就沒有曹小三的藉著給師父倒水點菸的機會；

沒有抽菸就不會有下面的褲子被燒了個洞；

沒有曹小三點菸，就不會有後文的看見刷子李褲子上出現一個白點。

妙在懸念設置

文章不長，但是作者為了表現刷子李的技藝之奇崛，採用了設置懸念的手法，藉助徒弟曹小三的所見所想步步設置懸念，最後由師父刷子李揭示徒弟的疑惑來解開懸念。

我們來看看作者是如何一步步設置懸念的。

「曹小三當然早就聽說過師父那手絕活,一直半信半疑,這回非要親眼瞧瞧。」

眼見為實啊!在領教師父的技術之前總不會完全相信的。

「曹小三才知道師父派頭十足。照他的規矩一天只刷一間屋子。」

刷牆居然有這麼大的規矩。為什麼呢?

「刷過去的牆面,真好比平平整整打開一面雪白的屏障。可是曹小三最關心的還是刷子李身上到底有沒有白點。」

儘管牆面刷得那麼平整,可是這也不能打消徒弟對師父承諾的懷疑。最後到底有沒有白點呢?

「他真覺得這身黑色的衣服有種神聖不可侵犯的威嚴。」

前面幾面牆刷完後,沒有找到白點,對師父的這種崇敬之情油然而生。看來要想看到師父出錯是不可能了。

「曹小三給他點菸時,竟然看見刷子李褲子上出現一個白點,黃豆大小。」

總算抓到一個證據了。看來師父再謹慎也是有疏忽的時候啊!

解開懸念:

「那白點原是一個小洞!剛才抽菸時不小心燒的。裡邊的白襯褲打小洞透出來,看上去就跟粉漿落上去的白點一模一樣!」

讀到這,不禁恍然大悟,讀者讚歎刷子李技藝的同時更是驚嘆作者巧妙的寫作手法。

妙在心理描寫

這篇文章要塑造的人物是刷子李,對他的描寫主要是外在的,如動作、語言等描寫。要表現刷子李的技藝高超,更多的是藉徒弟曹小三的心理變化來表現。文章對曹小三的心理描寫很細膩,完整地寫出了他的複雜的心理過

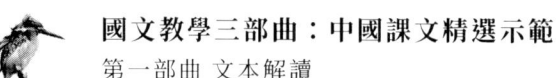

程：從起初的「一直半信半疑」、細緻觀察寫到緊張、發現白點的疑惑一直到最後的「發怔發傻」。

有兩處我們可以細細揣摩。

1.「他真覺得這身黑色的衣服有種神聖不可侵犯的威嚴。」

這句話寫的是曹小三看到師父穿著一身黑色的衣服，刷完牆壁後，「居然連一個芝麻大小的粉點也沒發現」時的內心感受。他親眼見到師父真有如此高超的技藝，他感到驚愕，內心受到震撼，雖是事實，但他不敢相信這是事實，可又不得不承認這是事實。這身黑衣服上無一個粉點，就是師父高超技藝的見證。因而，他覺得那件「黑衣服」具有一種威懾力。這種威懾力讓人對刷子李的技藝不敢有絲毫的懷疑，否則就是一種褻瀆。

2.「但他怕師父難堪，不敢說，也不敢看，可忍不住還要掃一眼。」

在曹小三給刷子李點菸時，竟然看見師父褲子上出現一個白點，很扎眼。這一下子把他心目中師父那光輝而偉大的「如山般的形象」摧毀了。他不希望接受這樣的事實，更不願意讓師父知道自己身上有白點，因為這與師父先前的承諾、規矩──只要身上有白點，白刷不要錢相衝突，矛盾的心理讓曹小三也覺得尷尬，只能「可忍不住還要掃一眼」。

妙在側面襯托

文章表現刷子李技藝的高超除了採用對刷子李的刷牆進行直接描寫以外，還運用了側面描寫手法。如：

1. 衣著襯技藝

「他刷漿時必穿一身黑，幹完活，身上絕沒有一個白點。」

「穿上這身黑，就好像跟地上一桶白漿較上了勁。」

對刷子李刷牆時的特殊穿著──黑衣、黑褲、黑布鞋的描寫就是側面描寫，側面描寫是從另一個角度來表現刷子李的技藝高超。

刷子李為自己設立的近乎苛刻的「從業標準」，讓人感受到他的奇崛之極。他穿上這身黑與其說是在和「那桶白漿」較勁，不如說是在與自己挑戰和較勁，他在以這種特殊的方式向世人展示自己的高超技藝，流露出對自己手藝的絕對自信和自豪。

2. 猜議襯技藝

「有人說這蘸漿的手法有高招，有人說這調漿的配料有祕方。」

對於刷子李「刷子劃過屋頂，立時勻勻實實一道白，白得透亮，白得清爽」的高超技藝，用旁人的推測、議論來表現，這也是側面襯托手法。

3. 徒弟襯師父

用徒弟的懷疑襯托師父的自信。曹小三開始聽說師父有手絕活時，「半信半疑」；師父刷牆時，「最關心的還是身上到底有沒有白點」；看見師父身上出現白點時，以為師父「名氣有詐」。這樣用曹小三對師父「半信半疑」的態度來側面襯托刷子李「藝高膽大」的自信，充分表達作者對「刷子李」這個具有超凡技藝的「奇人」的由衷讚歎和肯定。

妙在觀察角度

塑造刷子李的「俗世奇人」形象，作者沒有採用一般的用第三人稱來直接述說的寫法，而是設計了一個特殊的觀察者——徒弟曹小三。透過徒弟的眼睛來展現師父的風采。這樣寫來，有理有據，令人信服，不論是行內的，還是行外的，還是我們這些讀者，都覺得可信，都會對刷子李的高超技藝發出由衷的讚歎。

妙在鏡頭感強

讀下面的語句我們好像在看電影。

「只見師父的手臂悠然擺來，悠然擺去，如同伴著鼓點，和著琴音，每一擺刷，那長長的帶漿的毛刷便在牆面啪的清脆一響，極是好聽。啪啪聲裡，

一道道漿，銜接得天衣無縫，刷過去的牆面，真好比平平整整打開一面雪白的屏障。」

這一段話描寫了刷子李刷牆的情景，包括他刷牆的動作和刷後的效果。

「手臂悠然擺來，悠然擺去，如同伴著鼓點，和著琴音」、「啪的清脆一響，極是好聽」，透過動作和聲音的描寫，寫出了刷子李刷牆時動作熟練優美。

「啪啪聲裡，一道道漿，銜接得天衣無縫，刷過去的牆面，真好比平平整整打開一面雪白的屏障。」一個「天衣無縫」，一個比喻，寫出了刷子李粉刷的牆面十分平整，質量很高。這就是他的絕妙的技藝。

刷子李刷牆的動作是那樣嫻熟，嫻熟得已進入一種出神入化的境界，給人的感覺，他不是在做一項又髒又累的活兒，而是在進行一項藝術創作、藝術表演。描寫的過程，既有形象又有聲響，彷彿是在播放一個電影鏡頭，讓曹小三、讓讀者欣賞到了一幀幀動靜結合的畫面。

「當刷子李刷完最後一面牆坐下來，曹小三給他點菸時，竟然看見刷子李褲子上出現一個白點，黃豆大小。黑中白，比白中黑更扎眼。」

「說著，刷子李手指捏著褲子輕輕往上一提，那白點即刻沒了，再一鬆手，白點又出現，奇了！他湊上臉用神再瞧，那白點原是一個小洞！」

這兩小段話簡直就是電影腳本啊！如果拍攝的話，包含了幾種鏡頭處理方式：遠鏡頭、推近、近鏡頭、特寫，將黑色背景上的那個白點的真相一步步揭示出來。這樣的語言讀起來有令人牽腸掛肚的感覺。

妙在對比手法

為了烘托人物的形象，文中採用了對比的手法。對比手法可以使人物性格更鮮明、形象更立體。

(1) 色彩的對比

在這一課中，黑色裝束與雪白牆面形成視覺上的強烈反差。色彩的對比為人物活動提供了特殊的背景。

(2) 刷子李性格粗細的對比

刷子李其實是用奇特的方式展示自己的才能、渲染自己的本領。大膽的「承諾」，充滿自信，豪氣干雲。同時又心細如髮，對於小徒弟細微的內心活動體察入微。

(3) 師徒觀察方式的對比

徒弟的刻意觀察與師父的不露聲色形成強烈的對比。

曹小三聽說師父有手絕活，「一直半信半疑」；師父刷牆時，他「最關心的還是身上到底有沒有白點」；於是「藉著給師父倒水點菸的機會，拿目光仔細搜尋刷子李的全身。每一面牆刷完，他搜尋一遍」。當發現有白點時，他「不敢說，也不敢看，可忍不住還要掃一眼」。作者透過生動地描寫小徒弟的刻意觀察，來逐步表現出刷子李令人震撼和讚歎的技藝。

全篇沒有一句寫到刷子李對徒弟的關注，他卻忽然開口對徒弟說：「小三，你瞧見我褲子上的白點了吧！你以為師父的能耐有假，名氣有詐。」讀到此處，一個心細如髮的老匠人的形象躍然紙上。

透過這一組師徒二人的對比，兩個人物形象都豐滿和立體起來。尤其讓人能一下子懂得刷子李之所以有這樣的高超技藝是與他一貫的細緻分不開的。

妙在語言幽默

本文的語言具有濃郁的「天津」風味，並且幽默傳神，極富表現力，無論是人物語言，還是敘述語言，均情趣盎然，簡潔傳神。如下面的幾個句子。

「單坐著，就賽升天一般美。」

「行外的沒見過的不信，行內的生氣愣說不信。」

「他真覺得這身黑色的衣服有種神聖不可侵犯的威嚴。」

「師父露餡兒了，他不是神仙，往日傳說中那如山般的形象轟然倒去。」

▌把教材讀厚——《談生命》細讀

國中國文教材中關於認識生命、感悟生命的文章有多篇。冰心先生的散文《談生命》是一篇比較獨特的文章，但教學中常受複習進度的影響而往往被忽略。

散文《談生命》具有精緻的結構、精彩的形象、精美的語言、精深的哲理，我從這四個方面對其進行了綜合細讀。

文章給讀者的第一印象很特別：體形比較龐大，結構形式獨特，只有一個整片的段落。細做分析，很容易看出行文層次來，根據所寫內容和內在的節奏，我們能夠清晰地把握文章的精緻結構。

首句直接點明話題：生命。用「不敢說生命是什麼」表現出對生命的敬畏，要給「生命」下定義是很難的，因為這關係到對「生命」本質的理解。「只能說生命像什麼」，一下子就把抽象的話題變得具象化，也能引起讀者的關注和共鳴。下面用兩個內部結構基本一致的並列段落，把生命比作「一江春水」和「一棵小樹」兩個生動貼切的形象，揭示出作者所理解生命的過程、規律和本質，並抒發作者的感嘆。最後一部分，將前文中形象的比喻裡的道理提煉出來，用議論的方式增強了理性的思考和提升。

「生命像向東流的一江春水」，這是作者從生命的本質來形象地理解生命。生命是奮勇向前的，任何力量也無法阻礙他、壓制他，生命的運動形式是流動，生命的特點就是「前進」。儘管其間順利與曲折如影隨形，但「終於有一天」、「他已到了行程的終結」，最終完成了使命。

作者描寫了江水從源頭到融入大海的整個經歷，這些經歷由兩條線索推進著：第一就是一路上江水「所遭遇的一切」，第二是遭遇這一切時，江水作為一個特殊的生命所懷有的態度——「快樂勇敢地」、「向前走」！

我們來看第一條線索，即一江春水「所遭遇的一切」：他會遇到「懸崖峭壁」、「層沙積土」、「滾滾沙石」、「砯岩前阻」、「危崖」，也會遇到「細細的平沙」、「斜陽芳草」、「紅豔的桃花」，他會與「暴風雨」、「激電」、「迅雷」相逢，也會與「晚霞」、「新月」招手，這是他前進途中所遇到的客觀環境。第二條線索，即江水懷有的態度：不論遇到什麼樣的條件，或許是艱難的、曲折的，或許是平和的、順利的，他把這一切都視為一種「享受」，享受這一切，但又從不停止前進的步伐，他的內心總有一股「前進的力量」，這力量讓他能夠用昂揚的、積極樂觀的態度去面對一切，他唯一能做的就是「向前走」，因為這就是生命的過程、生命的本質。

在寫「一江春水」奔流入海的過程中，作者用了四個「有時候」，呈現出生命過程中會經歷的幾種情況。每一個「有時候」後面都是人生境遇的比喻說法，用妙喻形象地表現出人生的順境、逆境、起伏、坎坷等情況。這幾種情況，從事情的性質和發生的狀態來看，是不分先後的，即不與人的生命歷程的階段一一對應，而是顯示「一江春水」亦即人的生命歷程的豐富多彩。我們能較容易地讀出：人生總是幸福與苦難、順利與曲折相伴而隨的。

一江春水，作者側重在表現他向前推進的過程，寫出生命的「流動」特點；而小樹，作者則側重表現他的向上生長的過程，將兩部分結合起來看，作者描述了生命的周而復始又螺旋上升的形態。

「生命又像一棵小樹」，這是作者藉樹的孕育、生長的過程來揭示生命的規律：始而渺小、微弱，繼而不斷成長、強健、壯大，終而歸於消亡，但正是在這樣的歷程中實現了自己生命的價值。

寫小樹，作者側重寫他的生命歷程。這種歷程與小樹的生長發育特點是密切相關的。小樹要經歷一年四季，在年輪的不斷增多中才能長成參天大樹。所以，在這一部分中，與寫「一江春水」生命經歷有所不同的是，作者展現了小樹「破殼出來」，到「春天」，到「最茂盛的中年」，再到「他消融了，歸化了」，這幾個連續的階段，勾畫著或喻示著人的生命歷程，較之第一部分，此部分將人的生命的階段性表現得更明顯。

國文教學三部曲：中國課文精選示範

第一部曲 文本解讀

　　生命的發育即一種考驗，要「從地底聚集起許多生力」，生長的環境不是溫室，而是在「冰雪下」，在充滿寒氣的「早春」，可是因為有對生命的嚮往和追求，於是種子要推開壓覆在身上的一切重負，頂開堅硬的殼，他衝破一切，他「勇敢地」鑽了出來！這裡，作者既寫出了種子破土的過程，也表現了生命誕生之初的艱難和困苦的環境。沒有典型的、外顯的比喻句式，但是比喻又是無處不在的。在以後的日子裡，他為他的生命積攢「生長的力量」。從「掙脫了出來」、「挺立抬頭」這些蘊含了努力向上意味的短語中，我們分明感受到了生命力量的衝動與奮進。他用青春的方式展示青春的美麗與魅力：開出「滿樹的繁花」，給四周帶來了歡樂，蜂蝶「飄翔」，小鳥「唱歌」。此時，他體會到了他存在的意義。寫發育到青春的這一部分，作者用了五個「也許」，形象地寫出生命歷程中可能面對的不同境遇。流暢的文脈很自然地把我們帶入那棵樹的「最茂盛的中年」，這又何嘗不是一個年富力強的、事業與生活均如日中天的中年人呢？他用自己挺拔、健壯的身軀「蔭庇樹下的幽花芳草」，他結出了「纍纍的果實」，這是他的生命價值的體現，更是生命意義的真諦。在他把最豐厚的禮物奉獻給了生他養他的大地後，他只是靜享「成功後的寧靜和怡悅」，此刻他深深地明白：生命的價值，在於收穫與奉獻。所以，在他的一生結束時，他釋然地走向終點，沒有遺憾，沒有痛苦，因為努力地生長過，因為快樂地燦爛過，因為真誠地奉獻過，因為怡然地面對過……

　　從以上的解讀中我們可以看出，寫小樹的這一部分，也有兩條清晰的線索，第一是生命的歷程，即從孕育、出生、成長、成熟到老去的一個完整的生命過程；第二是與歷程相伴的情感態度，較之春水部分的大起大落，這一部分更多地表現出較為平和的生命中的欣喜、快樂與寧靜。

　　這兩個形象描述的部分有許多妙點可以挖掘，這既是作者的精妙構思所在，也是學生閱讀理解能力的訓練點所在。我們可以用「聚合」的方法來欣賞妙點。如可以設計這樣幾個話題引導學生進行優點欣賞。

　　1. 文章裡有「兩個……」（如：文章裡有兩個生動的形象、兩個生命的內容、兩個描寫的段落、兩個分別出現了兩次的語句等）。

2. 兩個段落內部有很多的一致（如：都有兩條線索、都寫了兩次生命、都有虛實兩部分、生命結束時的狀態與心態都是一樣的、作者對兩種生命結束的感慨都是一樣的等）。

3. 文章運用典型的修辭手法來增強語言的表現力（如：比喻使豐富多彩的不同人生變得形象可感，從而揭示人的生命的過程、規律和本質；富有情態感的擬人手法生動地表現出春水、小樹的豐富生命體驗；反覆的句式，生動又富含思想，彷彿作者在深情地詠嘆，加強了文章迴環往復的旋律美；強烈的對比突顯春水不畏險阻、勇往直前的生命追求，更好地塑造了春水的形象等）。

如果說前面的部分是形象地解說生命，那麼最後一部分就是作者個人的生命感悟。這篇文章首次發表於1947年，文章表現的是一個中年人對生命的深刻認識和獨到感悟。

文章的最後一部分，是在形象說理之後的理性昇華，造成了深化主題、總結全文的作用。可以說，前面的形象解說都是為這最後的議論服務的。我們有必要進行深入的理解和分析。

開頭幾句氣勢非凡。作者的思緒瞬間變得浩渺起來，「宇宙是一個大生命，我們是宇宙大氣中之一息」，將生命由春水、小樹的形像一下推到整個宇宙的宏大、闊遠的背景下，揭示了我們與宇宙的密不可分、相互融合的關係。

「江流入海，葉落歸根」，這是春水、小樹的生命規律和生命終結方式。「我們是大生命中之一滴，大生命中之一葉。」正如江水與大海、樹葉與大樹的相融相生一樣，我們之於整個宇宙不過就像一滴水之於整個大海、一片葉之於整棵樹的關係。這樣想來，我們個體的生命是渺小的，但我們又是大生命中不可或缺的因子。於是，作者順勢說「在宇宙的大生命中，我們是多麼卑微，多麼渺小，而一滴一葉的活動生長合成了整個宇宙的進化運行」。是的，個體生命不過就是宇宙大生命的一分子，個體生命最終要回歸宇宙大生命的母體之中；但是，如果沒有我們「卑微」、「渺小」的如「一滴一葉」

國文教學三部曲：中國課文精選示範

第一部曲 文本解讀

般的生命的積極的「活動生長」，「整個宇宙的進化運行」也就不存在了，從這一角度看，我們的生命既是卑微的，也是高尚的、宏大的。

我們要認識到我們生命的意義，我們更要表現出生命的意義，生命的意義要能很好地表達出來首先就要運動。這是作者要告訴我們的第二個道理。作者巧妙地再一次運用江流、種子來形象地闡釋這個道理：「不是每一道江流都能入海，不流動的便成了死湖；不是每一粒種子都能成樹，不生長的便成了空殼！」這句話揭示出生命的真諦，生命的活力只有在奮鬥中才能體現。只有不斷流動，生命之水才有活力；只有不斷生長，生命之樹才能常青。擁有生命，但如果不作為，那便只有一片死寂。生命的魅力就在於要生長、要生存。

「生命中不是永遠快樂，也不是永遠痛苦，快樂和痛苦是相生相成的。」生命的滋味是複雜的，我們必須要有這樣的心理準備去面對。這一句闡述了生命中快樂與痛苦的辯證法，點明快樂和痛苦是生命之歌的基本旋律。這是作者對生命規律的一種理性判斷和認識。「好比水道要經過不同的兩岸，樹木要經過常變的四時。」這裡再一次地表現出作者行文的巧妙，始終回扣前文，始終把最後的抽象的、理性的說理與前面的形象的、感性的描述緊緊關聯，使得文氣流暢、思路嚴謹。

作者以寬廣的胸懷面對生命的一切，同時把對生命的理解和態度真誠地告訴我們，也啟迪我們應用感恩的心去善待生命。「在快樂中我們要感謝生命，在痛苦中我們也要感謝生命。」、「快樂固然興奮，苦痛又何嘗不美麗？」這兩句是作者累積了幾十年的生活經驗寫成的精警之句，是最有思想情感含量的句子，也是全文點題之句。作者在這裡表明了自己的人生觀、人生態度以及對人生的深刻感悟。

「我曾讀到一個警句，是『願你生命中有夠多的雲翳，來造成一個美麗的黃昏』。世界、國家和個人的生命中的雲翳沒有比今天再多的了。」最後的這兩句我們可以這樣理解：「願你生命中有夠多的雲翳，來造成一個美麗的黃昏」，這是一句詩句，「雲翳」喻指豐富多樣的經歷、體驗；「美麗的黃昏」喻指人活到一定的年齡或者說到了老年，這裡的「黃昏」不是對生命

即將逝去的一種可惜、惋嘆，而是人在經歷過歲月的洗禮之後具有了無限感慨又感到幸福和欣慰的景況。我們不能忽略「美麗的」這個限制短語，這是作者誠摯的祝願，她希望我們的一生有豐富多樣的經歷，能夠多多地、真正地體驗到人生的美好。

這一部分的表達方式與前面的完全不同，這裡採用議論的方式，從表達主題方面說，在前文對生命的現象做比喻性的充分描寫之後，再點明命意、闡明文旨、深化主題；從結構方面說，起著總結全文的作用，文章的哲理性、議論性的特點，在這一段表現得很充分。

從全文來看，文章綜合運用多種表達方式來增強文章的厚度和密度。春水、小樹的生命過程主要透過敘述、描寫手法來展現，精深的哲理尤其是對生命的感悟則採用議論的方式。綜合運用多種表達方式使文章表現出如春水流動、小樹生長的靈動特點。

「把教材讀厚」，才能「把教材教薄」，這一篇對散文《談生命》的細讀也許能給我們更直接的啟示。

理想與現實——巴金《短文兩篇》解讀

《日》

文章開頭就從飛蛾寫起，飛蛾的行動是撲向燈火，它的目的是「為著追求光和熱」，最終實現了目標，但是代價是慘痛的——犧牲：「死在燈下，或者浸在油中」。對飛蛾的這一行為，作者是讚美和敬重的。

與飛蛾一樣，為了追求光和熱而最終犧牲的還有夸父。還有很多很多為了理想而犧牲的人們，因為他們選擇的是生命的價值：寧可「轟轟烈烈」地死，也不願「寒冷」、「寂寞」地生。他們所追求的不只是為自己，更是為了整個人世間，為了人世間不再是「黑暗的寒冷」的，而是有著溫暖的「光和熱」。

然而，眼前的社會就是一個黑暗的、寒冷的世界，總需要有人帶來光和熱，來改變它。即使「化作一陣煙，一撮灰」、「我」也願意「做人間的飛蛾」，

國文教學三部曲：中國課文精選示範
第一部曲 文本解讀

因為能夠「飛向火熱的日球」，感受和獲得那份光和熱，是「我」的追求。這樣的一種人生結局表現了作者高尚的價值觀、人生觀和使命感。

「日」，是追求的理想和目標，因為它能帶來光和熱，它能驅散黑暗和寒冷。

短文開篇並沒有寫到日，而是由飛蛾撲火寫起，寫到夸父逐日，一個是自然的生物現象，一個是古老的神話傳說，作者針對兩個事例的共同點來為文章的中心服務，即要追求光和熱，要追求生命價值的實現。由他們的生命追求，作者聯想到人的生命追求：轟轟烈烈地改變嚴寒的現實，哪怕死也在所不惜。於是，他想像著自己也可以幻化為飛蛾，在生命的最後一瞬間，得到光也得到熱。作者願意以這樣的獻身方式表達他對生命意義的詮釋和對理想的追求。

由飛蛾寫起，最後落筆在甘願「做人間的飛蛾」，得到光和熱，整個結構圓潤、流暢。用飛蛾實現首尾照應，並透過這樣的照應揭示中心：為了光和熱，不怕犧牲。

夸父逐日的神話，使文章的境界高遠，體現出這種犧牲精神自古以來就有，由遠到近，由神話到現實，由虛構人物到當下世人，逐步明朗寫作目的。

作者藉飛蛾撲火、夸父逐日來托顯、抒發自己要為抗戰勝利而奮戰、不怕犧牲的戰鬥情懷。（托物抒懷）

巴金曾經說過：「讓我做一根木柴吧！我願意把我從太陽那裡受到的熱放散出來，我願意把自己燒得粉身碎骨給人間添一點點溫暖。」這種為了大眾利益而不畏犧牲的精神和情懷是巴金作品裡的主旋律。

他還說過：「光明，這就是我許多年來在暗夜裡所呼叫的目標，它帶著一幅美麗的圖畫在前面引誘我。同時慘痛的受苦的圖畫，像一根鞭子在後面鞭打我。在任何時候我都只有向前走的一條路。」（1935年10月，巴金的《寫作生活回顧》）

巴金的這種情懷貫穿了他的一生，他的作品裡清晰地流淌著這種動人情懷。

全篇文章思路縝密，教學中，要注重引導學生理清作者的行文思路，並感受作者的博愛、犧牲情懷。

《月》

意境更空幽，思路也更靈動些。

文章開頭，「每次對著」直入全篇，塑造了一個思考者的形象。「對著」生動地表現出人與月在對話的奇異情景；「長空的一輪皓月」，創造設計了情境，意境寥遠。「我會想：在這時候某某人也在憑欄望月嗎？」作者一定相信他不是一個孤獨的望月者，一定有人和他一樣，有著同樣的心思和情懷。

第二段，圓月如「明鏡」，這個比喻並不出奇，但奇怪的是，「我們的面影都該留在鏡裡吧！這鏡裡一定有某某人的影子」。豈止「我們的面影」會留下，我們生活中的一切不都會在鏡中留下影子嗎？黑暗、寒冷的現實已經被天上的皓月完全記錄並投射了出來。

這兩段，沒有表現月光本身的寒涼。只是從它的如「明鏡」的功能來寫，我們不難理解「明鏡」的含義：世上的一切都「該留在鏡裡」了。正因為這樣，才有了後文中望月時的「感覺」：「冷光」、「涼月」、「寒光」，究竟是月本身「冷」、「涼」、「寒」，還是投射到「明鏡」裡的事物「冷」、「涼」、「寒」，也就不言而喻了。作者從月亮如「明鏡」的角度來巧妙地折射現實生活，別具匠心。

本文的寫作時間是 7 月 22 日，正是盛夏酷暑之時，然而，作者卻說「寒夜對鏡」，此處的「寒」該是作者心裡的「寒」吧！因為「面對」的是「涼月」，感覺就不只是「冷光撲面」了吧！也許還有冷光撲懷、冷光撲心吧！這樣冷涼的感受，自然讓人想起有同樣感受的時刻和經歷。於是，第四段具體展開描述「面對涼月」時「我」的「這感覺」。

「海上」、「山間」、「園內」、「街中」、「露台上」，以這五個地點代表了整個世間，這五個地點亦由大而小、由遠而近，無論在何處，只要「望著明月，總感到寒光冷氣侵入我的身子」，我們也似乎感受到了寒光冷氣由「海上」到「山間」，再到「園內」、「街中」，最後鋪天蓋地地瀰漫

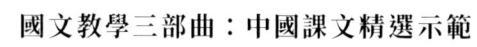

國文教學三部曲：中國課文精選示範

第一部曲 文本解讀

了整個「露台」，整個人被這樣的肅殺寒氣包圍著。「侵」字傳神地表現出這股「寒光冷氣」的威力和不可抗拒。明明是夏天，可是「對著長空的一輪皓月」，「我」卻想起「冬季的深夜」，不需抬頭，僅僅是「望見落了霜的地上的月色」，便不禁寒涼起來，「覺得自己衣服上也積了很厚的霜似的」。衣服積霜，更是心靈積霜了呀！詩歌的意境是虛構的，時間是躍動的，這種躍動看似沒有章法，實乃作者精心設計的。此段中的「冬季」自然不是冬天，而是作者寫作時（儘管是炎炎夏日）現實生活給人心靈上的如冬季一般的嚴寒。

這一段從第三段衍生出來，創造設計了獨特的意境，這種意境更強化了「寒夜對鏡」、「冷光撲面」的感覺。在這一段中，我們似乎看到了主角孤獨的身影，聽到了他內在的獨語，真切地感受到人物由外而內、由衣服到內心都「積霜」的別樣情緒。如果沒有這一段，人物內心的這份敏感細膩、憂愁沉重的獨特感受就蕩然無存了。在此處展開描述、豐富意境正是作者的匠心所在，使文章意境由空遠轉而貼近生活，由簡單的望月轉而感悟現實，立意厚重起來。

第五段，「的確，月光冷得很」，順承上一句「很厚的霜」而來，同時再一次深化並照應了第三段的「冷光撲面」。緊接著後一句揭示了月光之所以是冷的原因：「死了的星球是不會發出熱力的。」其實，月球沒有死，按照文章的思路看，月球只是如明鏡高懸，它所照到的事物如果是死寂沉沉，又怎麼可能給人以生氣勃勃的感覺？「月的光是死的光」，只因為它自己沒有生命力而已。自己沒有生命力，怎麼會有熱力呢？怎麼能帶給人們以熱力呢？月，它本身沒有任何錯誤，如果，它所照到的是一團熊熊烈火，它還會「冷得很」嗎？只因為，它所照到的是一片死寂，一片「不會發出熱力的」寒冷世界。所以，需要改變的不應該是月球，而是它所照到的地球，是整個人間！

也許嫦娥奔月是為了「使這已死的星球再生」，她的願望是如此美好。然而，一個「難道」的詢問，讓我們也不敢相信嫦娥有這樣的能力可以改變「寒光冷氣」的現實。嫦娥奔月也許不是為了「使這已死的星球再生」，而

是因為「她在那一面明鏡中看見了什麼人的面影」，究竟是什麼人呢？自然是也同樣「憑欄望月」的人，是同道之人，是覺得現實如此寒涼而渴盼並願意改變寒涼的人，是像作者這樣的有著拳拳愛國心和濃濃報國志的人。

《月》，通篇寫的是月如明鏡，給人「寒光冷氣」，而這就是當時社會的真實寫照。作者沒有逃避，而是客觀、冷靜地面對，理智、深入地思考、分析，將月之所以「冷」的原因揭示出來，因為月所照射到的一切是沒有熱力的，所以「月的光是死的光」，要想改變月光給人的感受，只有一個辦法：改變現實，與「也在憑欄望月」的同道之人一起奮發努力改變這陰冷黑暗的現實。這也許才是作者的真正寫作目的：在最艱難的時期，鼓舞人們拿起武器奮勇向前，為著那光和熱！

《月》的首尾照應也很明顯並很巧妙。自己望月時會想，「這時候某某人也在憑欄望月嗎」，創造設計意境，引發遐思；文章的結束寫到嫦娥「或者在那一面明鏡中看見了什麼人的面影吧！」，實現了結構和內容的對接：望月，思月。不論是抒情主角「我」還是嫦娥，面對如鏡的「涼月」，都有一個共同的願望：改變冷寒，帶來熱力。

《月》全篇被一種清幽、孤寂、憂愁的情緒所籠罩。「寒夜」、「冷光」、「涼月」、「靜夜」、「冬季的深夜」、「落了霜」……都給人以一種淒清、悲涼之感。「一個人」、「小小庭院」又分明讓我們看到了一個孤獨者苦苦思索、探尋的形象，他感到「寒光冷氣侵入」他的身子，他感到「自己衣服上也積了很厚的霜似的」，無法抵禦的寒涼直逼進體內。一切景語皆情語啊！情景交融，物我合一，這是《月》的意境給讀者的最深入心靈的印象。

巴金的散文充滿了「憂鬱而熱情的青春氣息」。他的作品裡反覆出現四組意象系列，即「對光和熱的讚美，對生命力的讚美，對探索者和殉道者的讚美，對漫漫長夜和嚴冷寒夜的憎惡」。（《論巴金建國前的散文創作》、《文學評論》1996 年第一期）從《日》、《月》兩篇短文中，我們能夠清晰地看到巴金的生命追求與信念。這樣的信念伴隨著他的一生。1983 年臥病在床時寫的《願化泥土》深切地表達了他的心願，這個心願其實就是他一輩子堅守的甘於奉獻的犧牲精神：「我家鄉的泥土，我中國的土地，我永遠同你們在

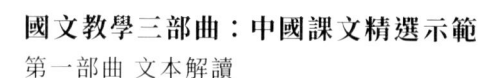

一起接受陽光雨露，與花樹、禾苗一同生長。我唯一的心願是：化作泥土，留在人們溫暖的腳印裡。」

《日》中的光和熱，是理想、是追求、是目標；冷是當下的現實，是要改變的局面。

《月》中的冷，是現實、是心境；光和熱，是理想、是追求、是目標。唯有照到了光和熱，如鏡的皓月才能不再「冷光撲面」。

所以，兩篇的冷熱是一樣的：反映冷的現實生活，表達理想和信念，追求光和熱。

用足文本價值──《橋之美》精段解讀

《橋之美》是畫家吳冠中先生寫的一篇關於橋的美學小品文，主要談的是畫家眼中的橋與環境搭配的美學原則。還有一篇《中國石拱橋》，教學中如何處理好兩篇有關「橋」的課文的關係？筆者認為應結合文本本身的特點，充分利用好每一篇文章的價值，把它作為學生國文學習和能力訓練的好材料。

對《橋之美》這一篇並不難的文章，我們如何挖掘和用足它的價值呢？

我們可以用由面到點、精段精讀的方式來處理。

透過閱讀全文，我們很容易把握《橋之美》的主要內容。作者從畫家的角度介紹了自己喜愛橋的原因：橋在不同環境中的形式和作用是迥然的，所以才會給人以豐富多彩的美感。或者說，橋之美，美在它「造成構成與聯繫之關鍵作用」。有了這樣的整體把握，我們再來對精段進行解讀。

「橋之美」，究竟美在哪裡？作者在文末說，「凡是造成構成與聯繫之關鍵作用的形象，其實也就具備了橋之美」，概要地說，「橋之美」就美在它「造成構成與聯繫之關鍵作用」。讓我們結合具體語段的分析，看看這種「關鍵作用」是如何表現出來的。

作者在第三段說，「我之愛橋⋯⋯是緣於橋在不同環境中的多種多樣的形式作用」，第四段便是緊扣這一句來闡說的。

用足文本價值──《橋之美》精段解讀

　　針對「不同環境」，作者選擇了四種典型的環境，即「烏鎮」的「蘆葦叢」、「江南鄉間」、一大片的「湖水」和華南的「山區」。橋的「形式作用」自然是「多種多樣的」，它帶給人們這樣豐富的美感：疏密相間、剛柔相濟、面線相融、動靜相生；更給人們這樣美妙的享受：「舒暢」、「銷魂」、「滿足」、「欣賞」。

　　在這一段裡，作者藉幾座橋向我們介紹了這樣的四種美：疏密相間之美、剛柔相濟之美、面線相融之美、動靜相生之美。

　　具體分析如下：

　　烏鎮的小河兩岸，綿延不盡著密不透風的蘆葦，當你行舟在河水上，正覺得單調和憋悶時，突然有一座或拱形或方形的橋躍入你的眼睛，你會有驚喜，更會有舒暢。橋的線條與蘆葦的塊面形成強烈的視覺衝突，你一下子就會深深地感受到那種疏密相間之美。

　　堅硬的石橋，纖細的柳絲，只要它們在一起就有令人銷魂的打動力。一個「拂」字生動地把細柳飄絲的柔情表現出來。厚重與靈動、歷史與新生、剛勁與輕柔的和諧表現得淋漓盡致，這是一種江南早春獨有的剛柔相濟之美。

　　水天一色的湖面，單純而又明亮，煙波浩渺自然是一番好景象，但是畫面又多少會顯得單調呆板。臥龍似的長橋，猶如一根線，一下子將完整的一個面切分成活潑的塊，令你從任何角度看，都會有新的視覺效果，你會不得不佩服造橋人，他們匠心獨運，使人工的橋與自然的湖配合默契，呈現出面線相融之美。

　　風雨橋，顧名思義，是為趕山路的人遮風擋雨的橋。作者介紹風雨橋，不是介紹它的功能，而是介紹橋與自然環境所產生的美感。不論橋下的水流多麼湍急喧囂，人們總可以靜靜地站在風雨橋裡欣賞飛瀑流泉，水的激盪與橋的寧靜形成強烈的反差，這樣的畫面充滿了動靜相生之美。

　　愛橋，就是因為橋的「多種多樣的形式作用」。烏鎮蘆葦叢中的橋以疏密的形式給人「舒暢」，江南鄉間的石橋與細柳剛柔相濟的配合令人「銷魂」，廣闊水域上的長橋就是「線與面之間的媒介」，線面相融的美叫人「滿足」，

41

國文教學三部曲：中國課文精選示範
第一部曲 文本解讀

風雨橋與面對的飛瀑流泉共同組合成了亦動亦靜的畫面，人們因此而「欣賞」、「搏鬥」。

本文是一篇「小品文」，小品文是散文的一種形式，篇幅短小，形式活潑，內容多樣化。第四段文字中，作者用典型的散文化的筆法介紹了橋的美學原則。

介紹每一種橋的手法也不太相同。烏鎮的石橋用的是與葦叢的對照，江南鄉間的石橋與細柳用襯托手法，長橋則用舉例來對比，風雨橋卻先介紹結構，再說其美。

對四種不同的美感表達也不盡相同。有的是直接說效果美，如烏鎮的橋的「鮮明的對照」之美；有的是間接讚美，透過人們的心理感受來寫橋之美，如「令畫家銷魂」、「會感到像讀了一篇史詩似的滿足」；還有的是從人們的行為來側面表現橋之美，如「畫家和攝影師們必然要在此展開一番搏鬥」，這是從畫家和攝影師爭著選取最佳欣賞角度和表現角度來側面襯托風雨橋的美。

這一小段文字裡，作者運用了多種修辭手法，如擬人、比喻、對比等。「發悶的葦叢做了一次深呼吸，透了一口舒暢的氣」、「那纖細的游絲拂著橋身堅硬的石塊」、「一座長橋，臥龍一般，它有生命」，在作者筆下，一切都是那麼有生機、靈氣、情調。

在這一段中，描寫、說明、議論、抒情幾種表達方式巧妙地結合，給人以水乳交融的感覺。正如橋與周圍的環境配合的效果一樣，這一段文字或活潑秀麗或厚重沉穩，都與作者使用多變的表達方式和豐富的修辭手法是分不開的。

《橋之美》是一篇小品文，小品文是散文的一種形式，篇幅短小，形式活潑，內容多樣化，頗具值得精讀品味的優點。課堂教學中，應該透過活動和訓練，引導學生好好地欣賞這第四段的文字美和手法妙，實實在在地用足文本的價值。

兩兩相應在家醅——《春酒》解讀

　　春酒，即八寶酒，是琦君童年時母親泡製的，春節的時候拿出來與親朋好友分享的美酒。喝春酒，享受快樂、美好。然而，母親不在，故鄉難回，即使是如法炮製，也難有「道地家鄉味」了。這便是臺灣作家琦君在她的散文《春酒》裡抒發的情懷。

　　說說文章的結尾和中心

　　如果把這篇散文改編成一部電影，我們可以這樣處理，把文章最後兩段的內容提前，作為第一幕。

　　又是一年春節，一個中年婦女在完成一系列祭祖的程式之後，給兒子倒了一杯八寶酒，兒子說用美國的葡萄酒泡的八寶酒味道沒有外婆家的酒味道好。婦女自言自語，輕嘆：「可是叫我到哪兒去找真正的家醅呢？」

　　鏡頭在裊裊的香燭煙霧中切換。呈現於眼前的，是大洋彼岸的中國南方幾十年前的一個村落，那裡的人們在歡慶春節。

　　於是，我們和兒時的琦君一起快樂地享受春節。

　　紅火的節日，熱鬧的拜年，明亮的色彩，溫暖的人情往來，處處洋溢著過年的喜慶。觀眾的眼睛、心神都沉浸在了過大年的喜悅中，陪可愛的小姑娘琦君一起走東家串西家地喝春酒，在自己家的大花廳裡和村人一起喝會酒，還得到會首給的花手帕……

　　這就是文章最後一句話帶給我們的遐想。從這一點看，作者的最後一問是多麼巧妙啊！無形中使文章的結構呈現出優美的圓圈體型，圓潤柔美。因此，當我們聽到那聲感嘆——「叫我到哪兒去找真正的家醅呢？」，我們一定會急切地告訴她：到你的回憶裡，到你的心裡，到你的夢裡去找啊！那裡有輪流邀飲春酒，那裡有答謝喝會酒，有你歡樂的童年，有你摯愛的母親，有你熱情的鄰居，有你總愛偷喝的八寶酒，還有會喝醉的小花貓，有你關於母親、關於家鄉的所有美好回憶。那裡才有「道地家鄉味」啊！

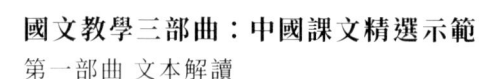

國文教學三部曲：中國課文精選示範
第一部曲 文本解讀

文章以作者的一句心靈之語——發自內心深處的慨嘆和抹不掉的鄉愁戛然而止。這樣的結束賦予文章餘音繞梁之美，使文章的主旨凸顯，深刻的立意也境界全出。

文章並不是通常意義上的抒寫作者「最美好的回憶」。從內容比重上看，回憶美好占了絕大部分篇幅，但這並不影響末兩段在整篇文章中的四兩撥千斤的力量。前八段的內容完全創造設計了新年喝春酒的歡樂、祥和、幸福的氛圍，後兩段卻使得全文一下子籠罩在了深深的、厚厚的、抹不開的悲愁裡了。快樂、祥和與幸福，是那樣的難忘，那是美好的精神家園所在啊！而如今，一切都不在，一切都不再，回憶愈是美好，愈是帶來苦痛，作者用這樣的大喜來寫出心中的大悲。所以，前文的美好懷念都是源於這當下難掩的思鄉之情、美好精神家園的失落，也都是為了當下這份跨愈了太平洋的思鄉之情和對美好精神家園的追懷與嚮往。這便是文章的中心了。

解讀多組「兩個」

筆者在研讀課文的過程中，發現了這樣一個有趣的現象，文章裡的「兩個」很多。下面是一組有助於解讀課文的「兩個」。

1. 文章內容上的兩個時段

前八段寫「我」小時候的生活，那時候在浙江老家，「我」和「我」的母親生活在一起，在那裡「我」擁有快樂的童年；後兩段是「我」的現在，現在是在美國，「我」已經失去母親，「我」和兒子生活在一起。

這兩個時間段把文章分為描敘內容、語言風格、思想情感完全不同的兩塊。前面的熱鬧、快樂、美好更反襯了後面的冷清、傷感、失落。

2. 過年的習俗重點寫了兩個

從文章中，我們讀到了過年的一般風俗，如做蒸糕、迎神、拜佛、供祖等，我們也讀到了浙江農村特有的習俗——喝春酒和辦會酒。文章重點寫了喝春酒和辦會酒這兩個富有地方特色的習俗，但是這兩種喝酒方式又是不一樣的。

邀喝春酒,是「家家戶戶輪流的」,是鄰里間輪流請客的,形式上是遊走式的,不固定地點、人物、時間,作者以簡略的筆墨介紹了這一習俗。

比喝春酒更為正式、更能表現鄰里和睦和淳樸民風的,那該是擺酒席喝會酒了。與喝春酒相比,喝會酒是有講究的,首先喝會酒的目的是要「表示酬謝」,如平日裡有急需用錢的人對提供幫助的人的一種感謝;其次,來參加的是十二個人;再次,要有像樣的餐廳,那就是「我家的大花廳」;最後,場面規格很高,是從城裡叫來的「十二碟的大酒席」。

之所以詳細介紹喝會酒,那是因為,喝會酒更好地表現了村裡人的互幫互助、知恩圖報;能把大花廳借出來辦會酒是很榮耀的,也可增添喜氣;母親捧出「自己泡的八寶酒給大家嘗嘗助興」,表現出母親的熱情好客;後面大家請教如何泡得那麼好,又是對母親手藝的讚賞。而這些,都是「我」多年後依然懷念的「道地家鄉味」,也是我努力想找到的「真正的家醅」,所以,作者花了三分之一的筆墨來描寫喝會酒。

3. 人物重點寫了兩個

春酒,是泡了供春節時喝的一種酒而已。可是,因為是心愛的母親泡的,因為酒裡泡了八寶,就顯得更加香甜美味了。

從文字中,我們能讀到一個中國傳統的優秀母親的形象。她熱情好客、心靈手巧、勤快淳樸,是一個「做什麼事,都有個尺度在心中的」人,按她自己的話說,是「分分寸寸要留神」。

「我」是一個快樂地享受童年、母愛的孩子,是討得鄰里人都喜歡的一個可愛的小姑娘。「我」從過年喝春酒、喝會酒中能感受到淳樸的民風、濃濃的人情味,為自己有能幹的母親而驕傲,為自己能喝到甜美的八寶酒而自得。

4. 鄉里人重點寫了兩組

懷念故鄉,還有一個很重要的原因,那就是故鄉的人情味濃,故鄉的民風淳樸。

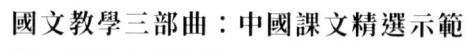

在寫故鄉村子裡的人時，作者用了兩種不同的處理方法，這與作者所選寫的人物是有密切關係的。

第一組人物是眾鄉人。這裡沒有具體地寫鄉人的聲音和面貌，只是透過介紹習俗呈現了他們的群體特徵。「家家邀飲春酒」、「請鄰居來吃春酒」、「凡是村子裡有人急需錢用，要起個會，湊齊十二人，正月裡，會頭總要請那十一位喝春酒表示酬謝」、「大家喝了甜美的八寶酒，都問母親裡面泡的是什麼寶貝」。在這一組文字中，我們看不到一個具體的清晰的人物形象，作者的文字就像是電影裡的遠鏡頭、虛鏡頭，人物只給我們一種模糊的印象，但我們又分明能從字裡行間感受到和睦、和諧的鄰里關係，感受到一人有難眾人幫的美好社會風尚。作者是否也對這樣真實、友善、淳樸的人際關係充滿了留戀呢？

第二組人物是個體形象代表——阿標叔。阿標叔是花匠，每到喝會酒前，他就會「巴結地把煤氣燈玻璃罩擦得亮晶晶的，呼呼呼地點燃了，掛在花廳正中」。我們彷彿看到了一個做事勤快、手腳俐落的男子在春節時歡快地忙碌著，也許擦完燈罩，他還會繼續擦燈籠、擺桌椅，與作者一家一起分享喝會酒的興高采烈。作者對這一人物採用了具體的描寫，運用近鏡頭、實鏡頭的手法，透過他的動作寫出幫忙辦會酒的人的精神狀態，那自然是忙並快樂著的。

5. 手法突出的有兩個

這兩個突出的手法是：細節、線索。

短短的一篇文章能給我們留下那麼深刻的印象，與作者善用細節描寫、以線串文的手法是分不開的。

這篇文章有豐富的細節描寫。作者透過細節表現情趣，透過細節刻畫人物。

「我是母親的代表，總是一馬當先，不請自到，肚子吃得鼓鼓的跟蜜蜂似的，手裡還捧一大包回家。」

「其實我沒等她說完,早已偷偷把手指頭伸在杯子裡好幾回,已經不知舔了多少個指甲縫的八寶酒了。」

「母親給我在小酒杯底裡只倒一點點,我端著、聞著,走來走去,有一次一不小心,跨門檻時跌了一跤,杯子捏在手裡,酒卻全灑在衣襟上了。」

「抱著小花貓時,牠直舔,舔完了就呼呼地睡覺。原來我的小花貓也是個酒仙呢!」

「我呢,就在每個人懷裡靠一下,用筷子點一下酒,舔一舔,才過癮。」

「母親得意地說了一遍又一遍,高興得兩頰紅紅的,跟喝過酒似的。」

「巴結地把煤氣燈玻璃罩擦得亮晶晶的,呼呼呼地點燃了,掛在花廳正中。」

這些語句生動活潑,又不乏精妙的細節描寫。「我」的天真可愛,「我」對八寶酒的「貪戀」,「母親」對「我」的關愛,鄉鄰對「我」的喜愛,「母親」的得意自豪,八寶酒的美味,阿標叔的勤快⋯⋯都在看似不經意實則用心的點染中表現出來。

文章以「春酒」作為線索貫穿全文。回憶從新年中期待春酒、邀飲春酒到詳細介紹母親泡酒的方法,從酒的品質、借花廳喝會酒到自己異國他鄉自釀春酒、抒發懷念春酒,全文以「春酒」始,以「春酒」終,戛然而止似又迴環往復,編織了一個優美雅緻的「春酒」之鏈。

6. 需要特別重視的段落有兩個

這篇文章有兩個段落需要我們特別重視,即首段和末段。

首段的文字介紹了農村新年的一些規矩,尤其是過年時小孩子眼裡的約束。但從字裡行間我們都可以很容易地看出,即便是「很受拘束」,也掩飾不了孩子們心裡對新年的熱愛,對喝春酒的熱盼。以元宵節前的「很受拘束」來襯托邀飲春酒這個新年裡的又一個「氣氛之熱鬧」的「高潮」,把春酒在「我」童年時心目中的地位很生動地表現出來,同時也引出下文要介紹的「我

47

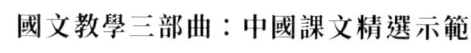

最喜歡的」是「母親在冬至那天就泡的八寶酒」。用比襯手法做鋪敘，這是第一段的結構和內容上的設計之妙。

我們再看末段：「一句話提醒了我，究竟不是道地家鄉味啊！可是叫我到哪兒去找真正的家醅呢？」整篇文章的中心情感和力量就在這兩個短語——「道地家鄉味」和「真正的家醅」上。前文中過新年的歡樂祥和到這裡一下子全變成了令人心酸的苦澀寂冷。用這樣的一個問句來結束全文，戛然而止而又餘音繞梁。在詢問中抒情，倍增鄉愁。教學中這裡可以此為突破口！

7. 視角有兩個

這篇文章的一個獨特之處在於，作者在文章中變換了視角。如果沒有最後的兩段，文章是一篇獨立的回憶童年的文章。童年時的新年是那樣令人回味，它是快樂美好的，因為有很多好吃的，尤其是可以挨家挨戶地邀喝春酒。這些都是孩子眼裡的新年，是從兒童的視角來記錄童年的新年。文字是活潑的，情感基調是快樂而溫馨的。

與前文內容和視角完全不同的是最後兩段，回憶中的童年變成了現實中的當下，回憶中的喝媽媽泡的八寶酒變成了喝自己泡的八寶酒，兒童的視角變成了成人的視角。因為變化，而使文章變得立體、豐滿和厚重起來，由簡單的回憶童年時新年的美好而轉變為抒發濃濃的鄉愁。

不同的視角決定不同的文字風格，也決定了不同的情緒、情感基調，更影響了文章的立意。

8. 情感有兩種

在兩個段落、兩個視角分析的基礎上，我們很容易把握文章的情感，因為視角的不同，內容的不同，語言的不同，所表達的情感也不同。

文章抒發了兩種情感：快樂而美好的，傷感而哀愁的。

快樂而美好的情感，主要集中在對童年的新年回憶的那一部分。那是有關故鄉的、兒時的、與母親在一起、喝著香醇的春酒的日子，充滿了溫馨和甜美。

傷感而哀愁的情感，是末兩段中流露出的作者內心的情感主色。那是在美國的、現在的、沒有了母親、喝著用美國的葡萄酒泡的沒有美味的八寶酒的日子，充滿了思念和感傷。

兩種情感，一先一後，看似一厚一輕，實則是那麼的不可分割，相互映襯，尤其是最後兩段的情感，那是真正的四兩撥千斤啊！真可謂「在我心中重千斤」！

9. 回憶母親的內容有兩個

透過閱讀分析，我們可以清晰地看到，文章回憶母親的內容有兩個：第一個是關於春酒、會酒的；第二個是，做「新鮮別緻的東西」、「分給別人吃」。

全篇圍繞「春酒」行文，但也有與春酒無關的內容，即第八段。那麼第八段是否有旁逸之嫌呢？母親勤快能幹、待人熱情，不光喜歡把自己泡的八寶酒拿出來讓大家分享，平時也總會做「新鮮別緻的東西」、「分給別人吃」。作者加寫第八段，寫母親的友善真誠是有其意圖的：不僅懷念故鄉，更加追懷母親。如果僅僅是遠離故鄉，而母親健在，恐怕不會有那麼深的愁緒了吧！母親是我們的根，唯有根在，我們才知道自己從何而來，自己是誰；根不在，我們便像那漂浮的樹葉了。

鄉情感人，而與母親的至愛之情卻最能打動人。這是本文三種情感（對童年、對母親、對家鄉）的最凸顯也是最核心之處。

10. 泡八寶酒的有兩個人

文中重點介紹了母親泡的八寶酒。母親的八寶酒，香滿全村的。雖然母親並沒有介紹過泡八寶酒的每一種原料的比例，正如她自己所說「大約摸差不多就是了」。但是，她泡進去的是「我」的快樂的童年，「我」喝到的是香甜的幸福。

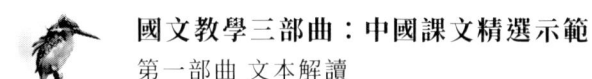

文中並沒有介紹「我」泡酒用的配料，但是我們有理由相信，「我」泡的八寶酒的配料與母親用的應該是一致的，就那八樣材料。但是「我」泡的八寶酒的口味卻無法與母親泡的相比，遜色很多。沒有其他原因，只因為那酒裡缺少了叫「親情」、「鄉情」的主料。「我」泡的酒，味道少的是那份情感，因為那份情感最有力的依託——母親已經不在了。

11. 另外還有兩個值得關注的

(1) 一個重要的隱藏於文字中的手法：側面襯托

文章多處運用側面襯托的手法來表現母親所泡的八寶酒的香甜美。這也是一塊很重要的內容。

「我家吃的東西多」，不稀罕那些零食——襯托最喜歡的是八寶酒；

偷偷地舔酒——襯托八寶酒好喝；

小花貓「也是個酒仙呢」——襯托八寶酒香；

我在別人家「只喝一杯，因為裡面沒有八寶」——襯托八寶酒甜；

「我呢！就在每個人懷裡靠一下……舔一舔，才過癮」——饞酒，襯托酒好喝；

喝會酒後，大家請教母親——襯托酒的甜美；

因為酒美，更想起製酒之人，然而，如此香甜的美酒再也無法「炮製」了。所以，筆者認為，把文章的解讀定位在對母親的深深追懷上更合適。這樣，後面的傷感才更容易理解。「斯人不在，唯有淚千行。」

(2) 一個重要的標點

「究竟不是道地家鄉味啊！」

上面的這個句子有作者強烈的情感蘊蓄其中，然而，作者卻用了一個簡簡單單的句號，而不是驚嘆號。因為句號是感情的有意控制，而驚嘆號卻是

感情的直接抒發。這一個小小的句號裡包含著作者多少的惆悵、不捨、懷念、傷感、鄉愁啊！

透過這一組「兩個」的挖掘和分析，我們對琦君的《春酒》的理解才可能是貼近作者內心的，才可能是還原文本真實的。根據這樣的解讀再做教學設計，才會使教學內容更確定，才能把學生帶入課堂深處和文本深處。

《春酒》，一篇歡樂背後是鄉愁的文章。

魅力背影知多少──國中國文課本中人物背影賞析

文學作品中對人物的描寫有多個角度。魯迅先生曾說：「要極省儉地畫出一個人物的特點，最好是畫他的眼睛。」（魯迅《我是怎樣做起小說的》，見《南腔北調集》）如他對祥林嫂眼睛的多次描寫，就把祥林嫂的精神狀態、生命特徵清晰地表現了出來。然而，「每個人都是典型，但同時又是一定的單個人」，除了眼睛可以表現一個人的特點，穿著、語言、動作、神態等也是不同的人有不同的風格特徵的。即便是背影，也是各具風貌，各有魅力。不同的人有不同的背影，這些背影因為其獨特的故事而讓人回眸，給我們留下深刻的印象。國中國文課本中就有這樣一些讓人難忘的背影。

父親辛酸蹣跚的背影

說到背影，我們自然會想到經典作品朱自清先生的《背影》。

父親攀爬月台「到那邊去買幾個橘子」的背影，讓讀者難忘，永遠定格在我們的腦海裡。這個背影並不高大美麗，卻具有穿透人心的力量。望著這個蹣跚的背影，想起關於父親的一切，眼淚會情不自禁地流下來。

《背影》這篇文章，表達的是親情之愛，卻是這樣的與眾不同：不是寫母愛，而是寫父愛；不是刻畫人物的正面，而是描寫人物的背影；這背影不是瀟灑帥氣的身姿，而是笨拙年邁的老態；不是事先計畫好要寫的，而是多年後收到父親來信後情不能自已完成的；不是刻意營造抒情氣氛，而是「情感的自然流露」；不是為了讚美父親的偉大，而是要表達親子之愛的不對稱。

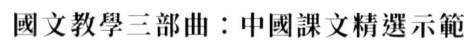

國文教學三部曲：中國課文精選示範

第一部曲 文本解讀

　　正如孫紹振先生（孫紹振《名作細讀：微觀分析個案研究》）所說，《背影》之所以成為不朽的經典，就在於它寫出了親子之愛的永恆的特點，那就是愛的隔膜。現實的愛，是有隔閡的，父與子的矛盾，兩代人的親情的錯位，是一代又一代不斷重複著的人性，具有超越歷史的性質。正因為這樣的親情錯位有普遍性，所以，讀者在閱讀時會透過朱自清父子的故事看到自己的影子，會引起心靈的共鳴。「抗拒父親的愛是毫無愧色地流露出來的，而為他的愛感動落淚卻是祕密的。」（孫紹振《名作細讀：微觀分析個案研究》）「急於回報又竭力掩飾自己情感的心理」，生活中我們不是也常常會有嗎？

　　為什麼那個背影給朱自清先生如此強烈的打動，是因為「父子之間隔膜的打破、緊張的消解，就發生在『我看見他的背影』的那個瞬間。『我的淚很快地留下來了』，不僅是為父親的愛所感動，更為自己曾有過對父親的誤解，為父子間的隔膜而悔恨、悲哀！」父子之間「情感的冰塊」、「消融」了。（錢理群《做與不做之間》）

　　每次讀《背影》，最讓我心酸的是父子最後告別的場面，是那個「混入來來往往的人裡」的背影。

　　「他走了幾步，回過頭看見我，說：『進去吧！裡邊沒人。』等他的背影混入來來往往的人裡，再找不著了，我便進來坐下，我的眼淚又來了。」

　　「他走了幾步，回頭看見我。」

　　他在走的這幾步中，一定想了點什麼吧？我讓學生們揣測父親此時的心理，再理解父親的那一回頭。孩子們的發言很讓人感動。也許，父親沒有想到兒子還站在那兒定定地望著自己，所以，「看見我」時，那份意外，那份感動，那份不捨，那份酸楚，也許還有那份尷尬和侷促中流淌出的絲絲甜蜜，那份淺淺淡淡的幸福大概就是他那一瞬間充溢心頭的全部感受吧！

　　「等他的背影混入來來往往的人裡」，這一個背影不像前文的那個背影的動態感、畫面感那麼強烈，留給我們的似乎也只是比較虛化的一個人形輪廓而已。可是，一讀到「混」字，揪心與酸楚感便從心底泛起。「來來往往的人裡」，父親的背影漸漸消逝，淡出畫面。作者沒有用「消失」、「消逝」

寫漸漸看不清、看不到父親的背影，而是用一個「混」字表現出父親在茫茫人海中的那份渺小、那份漂泊、那份令人心疼和憂慮。誰不是來這世上「混」一遭啊！「父親能找到工作嗎？後面的生活該會是怎樣呢？他剛才的一回頭叫人看到是多麼心酸啊……」這也許便是朱自清努力地尋找父親背影時的心理。在這裡，我看到了朱自清對父親的深深理解、擔心和牽掛。

「再找不著了」中的「再」和「找」也都值得品味。

不是分別後的一般意義上的「望」著對方離去，而是努力地用眼睛去「找」，去發現、去留住，唯恐那個人影會突然之間從視線中消失。火車站來來往往的人很多，一時看不到是正常的；如果再努力地找，也許就又看到了；「再」字讓我們看到了朱自清一直把目光集聚在漸行漸遠的父親背影上的專注，與父親告別後的那份不捨就在這一個「找」字裡，淋漓盡致地呈現出來。

「距離有多遠，牽掛就有多長。」是的，父子之間哪怕再有矛盾，再有隔膜，在當下，在此刻，彼此之間的恩恩怨怨都會煙消雲散了。牽掛是那個時刻唯一的主題，理解在此時得以真正實現。

這最後的一個長長的鏡頭，又是一個永恆的瞬間。「這裡所傳達的，是天地間最真摯的父子之愛，但又不是一般的父子之愛，而是在人世艱難的年代，父子間曾有過深刻的隔膜，而終於被天性的愛的力量所消解、融化以後，所顯示出的父子之愛的偉大與永恆。」（錢理群《做與不做之間》）

朱自清先生的《背影》令我們感嘆唏噓，回味無窮。

韓麥爾崇高愛國的背影

下面的這段文字，是都德的著名短篇小說《最後一課》的最後一部分。

忽然教堂的鐘敲了十二下。祈禱的鐘聲也響了。窗外又傳來普魯士兵的號聲他們已經收操了。韓麥爾先生站起來，臉色慘白，我覺得他從來沒有這麼高大。

「我的朋友們啊！」他說，「我──我──」

但是他哽住了，他說不下去了。

國文教學三部曲：中國課文精選示範

第一部曲 文本解讀

他轉身朝著黑板，拿起一支粉筆，使出全身的力量，寫了兩個大字：「法蘭西萬歲！」

然後他待在那兒，頭靠著牆壁，話也不說，只向我們做了一個手勢：「放學了，你們走吧！」

小說《最後一課》的高潮部分定格在韓麥爾先生的板書和背影上。

在這篇小說中，韓麥爾先生由一個普通的老師形象變為一個愛國者，成為短篇小說長廊中一個不朽的形象。小說中，人物形象的價值在於其藝術價值。「藝術價值是情感價值。小說的價值集中在人身上，人的心理，尤其是人的情感是核心。」（孫紹振《名作細讀：微觀分析個案研究》）

語法課、習字課、歷史課，一節接著一節上完了。韓麥爾先生在履行著他作為老師的職責。可是，誰能體會到他在這屈辱的歷史時刻心中的悲憤和苦痛呢？作為一個普通的民眾，普通的老師，他對職業的敬重、對中國的熱愛，在平時也許顯露不出。但是，「人的心理是個豐富多彩的立體結構，隱藏在深層的和浮在表面上的，並不一定很一致。在一般情況下，深刻的情感是隱藏得很深的，連人物自己都不大了解。只有發生了極端的變化，心理結構受到突如其來的衝擊，來不及或者永遠無法恢復平衡時，長期潛在的情感、與表層相異的情感，才可能暴露出來」。（孫紹振《名作細讀：微觀分析個案研究》）韓麥爾先生遭遇的祖國受侵略連母語都被取消了這一「極端的變化」，是人物情感和感知的一個飽和點，這個飽和點是其命運突轉的契機，使潛藏在他意識深處的愛國情感一下子「暴露出來」。

「教堂的鐘敲了十二下。祈禱的鐘聲也響了。窗外又傳來普魯士兵的號聲，他們已經收操了。」在象徵和平的午禱鐘聲和象徵侵略的普魯士軍號聲響起的時候，在最後一課「發生了極端的變化」的時候，這個「可憐的人」，卻不能像剛才課上闡釋「法國語言是世界上最美的語言」那樣慷慨陳詞了，他的內在情感此刻得不到充分地表達：「我的朋友們啊！」他說：「我——我——」，他「沒有以偉大而洪亮的聲音表達」他複雜的情感，相反，他卻是那樣拙於表達，以至於「他哽住了，他說不下去了」。

他滿腔的愛國深情如何表達？「他轉身朝著黑板，拿起一支粉筆，使出全身的力量，寫了兩個大字『法蘭西萬歲！』」壓抑在內心的情感像火山一樣噴發。我們似乎看到了「韓麥爾先生動作的幅度與力量」，看到了「兩個字的色彩、線條與形態」，看到了一個振臂高呼「法蘭西萬歲」的英雄。那「發自內心的熱愛祖國的強烈呼聲」就迴盪在我們耳畔。韓麥爾先生奮筆板書的背影，深深地印在學生的眼睛裡，刻在學生的生命中。

寫著光彩奪目的兩個大字的黑板此刻就是背景，是韓麥爾先生這尊雕像的背景。這尊雕像，活生生地立在每一個讀者的面前，讓人強烈地感受到這個人物外在的力度和內心的激情！莊重、無畏、悲壯、深情，這就是最後一課的韓麥爾先生，他代表著無數具有愛國主義精神和不屈的民族意志的法國人民。

孔乙己悲涼謝幕的背影

魯迅先生曾經說過，在他所有的小說中，他最偏愛的是《孔乙己》。

《孔乙己》全文中，魯迅先生只安排孔乙己正式出場兩次，給孔乙己正面的描寫實在是有點吝嗇的。然而，即便是用筆吝嗇，也並不影響這個形像在文學史上熠熠生輝的地位。

孔乙己的第二次出場，從某種意義上來說，也可以算是在咸亨酒店這個舞台上的下場，更可以說，是以喝最後一碗酒的形式向自己的人生告別，做一個謝幕儀式。

我們來重溫孔乙己的第二次出場吧！

「溫一碗酒。」這聲音雖然極低，卻很耳熟。看時又全沒有人。站起來向外一望，那孔乙己便在櫃台下對了門檻坐著。他臉上黑而且瘦，已經不成樣子；穿一件破袄襖，盤著兩腿，下面墊一個蒲包，用草繩在肩上掛住；見了我，又說道：「溫一碗酒。」掌櫃也伸出頭去，一面說：「孔乙己麼？你還欠十九個錢呢！」孔乙己很頹唐的仰面答道：「這……下回還清罷。這一回是現錢，酒要好。」掌櫃仍然同平常一樣，笑著對他說，「孔乙己，你又偷了東西了！」但他這回卻不十分分辯，單說了一句「不要取笑！」、「取笑？

國文教學三部曲：中國課文精選示範
第一部曲 文本解讀

要是不偷，怎麼會打斷腿？」孔乙己低聲說道：「跌斷，跌，跌……」他的眼色，很像懇求掌櫃，不要再提。此時已經聚集了幾個人，便和掌櫃都笑了。我溫了酒，端出去，放在門檻上。他從破衣袋裡摸出四文大錢，放在我手裡，見他滿手是泥，原來他是用這手走來的。不一會，他喝完酒，便又在旁人的說笑聲中，坐著用這手慢慢走去了。

孔乙己這一次出場，與前文的第一次出場完全不同了。

他不再是「站著喝酒」了，而是「盤著兩腿，下面墊一個蒲包，用草繩在肩上掛住」、「對了門檻坐著」，連站的能力都不具備了，腿已經完全被打殘廢了。「青白臉色」也變成了「黑而且瘦，已經不成樣子」，誰都想像不出這一段時間他是如何熬過來的。那件他永遠珍視的讀書人身分標誌的「長衫」也脫去了，換成了不知從哪兒弄來的「一件破夾襖」。

外形的改變也許還不算什麼，但是，這一次，他連之前的「總是滿口之乎者也，叫人半懂不懂的」讀書人的用字遣詞也消失殆盡了。此時，孔乙己已經被逼到找不到文言詞語來維護自己的尊嚴，連「跌斷」這樣掩飾性的口語都沒有信心說下去了。以前，當別人說他偷東西時，他「漲紅了臉，額上的青筋條條綻出」爭辯，而「這回卻不十分分辯」，「眼色，很像懇求掌櫃，不要再提」。曾經他可以「溫兩碗酒，要一碟茴香豆」，因為那時他可以很得意地「排出九文大錢」，而現在，他只能「從破衣袋裡摸出四文大錢」，連下酒菜也買不起了，唯有空口喝白酒。如果能「多花一文，便可以買一碟鹽煮筍，或者茴香豆，做下酒物了」，可是，魯迅先生就是不給孔乙己多一文錢。這就是魯迅先生處理情節、安排人物命運的高明之處，讓一個嗜酒如命的人，生命中最後一頓酒連一碟茴香豆下酒菜都沒有。孔乙己的命運到了何等悲慘的境界。那曾經「用指甲蘸了酒，想在櫃上寫字」教「我」的手，「伸開五指」就能「將碟子罩住」的大手，現在已經「滿手是泥」。不僅這樣，他的手已經完全代替了腳，他是「用這手走來的」，他喝完酒，又「坐著用這手慢慢走去了」。人類的進步，有一個最重要的標誌，就是直立行走和手的解放。直立行走使人類能觀察到更加寬廣的世界，手的解放為人類提供了

認識世界、改造世界、讓自己生活更好的基本條件。而現在，孔乙己，這個曾經高大的人卻淪落到用手走路的慘境。

作為一個生命個體，孔乙己的前後兩次出場變化很大。然而，作為社會中的一個普通人，他並沒有給周圍人帶去多少改變。

孔乙己不過是別人生活中的一個可有可無的符號而已。孔乙己在咸亨酒店裡，常常「引得眾人都哄笑起來：店內外充滿了快活的空氣」。「可是沒有他，別人也便這麼過。」孔乙己如此痛苦、如此狠狠地用手撐著地面「走去」，酒店裡的眾人居然一個個都沉浸在自己歡樂的「說笑聲」中。人性麻木至此，這是何等的慘烈。

這最後的出場，以他留給別人的笑聲和「坐著用這手慢慢走去」的漸行漸遠的背影告終。

這個背影是悲涼的，是孤獨的，是令人心酸心痛的。孔乙己從此就在人們的生活中消失了。魯迅先生偏愛《孔乙己》，不是因為表現了這個人物的獨特遭遇，而是要表現「這種人物在他人的、多元的眼光中的不同觀感」（孫紹振《魯迅為什麼偏愛〈孔乙己〉》），這是魯迅先生小說的創作原則。孫紹振先生對《孔乙己》的評價是：「於寥寥數頁之中將社會對於苦人的冷淡，不慌不忙地描寫出來，諷刺又不很顯露，有大家的作風。」（孫紹振《解讀文學：微觀分析個案研究》）孔乙己是個「苦人」，他最後一次來咸亨酒店，在他又一次被取笑後，「已經聚集了幾個人，便和掌櫃都笑了」。「所有的人似乎都沒有敵意，都沒有惡意，甚至在說話中還多多少少包含著某種玩笑的、友好的性質。」但是，魯迅先生所揭示的，就是這種含著笑意的惡毒。他們把這個「苦人」僅有的一點點自尊完全摧殘了。孔乙己從一開始就盡全部努力忌諱言偷，只是為了維護讀書人所謂的自尊，哪怕是無效的抵抗，他也要掙扎的。魯迅先生的深刻在於，這種貌似友好的笑中，包含著冷酷，包含著對人的精神的麻木不仁，對人的反人道的無形摧殘。這是魯迅先生的高明之處，更是孔乙己的背影帶給我們的認識和思考。

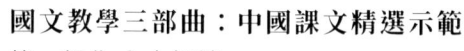

老王僵直滯笨的背影

老王，楊絳先生的鄰居，「靠著活命的只是一輛破舊的三輪車」，「沒什麼親人」。最後一次到楊絳先生家，「他一手提著個瓶子，一手提著一包東西」。「瓶子裡是香油，包裹裡是雞蛋。」第二天就去世了。就這麼一個普通的鄰居，楊絳先生多年後為他專門寫了一篇文章。

我們來看一下老王離開楊絳先生家的情景。

他一手拿著布，一手攥著錢，滯笨地轉過身子。我忙去給他開了門，站在樓梯口，看他直著腳一階一階下樓去，直擔心他半途摔倒。等到聽不見腳步聲，我回屋才感到抱歉，沒請他坐坐喝口茶水。可是我害怕得糊塗了。那直僵僵的身體好像不能坐，稍一彎曲就會散成一堆骨頭。我不能想像他是怎麼回家的。

楊絳先生「不能想像他是怎麼回家的」，我們也想像不出。

這最後一次相見，老王「簡直像棺材裡倒出來的，就像我想像裡的殭屍，骷髏上繃著一層枯黃的乾皮，打上一棍就會散成一堆白骨」。這是一開門「看見老王直僵僵地鑲嵌在門框裡」時，楊絳先生的第一感覺。身體已經到了這樣的地步，還把自己捨不得吃的香油和大雞蛋特意送給鄰居。可是，在這裡他並沒有獲得自己內心想得到的。因為，在和楊絳先生一家相處的這麼多年裡，他們的關係是不對等的。

楊絳先生在與老王相處時，很了解老王生活的悲苦，所以，總是不願意讓老王吃虧，每次老王給他東西，他總是用錢來表達接受和感謝。最後一次，也不例外。然而，老王要的不是「物有所值」，他也許只是單純地、一廂情願地把楊絳先生一家當作親人，因為他「沒什麼親人」，臨終前他特意給楊絳先生一家送來的香油和雞蛋，是他能留下的最好的也是唯一的遺產。這是一個大限將至的人最後的感恩之情。老王是將楊絳先生一家作為最大的恩人和唯一的親人來對待的。

這一回，老王比誰都清楚，他來楊絳先生家其實是以贈送遺產的方式做生命的告別。唯有親人間才可能有這樣鄭重其事的儀式。可是，楊絳先生不

懂。他還是一如既往地用他以為正確的方式來處理，用錢來平衡相互的關係。所以，已經如「想像裡的殭屍」一樣的老王離開後，他並沒有去打聽，沒有託人問候，更沒有去看望老王。「過了十多天」，碰到老王同院的老李時也只是禮節性地隨便問問，老王也可能只是他和老李之間難得共有的話題而已。當得知老王死的時間和下葬時的情況時，他也並沒有表示出多大的關心，「沒多問」，不僅僅只是「不懂」，也許壓根就沒有想到要去多問，因為，一個踩三輪的與他又有多大關係呢！

　　詩人鄭敏說：「每個漢字都像一張充滿了感情向人們訴說著生活的臉。」老王的最後一次出場，楊絳先生多次運用了「直」這個字來表現老王的身體狀態。「直僵僵」的身體、「直著腳」下樓，幾乎已經沒有生命鮮活氣息的人，「身體好像不能坐，稍一彎曲就會散成一堆骨頭」，以獨特的方式報答給予他關心和幫助的鄰居，向他們做生命的告別，又不得不帶著遺憾走了。他沒有親人，也沒能在楊絳先生面前獲得一種被視為親人的認可，可是畢竟「死者長已矣」，他的苦痛隨著他的離開而消逝了。

　　而他「直著腳一階一階下樓去」的背影，在楊絳先生的記憶裡總是揮之不去。幾年後，楊絳先生漸漸明白，他和老王兩人在對待彼此所採用的標準上的嚴重差異：雙方都沒有在對方那兒尋到內在的精神平等的對話，這是對彼此的傷害。再反思自己最後一次與老王的對話，有的只有那份愧疚了：在人與人相處中，老王把楊絳先生當親人，即便楊絳先生一家也曾遭受過苦難，但是畢竟有像老王這樣的人，「持續地關注著我們，體恤著我們，那我們就絕稱不上『不幸者』」。而老王，是不幸的，因為，他儘管傾其所有，可是，他最終沒有被理解，在人與人相處中，他沒有獲得認可，楊絳先生「潛意識裡很難把老王看成對等的、可以彼此成全的生命」。

　　老王走了，「直僵僵」地走了。他的背影讓楊絳先生反思自己，也讓我們更敬重楊絳先生：僅僅是一個普通的鄰居，非親非故，卻能透過反思與他的相處而認識自己在人格、人性上做得欠缺的地方，這需要多大的自我反省勇氣和人格自覺啊！楊絳先生「雙手烤著生命之火取暖」（楊絳《〈雜憶與雜寫〉自序》），她何嘗不是在引領我們的「生命之火」呢？

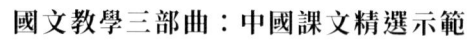

國文教學三部曲：中國課文精選示範

第一部曲 文本解讀

老婦人沉痛追悼的背影

在國中國文教材裡，老婦人的形象很少。西蒙諾夫的戰地通訊《蠟燭》裡的老婦人瑪利·育乞西以其獨特的人格魅力受到紅軍戰士們和讀者們的熱愛和敬仰。

老婦人的蠟燭是「四十五年前她結婚的喜燭，她一直捨不得用」，一直珍藏著。可是，在一個特殊的夜晚，她點亮了蠟燭，她為一個不認識的紅軍戰士點亮了蠟燭。她像守護天使一樣，蠟燭被風吹滅了，老婦人就「很耐心地再把蠟燭點燃」。那一夜，她就「對著燭光，坐在墳邊，一動也不動，兩臂交叉抱在胸前，披著那黑色的大圍巾」。

方場上，「聳立著一個小小的墳堆」，一支蠟燭，「在墳堆上閃耀著柔和的火焰」。這是戰火停息後紅軍戰士們看到的動人的情景。當燭光「漸漸黯淡下去」的時候，「一個披著黑色大圍巾的高身材的老婦人走近來了。她默默地走過那些紅軍身邊，在墳旁跪下，從黑色的大圍巾底下取出又一支蠟燭來」點著。儘管老婦人自始至終都沒有說話，紅軍戰士們還是能夠想像得出，在炮火連天的戰場，她是怎樣艱難地用手把一個砲彈坑裡的水一點點舀乾，又怎樣吃力地把犧牲的戰士拖進坑裡，然後一捧一捧地把彈坑四周的浮土慢慢地放在死者身上，直到「堆起了一個小小的墳堆」。她點燃珍藏了四十五年的喜燭，並一直坐在墳堆旁邊守護著那微弱的燭光，直到紅軍戰士來到這裡。

本可以有一番對話，本可以有一番抒情，但是，什麼都沒有，「即使在這個當兒，老婦人也沒有說話」。她「十分莊嚴地對他們深深一鞠躬；然後，把她的黑色大圍巾拉直了，顫巍巍地走了」。甚至都「沒有再回過頭來，看一下那蠟燭和那些士兵」。她在紅軍士兵們敬重的目光中走遠了，只留給他們一個無聲的背影。

這背影雖是顫巍巍的，可是，卻閃動著神聖的光芒。她是南斯拉夫的一位母親，對孩子的愛讓她克服重重困難為蘇聯青年做了墳堆；她為蘇聯青年點燃了珍貴的喜燭，因為她深知蘇聯青年是為了南斯拉夫人民的解放而犧牲

的，這樣的國際主義情感的價值遠遠超過了那對喜燭；她點亮的不光是燭光，更是兩國人民的戰鬥情誼；她深知，燭火會熄滅，但是那份愛，那份跨越國度的愛之火「將永遠燃著」！

老婦人的背影，滿含著戰爭帶給我們的思考，滿含著人民對和平的渴望。

奧茨悲壯向死的背影

茨威格的作品《偉大的悲劇》，為我們展示了一組英雄形象。五個英雄雖然最後都犧牲了，但是他們的高尚品質卻像群星一樣永遠閃耀。他們誠信，有令人敬佩的紳士風度。勇於承認失敗，並願意「在世界面前為另一個人完成的業績作證，而這一事業正是他自己所熱烈追求的」。他們堅毅、執著，有超人的力量和勇氣；他們心中滿裝著對隊友的、對祖國和人民的愛；他們有強烈的集體主義精神、團結協作精神。當他們在歸途中與死亡抗爭，一個個倒下時，沒有一個孬種，都是響噹噹的漢子，活得明白，死得悲壯。

請看奧茨生命最後的悲壯。

奧茨突然站起身來，對朋友們說：「我要到外邊去走走，可能要多待一些時候。」其餘的人不禁顫慄起來。誰都知道，在這種天氣下到外面去走一圈意味著什麼……勞倫斯·奧茨這個英國皇家禁衛軍的騎兵上尉正像一個英雄似的向死神走去。

奧茨，把生的希望留給了隊友們，自己在風雪中走向死神。這是一種高貴的捨棄，捨棄自己，保全隊友；這是一種坦然的面對，面對悲劇，面對死亡。奧茨走了，雖然在死寂無聲的南極，但他的離去在每個人的內心留下了沉重的迴響。

「悲劇就是把有價值的東西毀滅給人看。」、「一個人雖然在同不可戰勝的厄運的搏鬥中毀滅了自己，但他的心靈卻因此變得無比高尚。所有這些在一切時代都是最偉大的悲劇。」美國總統雷根先生說過：「英雄之所以稱之為英雄，並不在於我們頌讚的語言，而在於他們始終以高度的事業心、自尊心和鍥而不捨地對神奇而美妙的宇宙進行探索的責任感去實踐真正的生活以奉獻出生命。」這也許也正是奧茨主動犧牲的深刻意義。

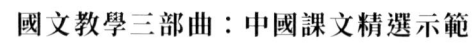

風雪中，奧茨從容走向死神的背影生動演繹了羅曼·羅蘭的這句名言：

「一個人是因為他的心靈而偉大的。」

教材中還有不少背影，同樣具有獨特的魅力。藉助這些背影，可以豐富我們對人物的理解，感受作者精妙的筆法，更全面更深入地理解文本。

「我」傲然得意的背影

魯迅的作品《風箏》中，「我」以為放風箏「是沒出息孩子所做的玩意兒」，因此看到弟弟正苦心孤詣地做蝴蝶風箏時，「我即刻伸手折斷了蝴蝶的一支翅骨，又將風輪擲在地下，踏扁了」。弟弟「失了色瑟縮著」，然而，「論長幼，論力氣，他是都敵不過我的，我當然得到完全的勝利」。那個平日裡「張著小嘴，呆看著空中出神，有時至於小半日。遠處的蟹風箏突然落下來了，他驚呼；兩個瓦片風箏的纏繞解開了，他高興得跳躍」的弟弟，「絕望地站在小屋裡」。「我」帶著勝利者的姿態「傲然走出」，把一個得意揚揚的背影留給正在傷心的弟弟。

對弟弟一時的懲戒似乎成功了，但是，多年後回想起來，這實在是對弟弟的一場「精神的虐殺」。二十多年後，再提及此事，弟弟只是驚異地笑著說：「有過這樣的事麼？」難道「他什麼也不記得了」？怎麼可能！哥哥毀壞了風箏後「傲然走出」的背影一定深深地刻在弟弟的記憶裡。也許只是不願再提那個令一個十歲的孩子傷心的事情罷了。再也得不到寬恕和原諒了，於是「我的心只得沉重著」。

這個背影，是「虐殺者」成功的背影，是令「被虐殺者」心寒的背影，更是令「虐殺者」懺悔一生的背影。

蘆蕩裡父背子的背影

曹文軒先生的兒童小說表現著苦難這一永恆的主題。苦難是生命的主旋律，生命就是不斷地遭遇苦難又戰勝苦難的過程。《草房子》裡的《孤獨之旅》，敘述的就是杜小康在家境「忽然一落千丈，跌落到了另一番境地裡」後，「跟著父親去放鴨」的成長過程。

文中有這樣的一段文字。

第二天早晨,杜雍和找到了杜小康。當時杜小康正在蘆葦上靜靜地躺著。不知是因為太睏了,還是因為他又餓又累堅持不住了,杜雍和居然沒有能夠將他叫醒。杜雍和背起了疲軟的兒子,朝窩棚方向走去。

一場暴風雨,將他們的鴨群沖散了。杜小康與父親分頭去找,天黑後,「杜小康找到了那十幾隻鴨,但在蘆蕩裡迷路了」。經歷了這場暴風雨,杜小康覺得自己長大了。

「杜雍和背起了疲軟的兒子,朝窩棚方向走去。」

重重疊疊無邊無際的蘆蕩裡,一對父子就這樣向前走去,向著窩棚方向走去,向著他們臨時的家走去,向著希望走去;後面跟著的是他們養的鴨子,一群正在漸漸長大的鴨子,一群能夠給全家帶來希望的鴨子。

曹文軒先生是一個非常注重環境描寫的作家。蘆蕩是杜小康遭遇苦難的一個特定的場所,蘆蕩的陰晴雨雪推動著杜小康的成長。父親背著兒子向前走去的背影在蘆蕩這個闊大明麗的背景下雖然顯得渺小,但是滿含生機。

楊二嫂叫人哭笑不得的背影

魯迅的小說《故鄉》塑造了兩個典型人物:閏土和楊二嫂。其中,楊二嫂的兩個背影頗有鏡頭感。

「阿呀!阿呀!真是愈有錢,便愈是一毫不肯放鬆,愈是一毫不肯放鬆,便愈有錢……」圓規一面憤憤的回轉身,一面絮絮的說,慢慢向外走,順便將我母親的一副手套塞在褲腰裡,出去了。

我們再來仔細欣賞這個不急不忙地走出去了的背影。

楊二嫂說:「你闊了,搬動又笨重,你還要什麼這些破爛木器,讓我拿去罷。我們小戶人家,用得著。」理由似乎合情合理,但當聽到「我需賣了這些,再去……」這樣的解釋後,就顯得一副很見過世面的樣子。可是,她骨子裡「小戶人家」的鄙俗之氣卻是流露無遺的。當感覺到在這裡也有點尷尬時,便「憤憤的回轉身」,自找台階下了,可還是一副「得理不饒人」的

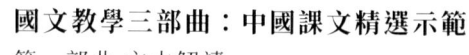

架勢，還「一面絮絮的說」，惱羞成怒、口齒伶俐的刻薄婦人形象躍然紙上。要面子的人、有點自尊的人，在這種情境下應該快快離開才是。沒想到的是，她並不是疾步向外走，而是「慢慢」地，原來，這樣「慢慢」的速度可以讓她「順便將我母親的一副手套塞在褲腰裡」。「順便」這個詞用得太精妙了，楊二嫂可不是有意要拿走的，只是「順便」捎帶走了而已。望著這樣的背影，「我」啞口無言，讀者倒是可以「嗤嗤」一笑。

再看楊二嫂留給我們的第二個背影。

楊二嫂發見了這件事，自己很以為功，便拿了那狗氣殺（這是我們這裡養雞的器具，木盤上面有著柵欄，內盛食料，雞可以伸進頸子去啄，狗卻不能，只能看著氣死），飛也似的跑了，虧伊裝著這麼高底的小腳，竟跑得這樣快。

裹著小腳的、站立時像個圓規的楊二嫂，以為發現了灰堆裡十多個碗碟是件有功勞的事情，不管人家同意不同意，拿了東西就走。這回可不是「慢慢向外走」了，而是「飛也似的跑了」，「竟跑得這樣快」。遇到這樣的無賴之人、愛占便宜之人，還真沒辦法，只能用一種看似輕鬆的幽默來表達對她的鄙夷了。

魯迅筆下的背影也如他刻畫的眼神一樣傳神。這個楊二嫂真是一個令人哭笑不得的婦人。

縱觀教材裡的背影，或簡筆勾勒或工筆細描；有的是豐滿人物形象的需要，有的用於推進故事情節的發展，有的是文章表現的中心……這些背影都是人物形象中不可缺少的內容，藝術的價值在於人物形象，背影使作者筆下的人物更立體，使這些人物形象熠熠生輝。選取背影來塑造人物，是一種獨特的寫作視角，表現出素材取捨的魅力。因為所有的背影都是漸行漸遠、漸行漸模糊的，所以文章也就具有了留白的魅力。背影有時是寄託作者的理解、感想、情懷、審美、志趣的特殊載體，所以背影能夠散發出一種抒情和審美的魅力。

「山回路轉不見君，雪上空留馬行處。」這句詩描繪的畫面不正具有背影的多種魅力嗎？

▌真實而可敬的她──《項鍊》再讀

莫泊桑的中短篇小說的內容多是摹寫日常生活中的人情世態，特別是中小資產階級小人物的瑣事和心理。由於作者觀察精細，善於開掘，作品深刻地反映出生活的真實和社會的本質，所以許多作品篇幅雖短，但蘊意極深；在平淡的小事裡，蘊含著雋永之意味，有著強烈的藝術魅力。小說《項鍊》就是其中的一篇經典之作。它的布局十分出色，情節起伏跌宕，引人入勝，結局耐人尋味。

關於它的主題，過去一直被定位為：作者諷刺了小資產階級的虛榮心，譴責和批判了金錢萬能、以貧富分貴賤的社會。理解文學作品的主題好像一定得與社會制度掛鉤，難道就沒有超越社會制度的人類共通性的東西嗎？前一段時期又有人提出：《項鍊》的主題是人對於命運的「偶然」的戲劇性變化的無能為力（錢理群《〈項鍊〉告訴讀者什麼》）。沒有新的國文創新閱讀教學方針，我們可能還要在國文課堂上狠批《項鍊》上串起的小資產階級的虛榮心、人際關係的冷漠、金錢萬能主義等所謂虛偽的、卑劣的東西。

新的國文創新閱讀教學方針為「提倡多角度、有創意的閱讀」，「多角度」地著眼於思維空間，「有創意」地著眼於創新意識，應該說這一方針是比較全面和可行的。它要求學生突破作者的思路，站在自己的角度對文本進行個性化的閱讀，讀出不屬於莎士比亞的《哈姆雷特》，讀出既不屬於伊索又不屬於錢鍾書的《伊索寓言》。要實施這一方針，就要求最大限度地解放學生受到束縛的思維。為此，老師必須摒棄過去「先入為主」的教學方法，讓學生與文本進行直接對話，鼓勵學生自由、自主地閱讀。因為「國文學習具有重情感體驗和感悟的特點」，所以「閱讀教學的重點是培養學生具有感受、理解、欣賞和評價的能力」。

閱讀應該是讀者的個性化行為。接受美學認為，作者寫出的文本具有未定性，文本本身還是未完成的作品；讀者閱讀文本的過程實質上就是文本的

國文教學三部曲：中國課文精選示範
第一部曲 文本解讀

再創造過程，作品是作者和讀者共同創造、共同完成的。因而，對同一部作品，不同的時代、不同的地域、不同的文化背景、不同的讀者群體，會做出不同的解讀。愈是內涵豐富、深刻的偉大作品，愈是常讀常新，人見人殊。只有讓學生的思維空間得到拓展，培養學生養成「多角度、有創意」的閱讀習慣，學生的閱讀能力，如對文本的感受、理解、欣賞和評價的能力才會提高。

對《項鍊》的主題的、時代的、政治的定論，已讓閱讀它的讀者有些束手無策、望而生畏了。古希臘哲學家柏拉圖說：「帶著更多的問題而非更多的答案去生活。」在閱讀這部作品時，我們是否可以先拋開以往教材、文學史、評論家們對它的已有的認識和概括而試著提問：路瓦栽夫人為什麼會讓人覺得又可憐又可愛？作為一個栩栩如生的人物，她的身上體現出了怎樣的豐富性呢？小說中還有哪些生活哲理值得我們探討呢？比如說，生活的偶然對人生的影響，朋友之間如何相處，應該以怎樣的態度面對生活的困難等。這些問題的提出，對於引發我們進一步的思索和回味，促使我們進一步去挖掘小說的深厚底蘊，都是有積極意義的。

雖然《項鍊》是莫泊桑於一百多年前（1884 年）寫成的，但如果從共時性的視角來看，恐怕小說中最明亮、也最值得人們欣賞的，就是瑪蒂爾德身上具有的面對命運的捉弄所表現出的那麼一股子「英雄氣概」，這種「英雄氣概」讓她能坦然地正視困難，勇往直前，並最終以她的不屈的主觀能動力量戰勝了命運的捉弄、戰勝了一個昔日的舊我而成長為一個成熟的女性。應該說瑪蒂爾德對命運的捉弄的勇敢抗爭是自覺的、是積極主動的，這抗爭的過程和結果充分顯示了人本身內在的一種價值和力量。

多年來，人們一直認為《項鍊》的主題是諷刺了小資產階級的虛榮心和追求享樂的思想，認為「瑪蒂爾德的虛榮心並不是一種個別的現象，而是資本主義社會的產物，具有一定的典型性」（《〈項鍊〉的思想和藝術》）。這種認為作品「諷刺了小資產階級的虛榮心和追求享樂的思想」的認識不是空穴來風，而是源於小說開頭對年輕瑪蒂爾德的不切實際夢想的描寫：她希望「過高雅和奢華的生活」、「她夢想那些幽靜的廳堂」、「裝飾著東方的

帷幕」、「陳設著精巧的木器」、「珍奇的古玩」……我們不否認小說的開篇確實描寫出了一個小資產階級女性的虛榮心，然而我們要為瑪蒂爾德辯護的是，作為一個「美麗動人」的姑娘，作為一個出嫁不久的年輕女子，常常夢想過一種「高雅和奢華的生活」，僅憑這些我們就有理由責備她嗎？有一點兒夢想也是錯誤嗎？

一位名人說過，「沒有生活的理想，就沒有理想的生活」。有時，夢想往往是一個人努力的動力。再說瑪蒂爾德畢竟還沒有真正進入社會，還難免停留在不切實際的幻想之中，有一點這樣的想法應該是很正常的，「高雅和奢華的生活」誰不希望有呢？況且，文章開頭刻畫瑪蒂爾德虛榮心的這一部分，從篇幅上來說不過約占整篇小說的七分之一，我們在把握全篇的主題時，怎麼就只限於這一短小的部分裡做文章，而且一定要和社會制度牽強掛鉤呢？

筆者認為，與其認為這一部分文字是作者批判瑪蒂爾德甚至整個資本主義社會的虛榮心，還不如從結構上去理解它在全文中的作用，即這一部分刻畫瑪蒂爾德的虛榮心是為了更好地刻畫丟失項鍊之後的瑪蒂爾德那面對困境的勇氣、堅強和表現出的人性之美，也就是我們平常所說的「欲揚先抑」。這樣似乎可以更容易把握文章的中心。

為了參加一個豪華的晚會精心裝扮，本身也是人之常理，是可以理解的。這也可以算是一個人懂得社會交際的表現吧！現實生活中，許多人不也是在重大場合、盛大節日時注重服飾、儀表嗎？每一個敢於解剖自我的人恐怕都無法諱言自己身上的虛榮心，所不同的只是程度的輕重而已。可以說，瑪蒂爾德還是懂得一些生活美學的，她知道高檔的衣服要配上像樣的首飾，知道裝飾的細節可以造成畫龍點睛的作用，於是迫不得已向她的好友佛來思節夫人借項鍊。一個不起眼的小公務員的妻子能在晚會上吸引這麼多人的目光，引起那些社會地位高的「人們對她的讚美和羨妒」，這多少說明了她的努力是有成效的。而且，她的成功也是有一定資本的，「她比所有的女賓都漂亮、高雅、迷人」，在她看來，她確實成功了，她陶醉了，「她陶醉於自己的美貌勝過一切女賓，陶醉於成功的光榮裡，陶醉在所形成的幸福的雲霧裡，陶

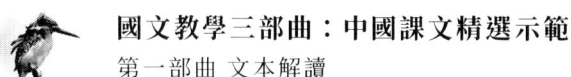

國文教學三部曲：中國課文精選示範
第一部曲 文本解讀

醉在婦女們所認為最美滿最甜蜜的勝利裡」。她的虛榮心得以滿足的心理，就在這份無比歡快裡得到淋漓盡致的表現。這樣的一個夜晚，即使換來的是十年的艱辛工作，但只要在她忙裡偷閒時，仍然不勝神往：「她一個人坐在窗前，就回想起當年那個舞會來，那個晚上，她多麼美麗，多麼使人傾倒啊！」

在教學中，我們常常忽視了人物在後十年的生活，儘管作者在對人物這十年的艱難生活進行描述時是惜墨如金的，但我們應該明白後十年與前面的生活既是一種因果關係，對人物形象來說，則更是成長過程中不可或缺、舉足輕重的部分。在丟失並賠償了一串昂貴的項鍊後，「路瓦栽夫人懂得窮人的艱難生活了。她一下子顯出了英雄氣概，毅然決然打定了主意。她要償還這筆可怕的債務」。有這種勇氣就已經很讓人敬佩，更別說她是真正地付諸行動了，而且是整整十年的時間。她就像換了一個人似的，「她刷洗杯盤碗碟」、「那粉嫩的手指」被磨粗了，她不僅要承受身體上的勞累和衰老，而且因為還債、因為貧窮，她更要承受心理上的折磨和疲憊，「她穿得像一個窮苦的女人，手臂上挎著籃子，到水果店裡，雜貨店裡，肉舖裡，爭價錢，受嘲罵」，儘管這樣，她還是「一個銅子一個銅子地節省她那艱難的錢」。她有一股子信念在支撐著她，那就是「她要償還這筆可怕的債務」。這已經不僅僅是對待金錢的問題，而是超越金錢，如何對待生活、如何做人的問題了。她有姣好的面容，有高雅的氣質，有迷人的魅力，這是她作為一個女人的優勢，但是她的可愛可敬在於，她沒有把她的這些優勢當作日後渡過難關的擋箭牌，她沒有憑藉自己的姿色實現虛榮的目的，滿足虛榮的幻想，這是她在對待人生的態度上比許多其他作品中的女性都有智慧的地方，也是這一人物形象的魅力所在。

小說在一前一後兩階段的對比中，寫出了人物性格的豐富性和複雜性，在瑪蒂爾德的身上迸發出的「英雄氣概」使她摒棄了虛榮心，經過十年的努力，她終於還清了所有債務，她為自己而感到自豪。生活的磨礪使她領悟到了人生的真諦，最終，瑪蒂爾德成為一個成熟的女性。當她在公園裡看到佛來思節夫人「依舊年輕，依舊美麗動人」時，她「無限感慨」。也許這份感慨裡多少有她對當年的虛榮心的後悔，然而透過她之後十年的努力，我們有

理由相信她感慨的不是她容顏衰老，不是羨慕或嫉妒友人的年輕美麗，而更多的是她沒有被巨額債務壓垮，這十年工夫她畢竟憑著自己的艱苦工作和執著信念挺過來了，「事情到底了結了，我倒很高興了」。有勇氣說出丟項鍊一事對她來說已經不須多加思考，她已經能坦然面對一切了。當「她帶著天真的得意的神情笑了」時，我們看到的是一個雖然容貌比實際年齡顯老，但是有人格魅力且可愛可親可敬的形象，我們為她的成功而笑，儘管這是帶淚的笑。

從全文來看，作者追求小說的效果就是含淚的笑。這份淚、笑不是由人物本身的淺薄造成的，而是因為代價，這份花了十年來償還一串假項鍊的代價與那個小小的過失相比，真是太沉重、太巨大了，於是諷刺也就不是一般意義上的諷刺了。

莫泊桑不像其他一些批判現實主義的作家，只是對社會、對人物進行無情地揭露、鞭撻、諷刺，而是對這個人物充滿了他特有的情感，像別林斯基所說，他的諷刺藝術風格是「含淚的笑」。這種「含淚的笑」是有非常深刻的意味的：笑是一種諷刺，而且諷刺得沉重、諷刺得犀利，但是更能讓人體會到諷刺裡對人物的同情、敬佩。正因為作者所表達的情感的豐富性，所以小說在短短的篇幅裡有很多令人回味的東西，在對比中給讀者留下了很大的思考空間。正如莫泊桑的老師福樓拜所指出的：「諷刺並不妨礙同情，正相反，如果分寸掌握得好，諷刺往往也加強了哀戚的一面。」

瑪蒂爾德絕不是一個性格單一、平面化的人物，而是一個性格相當豐富的、立體層次感強的人物形象。莫泊桑在小說裡對她前面一段的態度是諷刺、嘲笑的。後面瑪蒂爾德用十年的心血來償還因項鍊而欠下的債務，這既是為她年輕時的虛榮心所付出的沉重代價，但更是一種前所未有的勇氣的體現，她誠信的品質和敢於接受生活的勇氣是令人敬佩的。總的來看，作者對人物的態度傾向是含淚的笑：淚和笑裡，有諷刺、同情，但更多的是敬佩，因此在理解時，不能把瑪蒂爾德僅視作一個可憐、可笑的小人物，她也有非常可敬的一面。當瑪蒂爾德決定以自身力量來還清高額的債務時，作者對她的態度已經不是諷刺了，而是要寫出她的堅強、堅韌，力圖對她身上的高貴品質

國文教學三部曲：中國課文精選示範
第一部曲 文本解讀

進行讚頌。這一側面往往是教學中對人物進行分析時、對作者對這一人物的感情的把握時容易忽視的。

「路瓦栽夫人懂得窮人的艱難生活了。她一下子顯出了英雄氣概，毅然決然打定了主意。她要償還這筆可怕的債務。」要強調的是，這裡的「英雄氣概」絕不能理解為是一種反語、一種挖苦，而是作者對人物的可喜的變化的欣賞和讚揚。儘管小說中後面十年生活的篇幅僅占五分之一，但在分析和理解全文及人物性格的豐富性時一定要著重把握。這一部分實際上寫出了小資產階級女性在追求豪華生活夢幻的破滅後，最終回歸到與她階層相稱的人生觀和價值觀上來的一種必然性。面對巨大的打擊，她沒有消沉，沒有墮落，更沒有向命運低頭，而是用自己的雙手，用自己的勤奮勞作譜寫了一曲令人讚嘆之歌，展示了自己的價值，用自己的實際行動向世人表明，自己骨子裡具有的到底是虛榮心還是那堅韌的性格。恐怕正是這堅韌的性格和不屈的意志，才引起了廣大讀者的共鳴。而那被人稱為殘酷的結尾形成的悲壯感無疑又強化了這一共鳴，從而使《項鍊》成為世界性的經典名篇。

如果由此進一步探究作者莫泊桑的世界觀和價值觀，我們可以認識到，莫泊桑對瑪蒂爾德這個人物的敬佩，實質上是源於他對現實社會的深刻認識和對下層人民的深刻同情。莫泊桑對資本主義社會中存在的問題，特別是道德風尚的墮落，無情地給予了揭露和嘲諷。「只有在下層人民中，他才發現一些令人寬慰的健康品質。他的作品同情和表彰下層社會的小人物。」（《中國大百科全書·外國文學》）「他還力圖表現社會下層群眾在精神面貌上的優越性。」（郭家申譯《法國文學簡史》）

應該說，莫泊桑對瑪蒂爾德身上一些還沒有被這個浮華、墮落的社會所吞噬的品質是充分肯定的。瑪蒂爾德丟失項鍊後決定勇敢地償還巨債，展露了她的性格中誠實守信、重義輕利和要強堅韌等可貴的一面。她羨慕「高雅和奢華的生活」，但她終究進不了那一階層，在項鍊丟失以後，她勇敢地去面對，借錢買真項鍊還給朋友，在信用與破產的危險之間，瑪蒂爾德選擇了信用，她沒有以假充真，也沒有以次充好。可以說，信用是她的做人之本。她能夠花十年時間來償還債務，這是因為在整個事件中她遵循著她的處世原

則：講誠信。《說文解字》：「誠，信也。從言成聲。」、「信，誠也。從人言。」段玉裁注：「信，人言則無不信者，故從人言。」，「誠」、「信」二字同義連用，即誠實、守信用的意思。誠信，是任何一個人都應該具有的好品質，也是一個人在社會上立足之根本。孔子說過：「言而無信，不知其可也。」瑪蒂爾德視恪守信用高於一切，這不正體現了她的人性之美嗎？「極細小的一件事可以敗壞你，也可以成全你」，許多學者、老師對這一句話的理解常常強調瑪蒂爾德為一串項鍊而付出十年的青春年華就是因為虛榮心敗壞了她，她不得不付出慘重的代價，或認為「人對於命運的『偶然』的戲劇性變化」是「無能為力」的，有些持宿命論的人，甚至認為這是一種報應。筆者認為，在把握文章主題上，我們可以把這一句話視作文眼，但如果從人物的性格變化發展的軌跡，並結合文章最有力量的神來之筆——文章的結束句「我那一掛是假的，至多值五百法郎」來看，恐怕我們就應該明白，這一句話的重點內容是在「也可以成全你」的分句上了。可以說丟失項鍊這件小事確實是成全了瑪蒂爾德，因為在她的人生觀、價值觀上，她有了脫胎換骨的改變。成全了她而不是敗壞了她，究竟為什麼？根本的原因就在於瑪蒂爾德在內心深處所堅守的那份真誠、善良、講誠信。正是因為有了真誠、善良、講誠信這些做人的準繩，她在面對厄運時才不會迷失方向，走上邪路，而最終展示了人性之美。

　　透過以上的分析，我們可以進一步思考：在國文的閱讀教學中，「為什麼要讓那鮮活而豐滿的百千個《哈姆雷特》非得用老師自身的標籤貼得枯瘦而扁平，為什麼要把學生瑰麗的想像和豐富的情感風乾成單薄而乾癟的絲瓜」？既然是閱讀，就應注重讀者與文本的對話，真正的閱讀教學，應是老師、學生與作者心靈的對話。閱讀教學應以學生的自我感悟為主，最重要的任務是學會如何多角度地解讀文本。《語文課程標準（實驗稿）》的教學建議指出：「閱讀是學生的個性化行為，不應以老師的分析代替學生的閱讀實踐。應讓學生在主動積極的思維和情感活動中，加深理解和體驗，有所感悟和思考，受到情感薰陶，獲得思想啟迪，享受審美樂趣。要珍視學生獨特的感受、體驗和理解。」能從文本中讀出自己的體驗和感悟，這是培養探究性閱讀和創造性閱讀能力的基礎，也是進行閱讀反思、閱讀批判的前提。「不

應以老師的分析代替學生的閱讀實踐」，透過這句話我們應該明白，解讀不需要老師做定性的說明，對於文本所固有的可能性老師應該始終保持開放的態度，而不是理性分析的、終結宣判式的，更不要認為課本、教學參考書或老師自己準備的答案就是唯一正確的答案。不要剝奪了學生的真正的閱讀權利，這才是符合新課程理論的做法。

從知識哲學的角度看，知識的價值不在於給人現成的東西，而在於給人不斷創造的「起點」。學生的學習目的不再是單純為了掌握知識，重要的是人在獲取知識的過程中的感受、經歷和體驗。如何在知識中「尋找自我」是非常重要的。教育從根本上說，是使人擁有掌握自身命運的能力，形成主體性的人格。「教育不僅是從外部交給學生東西，更要挖掘他們內在的東西，激活內在的潛能；教育不僅要把學生作為教的對象，更要讓他們參與到整個教育中來，即學生不僅僅是教育的客體，更是教育的主體。」閱讀的知識不是從條條框框的說教中來的，當學生真正成為閱讀教學的主體，他會在學習的過程中親自感受、體驗，獲得啟迪，形成獨特的人格，知識自然而然就獲得了。

加拿大學者史密斯說：「教學乃是老師與學生在『思考』這面超驗的旗幟下進行『聚會』的活動，這思考拒絕以某個在先的目的之名義，而結束人與人之間的相互作用。」願我們廣大的國文教育者都能認真鑽研國文新課程目標的內涵，把握實質，開拓思路，用創新的教育價值觀將我們與學生在課堂上的這種特殊的教學「聚會」辦好。

字字句句皆有味──夾注式解讀《那樹》

把文章影印出來，做夾注式解讀和評點，然後再選好角度切入，對解讀進行整合，這是我對文本的解讀習慣。下面呈現的是我對《那樹》的解讀筆記。

那棵樹立在那條路邊上已經很久很久了。當那路還只是一條泥濘的小徑時，它就立在那裡；當路上駛過第一輛汽車之前，它就立在那裡；當這一帶只有稀稀落落幾處老式平房時，它就立在那裡。

字字句句皆有味——夾注式解讀《那樹》

　　將鏡頭拉遠，追溯那樹的悠久歷史。但是，這是一棵什麼樹，它所立著的具體位置在哪裡，都沒有交代，這是不是暗示著某一種普遍性呢？正如《喂——出來》裡，小村莊、小廟宇、深洞，都沒有具體的位置，連那兒後來的城市，也都沒有明確的位置。所以，文章寫的不是某一個具體的城市，那樹也不是某一棵明確的樹。

　　「它就立在那裡」的反覆，既呈現了人類社會發展的進程，也強調了那樹的悠久歷史。

　　那樹有一點佝僂，露出老態，但是堅固穩定，樹頂像剛炸開的煙火一樣繁密。認識那棵樹的人都說，有一年，颱風連吹兩天兩夜，附近的樹全被吹斷，房屋也倒坍了不少，只有那棵樹屹立不搖，而且據說，連一片樹葉都沒有掉下來。這真令人難以置信。據說，當這一帶還沒有建造新公寓之前，陸上颱風緊急警報聲中，總有人到樹幹上漩渦形的洞裡插一炷香呢！

　　以「據說」來表現那樹的「堅固穩定」。

　　在與附近的「全被吹斷」的樹和「倒坍了不少」的房屋的對比中，更突顯那樹的「堅固穩定」。

　　同時，那樹具有傳奇性：「樹屹立不倒」超乎想像，可是，居然「連一片樹葉都沒有掉下來」，這一定是有神力的樹。此時，樹已經不只是一棵樹，它是一個有靈性的生命了。它在危難中保佑人們，它在精神上安慰人們，它成為人們精神上的依託，於是，颱風時，人們請求它的庇護。在人力不能保全自己的情況下，那樹便是那樣的不可或缺。

　　那的確是一株堅固的大樹，霉黑潮濕的皮層上，有隆起的筋和縱裂的紋，像生鐵鑄就的模樣。幾公尺以外的泥土下，還看出有樹根的伏脈。在夏天的太陽下挺著頸子急走的人，會像獵犬一樣奔到樹下，吸一口濃陰，仰臉看千掌千指托住陽光，看指縫間漏下來的碎汞。有時候，的確連樹葉也完全靜止。

　　此段表現那樹體型的巨大和在夏天裡的貢獻。體型巨大，透過樹皮和樹根表現：樹皮溝溝壑壑，樹根延展數公尺。盛夏裡，「急走的人」到樹下「吸一口濃陰」就可以享受清涼。

國文教學三部曲：中國課文精選示範
第一部曲 文本解讀

　　於是鳥來了，鳥叫的時候，幾公尺外幼稚園裡的孩子也在唱歌。

　　鳥來了，鳥因為那樹的繁密的巨冠、深厚的濃陰來安家、歡唱，不僅僅小鳥歡唱，孩子們也在歡唱。

　　於是情侶止步，夜晚，樹下有更黑的黑暗；於是那樹，那沉默的樹，暗中伸展它的根，加長它所能蔭庇的土地，一公分一公分地向外。

　　連愛情都需要那樹的蔭庇。那樹知道自己的責任和使命，儘管它已是如此巨大，但是它還要繼續生長。它知道根深才能葉茂。於是，它不斷地努力，哪怕僅僅是「一公分一公分地向外」。

　　但是，這世界上還有別的東西，別的東西延伸得更快，柏油路一里一里鋪過來，高壓線一千碼一千碼架過來，公寓樓房一排一排挨過來。所有原來在地面上自然生長的東西都被剷除，被連根拔起。只有那樹被一重又一重死魚般的灰白色包圍，連根鬚都被壓路機碾進灰色之下，但樹頂仍在雨後滴翠，有新的建築物襯托，綠得更深沉。公共汽車在樹旁插下站牌，讓下車的人好在樹下從容撐傘。入夜，毛毛細雨比貓步還輕，跌進樹葉裡匯成敲響路面的點點滴滴，洩漏了祕密，很濕，也很有詩意。那樹被工頭和工務局裡的科員端詳過計算過無數次，但它依然綠著。

　　這一段，以「但是」進行轉折，文意發生了變化。現代文明以超越樹的生長速度的難以計數倍的速度高速發展。整個語段，分為三層：別的東西更快地延伸過來；那樹依然綠得深沉，有詩意；人們在計算那樹。在這一段中，我們一方面看著如此熟悉的社會發展的生活畫面鏡頭切換般地快速地呈現眼前，一方面也為那樹擔心，「自然生長的東西都被拆除」了，那樹的命運呢？同時，更為那樹讚歎，因為即便只有樹頂，可它「依然綠著」，這就是那樹的一股讓人由衷崇敬的精神。有人已經開始特別關注它了，它的命運又將如何呢？最後一句話，是一個很妙的伏筆：樹終將難逃厄運；同時也隱藏著一對極大的矛盾，那樹依然以自己的方式綠著、活著，它在人的面前到底有多大的能力呢？

字字句句皆有味──夾注式解讀《那樹》

　　計程車像飢蝗擁來。「為什麼這兒有一棵樹呢？」一個司機喃喃。「而且是這麼老、這麼大的樹。」乘客也喃喃。在車輪揚起的滾滾黃塵裡，在一片焦躁惱怒的喇叭聲裡，那一片清陰不再有用處。公共汽車站搬了，搬進候車亭。水果攤搬了，搬到行人能悠閒地停住的地方。幼稚園也要搬，看何處能屬於孩子。只有那樹屹立不動，連一片葉子也不落下。那一蓬蓬葉子照舊綠，且綠得很。

　　在此文中，有多處寫到社會的高速發展，作者只用一兩句話就把現實生活中的社會發展特質生動地表現出來。「飢蝗擁來」，黑壓壓的一片，不可阻遏之勢。這是計程車數量多的真實寫照，也暗示著道路上的車和樹這一對矛盾將進一步加深。

　　「那一片清陰不再有用處」，當然不是真的沒有用處，而是在現代生活的發展中，人們的喧囂浮躁造就了他們更關注快捷的、物質的東西，靜雅的、精神的追求已經被愈來愈多的人看淡甚至拋棄了。

　　「幼稚園也要搬，看何處能屬於孩子。」這是與前文的巧妙照應。那樹曾帶給孩子們歌唱，如今，幼稚園也要搬，那是與它相距幾公尺遠的幼稚園啊！這裡面是不是有作者的諷刺意味呢？更值得深思的是，「看何處能屬於孩子」，當我們的美好環境、精神寄託、生命夥伴不在時，哪裡也不屬於我們了，更別談孩子了。

　　末句再一次寫樹的堅毅，「屹立不動」，「連一片葉子也不落下」，又一次落筆在這個神奇的現象和魔力上。那樹為什麼有這樣的定力和恆力呢？哪怕只有葉子，葉子「照舊綠，綠得很」。

　　啊！啊！樹是沒有腳的。樹是世襲的土著，是春泥的效死者。樹離根，根離土，樹即毀滅。它們的傳統是引頸受戮，即使是神話作家也不曾說森林逃亡。連一片葉也不逃走，無論風力多大。任憑頭上已飄過十萬朵雲，地上疊過二十萬個腳印，任憑在那枝丫間跳躍的鳥族已換了五十代子孫，任憑鳥的子孫已棲息每一座青山。當幼苗長出來，當上帝伸手施洗，上帝曾說：「你綠在這裡，綠著生，綠著死，死復綠。」啊！所以那樹，冒死掩覆已失去的土地，作徒勞無用的貢獻，在星空下仰望上帝。

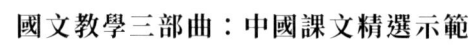

國文教學三部曲：中國課文精選示範
第一部曲 文本解讀

這一段，很特殊。教學中要關注這一段。

這一段，從文脈上看，有從天而降的感覺。

在前文中，作者都以一種很平靜的語氣和心態在娓娓述說著那樹的故事，關於那樹的歷史、外形、作用，那樹的周邊生活的變化。在述說中，含蓄地讚賞著那樹的綠的精神。

本段開頭，作者以「啊！啊！」直抒胸臆，然後用議論的語言來說樹的堅持。「樹離根，根離土，樹即毀滅。」這裡暗含著那樹後面的命運軌跡。

「十萬朵雲」、「二十萬個腳印」、「五十代子孫」、「每一座青山」，這一組短語，把文章開頭的「很久很久了」生動地詮釋和豐富了。「當幼苗長出來」，才把那樹的歷史真實地追溯出來。

末句的「冒死掩覆已失去的土地」可以看作是用來解釋為什麼那樹無論遭遇什麼都「屹立不動」，可是，「在星空下仰望上帝」有何深意呢？那樹一定牢記著上帝的那句話，它一定知道自己「綠」的意義和價值，它將以「綠」的形式和姿態面對一生，它當然也知道自己的命運結局，它更知道自己命運的再現方式，「復綠」，這便是樹的恆久不變的生命的輪迴了。也許有了這樣的認識，才有了這樣獨特的堅守和仰望。它知道上帝是萬能的，一切都會向著上帝說的那樣發展，所以，它可以很平靜地去面對。然而，那樹哪裡能料想到，上帝在人的面前有時也是虛弱無力的，「死復綠」，這是上帝曾經說過的，可是，那樹再也沒有綠過了。

這天，一個喝醉了的駕駛者，以九十公里的速度，對準樹幹撞去。「於是」人死了。「於是」交通專家宣判那樹要償命。「於是」這一天來了，電鋸從樹的踝骨咬下去，嚼碎，撒了一圈白森森的骨粉。那樹僅僅在倒地時呻吟了一聲。這次屠殺安排在深夜進行，為了不影響馬路上的交通。夜很靜，像樹的祖先時代，星臨萬戶，天象莊嚴，可是樹沒有說什麼，上帝也沒有。一切預定，一切先有默契，不在多言。與樹為鄰的一位老太太偏說她聽見老樹嘆息，一聲又一聲，像嚴重的哮喘病。伐樹的工人什麼也沒聽見，樹緩緩傾斜

字字句句皆有味——夾注式解讀《那樹》

時，他們只發現一件事：本來藏在葉底下的那盞路燈特別明亮，馬路豁然開曠，像拓寬了三十公分。

　　三個「於是」，連續推進，把樹的終極命運提前了。從鋸樹這一細節的語言來看，作者是把樹視作一個有血有肉、有精有魂的生命，或者說，從頭至尾，作者都沒有把樹只視為樹，始終是將它視為一個生命來寫，後面的文字裡這種情感尤其明顯。

　　「咬」、「嚼」、「撒」，這便是人們帶著現代工具對樹的「屠殺」。稱之為「屠殺」，流露著作者對那樹同情、疼惜的深重之情和對人類行徑譴責的悲憤痛苦之情。

　　「夜」，在這篇文章裡多次出現。這是一個特殊的氛圍，一個特殊的情境，屠殺之夜，「星臨萬戶，天象莊嚴」，有天地為這場屠殺作證。人可以為自己的惡劣行徑找到各種理由，然而，這一切都逃不過天地的眼睛。人，不要自欺啊！

　　「樹沒有說什麼，上帝也沒有」，如果說，會說什麼呢？樹知道「綠著死」是它的命運，樹也相信死後可以重生的，而且會是依然綠著的。上帝沒有說，因為上帝自信自己安排好了樹的命運輪迴，此刻，他只是見證了樹的第一次生命的結束儀式而已；上帝，他萬萬不會想到，人類可以讓這一棵樹從此斷了命脈，沒了呼吸，活活「悶死」。

　　「一切預定，一切先有默契，不在多言」，這一句，很值得品味。誰「預定」的？「默契」者是誰？為什麼「不在多言」？是前文提到的「工頭和工務局裡的科員」預定好的嗎？當人類為了自己的那一點點私利時，真可謂心心相印啊！這就是那份「默契」嗎？或者，是那樹和上帝的默契？是啊，一切按照上帝預定的那樣發展著，那樹和上帝都知道，現在，樹只是到了「綠著死」的生命階段而已，真的「不在多言」，因為等著他們的是「死復綠」，所以，他們什麼也不說，只是默默地面對和接受而已。

　　「與樹為鄰」的老太太，與樹是那樣的相依相伴，他們也許早已視對方為生命中不可缺少的部分，所以，老太太能聽到老樹的嘆息。伐木工人的任

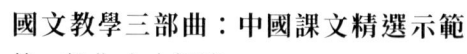

國文教學三部曲：中國課文精選示範
第一部曲 文本解讀

務就是砍伐，任何的樹木在他的眼裡都是要除掉的對象，他怎麼會用心聽到呢？只是，「樹緩緩傾斜時」，他們的發現多麼意味深長啊！路燈亮了，馬路寬了。這個發現很簡單也很現實：有用，是一切追求的標準。這是現代社會的極具代表性的價值標準。可是，當全社會都以這樣的標準去生活時，我們必然要失去比得到的物質更多的非物質的東西。

屍體的肢解和搬運連夜完成。早晨，行人只見地上有碎葉，葉上每一平方公分仍綠著。它果然綠著生、綠著死。緩緩的，路面染上旭輝；緩緩的，清道婦一路揮帚出現，她們戴著斗笠，包著手臂，是樹的親戚。掃到樹根，她們圍著年輪站定，看那一圈又一圈的風雨圖，估計根有多大，能分裂成多少斤木柴。一個說，昨天早晨，她掃過這條街，樹仍在，住在樹幹裡的螞蟻大搬家，由樹根綿延到馬路對面，流成一條細細的黑河。她用作證的語氣說，她從沒有見過那麼多螞蟻，那一定是一個螞蟻國。她甚至說，有幾個螞蟻像蒼蠅一般大。她一面說，一面用掃帚劃出大移民的路線，汽車的輪胎幾次將隊伍切成數段，但秩序毫不紊亂。對著幾個睜大了眼睛的同伴，她表現出鄉間女子特有的豐富見聞。老樹是通靈的，它預知被伐，將自己的災禍先告訴體內的寄生蟲。於是弱小而堅韌的民族，決定遠征，一如當初它們遠征而來。每一個黑鬥士在離巢後，先在樹幹上繞行一周，表達了依依不捨。這是那個鄉下來的清道婦說的。這就是落幕了，它們來參加樹的葬禮。

被鋸下的枝枝葉葉，是那樹的屍體。即便是碎葉，「葉上每一平方公分仍綠著。它果然綠著生、綠著死」，這就是那樹永恆的綠之精神，一切為綠而生，死了也要一切為綠。老樹，經歷了無數個日日夜夜，遭遇了數不盡的風風雨雨，它的生命最後呈現出的是那種獨特的「一圈又一圈的風雨圖」，可是就是它的「親戚」，這些清道婦，也沒有對它的離去和悲慘結局表現出不捨、追懷，哪怕就是同情也好。她們看重的是「根有多大，能分裂成多少斤木柴」，一切以為我所用來衡量他物對於自己的價值，哪怕這他物是一個生命。這就是現代人的生活價值觀，這就是那樹之所以被屠殺的根本原因，因為它無用了，即便是來颱風，也不會有人到它那漩渦形的樹洞裡插上一炷香了。

字字句句皆有味——夾注式解讀《那樹》

寫螞蟻國大搬家，是有特殊用意的，一方面，寫出「老樹是通靈的，它預知被伐，將自己的災禍先告訴體內的寄生蟲」，於是有了這樣一次規模浩大的大搬遷。老樹向螞蟻傳遞了訊息，它也一定向人傳遞過訊息，可是，又有誰會在意它的用心呢？除了那個鄰居老太太，沒有人相信老樹曾經以呻吟的方式表達過內心的情感。另一方面，連螞蟻都能理解老樹的心思，可是，以萬物之長自稱的人類呢？作者將螞蟻與人類的情感進行了對比，無疑是對麻木的人類的一種嘲諷。再者，用「依依不捨」、「來參加樹的葬禮」的螞蟻來襯托出老樹被屠殺的濃厚的悲劇感。

另外，作者對訴說者身分的安排也是別有用意的。清道婦是「鄉下來的」，訴說螞蟻大移民時「表現出鄉間女子特有的豐富見聞」，讓我們看到，在淳樸的鄉間，在經濟相對落後的地區，人們還保留著對自然的那份神聖的敬畏之情。社會的高速發展，城市化的迅速推進，在我們追求物質利益的時候，我們開始盲目相信我們的力量，認為我們透過高科技的手段就能獲得我們想要的一切物質，精神的追求、依戀便慢慢淡出我們物質化了的生活。

兩星期後，根也被挖走了，為了割下這顆生滿虬鬚的大頭顱，劊子手貼近它做了個陷阱，切斷所有的動脈靜脈。時間仍然是在夜間，這一夜無星無月，黑得像一塊仙草冰。他們帶利斧和美制的十字鎬來，帶工作燈來，人造的強光把舉鎬揮斧的影子投射在路面上、在公寓樓的窗簾上，跳躍奔騰如巨無霸。汗水超過了預算，有人懷疑已死未朽之木還能頑抗，在陷阱未填平之前，車輛改道，幾個以違規為樂的摩托車騎士跌進去，抬進醫院。不過這一切都過去了。現在，日月光華，周道如砥，已無人知道有過這麼一棵樹，更沒有人知道幾千條斷根壓在一層石子一層瀝青又一層柏油下悶死。

原以為，樹被連根鋸掉了，屠殺就結束了。沒有想到，人要讓這棵老樹死得徹徹底底。「樹離根」，根還可以重新發芽；然而，正如前文所說，「根離土，樹即毀滅」，沒有了生存的土地，樹便沒有了一切。那樹知道這個道理，人們更知道，於是，人們擔心「已死未朽之木還能頑抗」，於是，把根也挖走了。「這顆生滿虬鬚的大頭顱」讓「劊子手」的「汗水超過了預算數」。

是的，樹是在頑抗，可是，它敵不過人類對它「舉鎬揮斧」。劊子手工作時的影子「跳躍奔騰如巨無霸」，這分明就是魔鬼的影子啊！

　　只要不正義的事情，都不敢在白天進行，於是，絕對不是巧合，「時間仍然是在夜間，這一夜無星無月」整個漆黑一片，可是為了那點可憐的動機，人也要冒黑行動的。多麼有意思的諷喻啊！

第二部曲 創意設計

　　無論怎樣的解讀,都要透過巧妙的合進行文本還原,再藉助創意的設計最終傳達給學生。一個關鍵詞,一段導讀語,也許就是創意設計的切入口;一則資料,一道習題,就可能造就一份獨特的創意設計。別緻、新穎的教學創意來源於我深入、細緻的文本解讀,更來源於我對國文教學的赤誠熱愛。深入解讀是修練基本功,創意設計則是培養更高層次對文本的整合能力。因為愛著,所以樂此不疲,所以創意無限。

▎品家醅　解鄉愁——《春酒》教學設計

設計說明

　　民俗是人類文明積澱中一個重要的組成部分。關注民俗,可以了解民生和民間文化。《春酒》課文的導讀語是:「甜甜的一杯春酒,是節日的珍品,是母親的驕傲,更是作者最美好的回憶。讓我們與作者一起,在這杯甘醇的『春酒』中盡情地陶醉吧!」這篇文章是透過作者的回憶來展現一種民俗文化——春酒的。結合作者琦君的身世和作品來看,這樣簡單地處理《春酒》這篇美文是膚淺的,是有違作者創作原初的意圖的。琦君的文章中最有成就的是她的懷舊散文,「懷舊」不是僅僅懷念舊人、舊事、舊景,更是懷念故鄉,藉懷舊來抒發自己離開中國後再也沒回過故鄉的那份濃濃的鄉愁。因此,我們當以理解鄉愁為解讀和教學文本的立足點。

　　全文以春酒為線索,回憶了童年時在故鄉過新年的種種美好的經歷。文中的諸多細節描寫表現了生活情趣,塑造了人物個性,尤其是文末敘述視角的轉變,把文章深刻的立意一下子揭示出來,這是這篇散文最獨特的手法和最感人之處。因此,本設計在進行整體感知、片段賞析之後,運用深讀精段來實現對作者所抒發情感的感悟和理解。「如果沒有最後兩段」,這一主話題引導學生的目光關注全篇,引導學生從時間、內容、結構、語言、立意、抒情、視角等角度,進行前後的比讀,聯合全文來感受作者化不開、解不散的鄉愁。

國文教學三部曲：中國課文精選示範

第二部曲 創意設計

另外，本設計的無提問式、話題討論式的研讀、探究也避免了滿堂問，避免了課堂上學生思維零碎斷裂，這對學生的思維品質的發展是很有推動作用的。

教學目標

1. 朗讀課文，整體感知與春酒相關的人與事。

2. 品析語句，體會細節描寫的作用。

3. 深度感悟，理解作者字裡行間所表達的思鄉之情。

教學方法

1. 朗讀法。

2. 品析法。

教學過程

一、初讀全文說印象

自由朗讀課文。

說說「這是一篇……的文章」。

找出抒發作者情感的語句。

文章的最後一段：

「一句話提醒了我，究竟不是道地家鄉味啊！可是叫我到哪兒去找真正的家醅呢？」

讓我們和作者一起去尋找真正的家醅，品嚐春酒的「道地家鄉味」吧！

二、精讀片段品酒味

品析「春酒美味」。

結合具體語句，品析春酒的「道地家鄉味」。

示例：品析細節、關鍵詞。

「其實我沒等她說完，早已偷偷把手指頭伸在杯子裡好幾回，已經不知舔了多少個指甲縫的八寶酒了。」

「偷偷」不是當著母親的面，表現「我」內心是非常想喝的，但又不能讓母親知道的隱祕心理。「好幾回」是指多次，足以見出母親的八寶酒對「我」充滿了誘惑，也顯示出「我」的可愛。這裡飽含著回憶中的那份快樂和童趣的味道。

學生思考，挑選兩句寫評語，全班交流。

對典型的句子，加強朗讀指導。

相關語句：

(1)「尤其是家家戶戶輪流地邀喝春酒，我是母親的代表，總是一馬當先，不請自到，肚子吃得鼓鼓的跟蜜蜂似的，手裡還捧一大包回家。」

「一馬當先，不請自到」生動地寫出「我」急切的心情，一副很嘴饞的樣子。

「還捧一大包」表現了孩子的可愛，同時反映出鄉里之間關係的和諧。

此處巧妙運用比喻的修辭手法，寫出了「我」貪喝春酒，喝完後「酒足飯飽」的可愛模樣。

(2)「母親給我小杯底裡只倒了一點點，我端著、聞著，走來走去，有一次一不小心，跨門檻時跌了一跤，杯子捏在手裡，酒卻全灑在衣襟上了。抱著小花貓時，它直舔，舔完了就呼呼地睡覺。原來我的小花貓也是個酒仙呢！」

「只」和「一點點」說明「我」對母親的「小氣」而感到不滿足。「走來走去」表明了即使是只得到了一點點的酒，但還是特別珍惜，捨不得喝。「直」表現小花貓對八寶酒滿是喜歡，舔個不停，煞是可愛。「呼呼」地睡了，表現了小花貓舔完酒後的相當滿足和陶醉的情態。「也是」一詞，是以「我」當時的心理來揣摩小花貓的，可見「我」也同小花貓一樣饞得要命，也寫出

了「我」的那種童趣。這一句從「我」的饞和小花貓的「醉」來襯托母親的八寶酒的香和美。

(3)「我呢！就在每個人懷裡靠一下，用筷子點一下酒，舔一舔，才過癮。」

看似十分隨意的幾筆細節描寫，讓我們強烈地感受到大家是如此喜愛這小姑娘，在故鄉，鄰里之間是如此親密隨和、融洽溫馨。這種溫馨的人際關係讓人嚮往不已，而這一切都只包蘊在文中極不起眼的細節描寫中。另外，「才過癮」寫出了「我」饞酒的可愛心理，這也是襯托母親八寶酒的美好。

(4)「大家喝了甜美的八寶酒，都問母親裡面泡的是什麼寶貝。母親得意地說了一遍又一遍，高興得兩頰紅紅的，跟喝過酒似的。其實母親是滴酒不沾唇的。」

這裡運用生動的外貌描寫，「兩頰紅紅的」，描寫出母親高興的情態，讓我們看到了一個熱情好客、樸實大方的母親形象。

(5)「花匠阿標叔也巴結地把煤氣燈玻璃罩擦得亮晶晶的，呼呼呼地點燃了，掛在花廳正中，讓大家吃酒時划拳吆喝，特別的興高采烈。」

「巴結」一詞指人做事勤快，表現出阿標叔樂顛顛的樣子，寥寥幾筆，就寫出了阿標叔熱情好客、樂於助人、勤快淳樸的性格。

(6)「我每年正月裡，喝完左鄰右舍的春酒，就眼巴巴地盼著大花廳裡那桌十二碟的大酒席了。」

「眼巴巴」、「盼」生動地表現出「我」期盼喝會酒的急切心情。側面表現出喝會酒這種美好的氣氛與和諧的鄰里關係。

其他重點句：

「還有個家家邀飲春酒的節目，再度引起高潮。在我的感覺裡，其氣氛之熱鬧，有時還超過初一至初五那五天新年呢！」

「春酒以外，我家還有一項特別節目，就是喝會酒。」

[小結]

真正的家醅：熱鬧的新年味、快樂的童趣味、淳樸的人情味、濃厚的親情味。這些就是「真正的家醅」裡飄散出的「道地家鄉味」。

這與作者的經歷是緊密相關的。

琦君（1917年～2006年），原名潘希真，現當代女作家，生於浙江溫州。1949年赴臺灣，後定居美國。琦君的名字總是與臺灣散文連在一起。散文集中，寫得最出色的是懷舊散文。自去臺灣以後，琦君五十多年再也沒有回過溫州。她說：「來到臺灣，此心如無根的浮萍，沒有了著落，對家鄉的苦念，也就與日俱增了。」2006年6月7日凌晨，琦君臨終前在病榻上一再念叨著：我想回到自己的家鄉啊……

三、深讀精段悟情感

體會最後兩段的作用。

齊讀最後兩段，思考、討論、交流話題：「如果沒有最後兩段，____」。

每個人用這個句式先寫一段話，再全班交流。

引導學生從時間、內容、結構、語言、立意、抒情、視角等角度，深度體悟作者情感：鄉情、鄉愁。

有了末兩段，使得文章產生了下面的一組比襯。

(1) 視角有兩個

這篇文章的一個獨特之處在於，作者在文章中變換了視角。所謂視角，即觀察事物的角度。

如果沒有最後的兩段，文章是一篇獨立的回憶童年的文章，童年時的新年是那樣令人回味，它是快樂美好的，因為有很多好吃的，尤其是可以挨家挨戶地邀喝春酒。這些都是孩子眼裡的新年，是從兒童的視角來記錄童年時期的新年。文字是活潑的，情感基調是快樂而溫馨的。

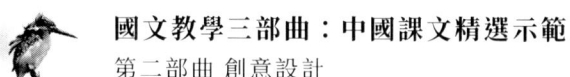

末兩段與前文內容和視角完全不同，回憶中的童年變成了現實中的當下，回憶中媽媽泡的八寶酒變成了自己泡的八寶酒，兒童的視角變成了成人的視角。因為變化，使文章變得立體、豐滿和厚重起來，由簡單的回憶童年時新年的美好轉變為抒發濃濃的鄉愁。文字也變得凝重起來。

不同的視角決定了不同的文字風格，也決定了不同的情感基調，更影響了文章的立意。

(2) 內容有兩段

前八段寫「我」小時候的生活，那時候在浙江老家，「我」和「我」的母親生活在一起，在那裡「我」擁有快樂的童年；後兩段是「我」的現在，現在是在美國，「我」已經失去母親，「我」和兒子生活在一起。

因為有了文章的末兩段，而使文章的內容跨越了兩個時間段，這就自然地把文章的結構切分成了兩部分。前面的熱鬧、快樂、美好更反襯了後面的冷清、傷感、失落。

(3) 情感有兩種

在兩個時段、兩個視角分析的基礎上，我們很容易把握文章的情感，因為視角的不同，內容的不同，語言的不同，表達的情感也不同。

文章抒發了兩種情感：快樂而美好的，傷感而哀愁的。

快樂而美好的情感，主要集中在對童年新年的回憶那一部分。那是有關故鄉的、兒時的、與母親在一起、喝著香醇的春酒的日子，充滿了溫馨和甜美。

傷感而哀愁的情感，是末兩段中流露出的作者內心的情感主色。那是在美國的、現在的、沒有了母親、喝著用美國葡萄酒泡的沒有美味的春酒的日子，充滿了思念和感傷。

兩種情感，一先一後，看似一重一輕，實則是那麼不可分割，相互映襯，尤其是末兩段的情感，那是真正的四兩撥千斤啊！真可謂「在我心中重千斤」！

　　總的看來，如果沒有末兩段，文章純粹寫回憶童年，可以獨立成章，但這不是作者的寫作目的。加上末兩段，文章的立意就變化了，就深刻了。作者是藉回憶童年來抒發鄉愁。

　　末兩段最值得稱道的手法是：改變敘述視角。作者運用敘述視角的改變，把文章自然設計為語言風格、情感基調、心理色彩完全不同的兩個部分。從內容比重上看，回憶童年的美好占了絕大部分篇幅，但這並不影響末兩段在整篇文章中的四兩撥千斤的力量。前八段的內容完全創造設計了新年喝春酒的歡樂祥和的幸福氛圍，後兩段卻使得全文一下子籠罩在了深深的、厚厚的、抹不開的鄉愁裡了。美好的懷念都是源於這當下難掩的思鄉之情，也是為了當下這份跨越了太平洋的對美好精神家園的追懷與嚮往。這樣的襯托讓那份鄉愁更綿長、更動人。

　　研讀最後一段，讓我們感受作者對童年樂趣的懷念和對故鄉、母親的思念。

　　琦君曾這樣深情地說過：「像樹木花草一樣，誰能沒有一個根呢？我若能忘掉故鄉，忘掉親人師友，忘掉童年，我寧願擱下筆，此生永不再寫。」

　　琦君最成功的散文是懷舊散文，是寫故鄉、親人師友、童年的文章。

　　小標點，大講究——重點體會兩個標點符號的作用。

　　「究竟不是道地家鄉味啊！」

　　上面的這個句子有作者強烈的情感蘊蓄其中，然而，作者卻用了一個簡簡單單的句號，而不是驚嘆號。因為句號是感情的有意控制，而驚嘆號卻是感情的直接抒發。這一個小小的句號裡包含著作者多少的惆悵、不捨、懷念、傷感、鄉愁啊！

　　「可是叫我到哪兒去找真正的家醅呢？」

以戛然而止的疑問結束課文，給文章留下很大的空白，讓讀者在作者的這一聲尋問中去思考、去品味那份濃濃的鄉愁。

[小結]

敘述角度的變化、含蓄深沉的抒情、戛然而止的結尾，把文章深刻的立意和作者深深的鄉愁更好地表現了出來。我們要透過比較文章敘述方式、語言風格、視角的變化甚至標點的使用來更深層次地把握文章的中心。

完成板書：凝重的鄉愁。

四、總結

讀文章就是讀作者、讀社會，就是與作者進行心靈的交流，所以，讀文就是讀人。

這節課我們透過三種不同層次的讀課文，培養了感知能力、品析能力和感悟能力。在這樣的過程中，我們更清晰地體會到，讀散文就是讀情味，所以，要學會讀懂作者在字裡行間的感情。

五、安排作業

課外閱讀琦君的散文。

[板書設計]

春酒

琦君

| 真正的家醅 | 熱鬧的新年味
快樂的童趣味
淳樸的人情味
濃厚的親情味 | 凝重的鄉愁 |

析比喻 悟生命——《談生命》教學設計

設計說明

冰心先生的散文《談生命》是一篇文質優美的文章，它精緻的結構、精彩的形象、精美的語言、精深的哲理都是很值得細細品讀的。

一、精緻的結構

文章的體形比較龐大，結構形式獨特，只有一個整片的段落。細細分析，精緻的結構便清晰地呈現出來。

首句直接點明話題：生命。下面用兩個內部結構基本一致的並列段落，把生命比作「一江春水」和「一棵小樹」兩個生動貼切的形象，揭示出作者所理解的生命的過程、規律和本質，並抒發作者的感嘆。最後一部分，將前文中的道理提煉出來，用議論的方式增強了理性的思考和提升。

二、精彩的形象

要給「生命」下定義是很難的，因為這關係到對「生命」本質的理解。「只能說生命像什麼」、「生命像向東流的一江春水」、「生命又像一棵小樹」，一下子就把抽象的話題變得具象化，也能引起讀者的關注和共鳴。

「生命像向東流的一江春水」，這是作者從生命的本質來形象地理解生命。生命是奮勇向前的，任何力量也無法阻礙他、壓制他，生命的運動形式

國文教學三部曲：中國課文精選示範
第二部曲 創意設計

是流動，生命的特點就是「前進」。儘管其間順利與曲折如影隨形，但「終於有一天」、「他已到了行程的終結」，最終完成了使命。

「生命又像一棵小樹」，這是作者藉樹的孕育、生長的過程來揭示生命的規律：始而渺小、微弱，繼而不斷成長、強健、壯大，終而歸於消亡，但正是在這樣的歷程中實現了自己生命的價值。

一江春水，作者側重表現他的向前推進的過程，寫出生命「流動」的特點；而一棵小樹，作者則側重表現他的向上生長的過程，將兩部分結合起來看，作者描述了生命的周而復始又螺旋上升的形勢。

這兩個形象描述的部分有許多妙點可以挖掘，這既是作者的精妙構思所在，也是學生閱讀理解能力的訓練點所在。我們可以用「聚合」的方法來欣賞妙點。如可以設計這樣幾個話題引導學生進行優點欣賞。

1. 文章裡有許多「兩個……」（如：文章裡有兩個生動的形象、兩個生命的內容、兩個描寫的段落、兩個分別出現了兩次的語句等等）。

2. 兩個段落的內容有很多的一致（如：都有兩條線索、都寫了兩次生命、都有虛實兩部分、生命結束時的狀態與心態都是一樣的、作者對兩種生命結束的感慨都是一樣的）。

三、精美的語言

整篇文章語言優美精練，運用典型的修辭手法來增強語言的表現力。如比喻使豐富多彩的不同人生變得形象可感，從而揭示人的生命的過程、規律和本質；富有情態感的擬人手法生動地表現出春水、小樹的豐富的生命體驗；反覆的句式，生動又富含思想，彷彿作者在深情地詠嘆，加強了文章迴環往復的旋律美；強烈的對比突顯春水不畏險阻、勇往直前的生命追求，更好地塑造了春水的形象。

四、精深的哲理

如果說前面的兩個大段落是形象地解說生命，那麼最後一部分就是作者個人的生命感悟。這篇文章首次發表於 1947 年，文章表現的是一個中年人對生命的深刻認識和獨到感悟。

文章的最後一部分，是在形象說理之後的理性昇華，造成了深化主題、總結全文的作用。可以說，前面的形象解說都是為這最後的議論服務的。

這一部分的表達方式與前面的完全不同，這裡採用議論的方式，從表達主題方面說，在前文對生命的現象做比喻性的充分描寫之後，再點明了命意、闡明了文旨、深化了主題；從結構方面說，發揮總管全文的作用，文章的哲理性、議論性的特點，在這一段表現得很充分。

教學目標

1. 反覆朗讀課文，感知內容，理解主旨。

2. 體會文章景、情、理和諧相融的意境，欣賞文章精妙的比喻、精深的哲理。

3. 理解作者對生命本質的認識，培養豁達、樂觀、積極的人生態度。

教學重點

1. 激發學生的聯想和想像，感受文中鮮活的形象。

2. 揣摩文章重要的語句或段落，理解其哲理意蘊。

教學挑戰

感知作者的情感變化，把握作者的感情基調和生命觀。

教學方法

1. 朗讀法。

2. 賞讀法。

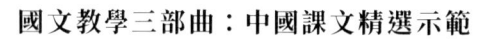

3. 演讀法。

教學過程

一、新課導入

「有人說，生命像花，花開美麗，花落亦燦爛；也有人說，生命像船，揚起風帆，駛向彼岸；還有人說，生命像列車、像彩虹、像橋梁……」冰心先生認為生命像什麼呢？今天我們一起學習冰心先生的散文《談生命》。

二、有趣地變形

這篇文章的結構很獨特，只有一個體形龐大的獨立段落。下面請根據文章內容和邏輯的特點給文章做結構變形，看看能把這一個段落劃分為幾個段落。

交流、明確：文章可分為四個段落。

先一句話點題，「我不敢說……我只能說」，接著寫生命像春水、生命像小樹，這兩個並列結構的部分描寫了生命的過程與體驗，最後揭示主旨、總結昇華：感謝生命。

變形之後，結構一下子就變得生動、明朗起來，原來這篇文章有這麼精緻的結構。

三、有味道地朗讀

學生齊讀「春水」部分。

學生評點朗讀情況。

老師作朗讀指導：

1. 要運用聯想和想像，把自己融入情境；

2. 處理好語氣，注意讀出語氣的變化、情感的起伏，如激動、悲哀、快樂、沉重、感嘆、抒情……

3. 處理好語速，急速的、平緩的；注意重音的使用，如注意有表現力的動詞、形容詞、副詞等的輕重處理；

4. 注意對標點符號的靈活處理。

這篇文章寫了一江春水向東流的經歷，要讀出文章內容和情感的波瀾起伏，就要注意表現出平靜與激昂，粗獷與柔美的對比。

重點訓練四個「有時候……」句段的朗讀。（先稍作分析，再讀）

四、有味道地賞讀

(一) 欣賞精妙的比喻

1. 為什麼說：「生命像向東流的一江春水」？春水和我們的生命有哪些相似之處？

引導學生結合具體語句來分析。

強化學生語言表達的規範。

找出比喻句，說：「這一句把……比作……寫出春水的……表現生命的……特點」。

[小結]

作者描寫了江水從源頭到融入大海的整個經歷，這些經歷由兩條線索推進著。第一條就是一路上江水「所遭遇的一切」；第二條是遭遇這一切時，江水作為一個特殊的生命所懷有的態度——「享受著這一切」、「快樂勇敢地」、「向前走」！這一路的經歷和情感高度地集中在下面這一個句子裡。

關鍵句：「他快樂勇敢地流走，一路上他享受著他所遭遇的一切。」

在寫「一江春水」奔流入海的過程中，作者用了四個「有時候」，呈現出生命過程中會經歷的幾種情況，顯示了「一江春水」亦即人的生命歷程的豐富多彩，揭示了人生總是幸福與苦難、順利與曲折相伴而隨的。

要注意省略號的作用！

國文教學三部曲：中國課文精選示範
第二部曲 創意設計

2.為什麼說：「生命又像一棵小樹」？小樹和我們的生命有哪些相似之處？

引導學生結合具體語句來分析。

找出比喻句，說：「這一句把……比作……寫出小樹的……表現生命的……特點」。

[小結]

「生命又像一棵小樹」，這是作者藉樹的發育、生長的過程來揭示生命的規律。從渺小、微弱，到不斷成長、強健、壯大，最後歸於消亡，小樹正是在這樣的歷程中實現了自己生命的價值。

寫小樹的這一部分，我們也可以清晰地把握到兩條線索：第一條是小樹生命的歷程；第二條是與歷程相伴的情感態度。

[總結]

作者用「一江春水」和「一棵小樹」兩個比喻，形象地寫出了生命由生長到壯大，再到衰弱的過程和一般規律，以及生命中苦痛與幸福相生相伴的共同法則。

兩個比喻又各有側重：

一江春水，側重表現生命的遭遇、經歷，表現向前的力量；

一棵小樹，側重表現生命的成長，表現向上的力量。

結合起來看，作者描述了生命的周而復始又螺旋上升的形勢，同時展現了對待生命的態度：快樂、勇敢、享受。

(二) 欣賞精深的哲理

學生齊讀最後一部分。要求：讀出句子之間的停頓，讀出作者的感悟。

體會作者的生命感悟。找一個句子做評點。

學生交流。

在交流中相繼朗讀有關語句。

老師小結精深的哲理：

1. 我們的生命既是卑微的，也是高尚的；

2. 快樂和痛苦是生命之歌的基本旋律；

3. 我們應用感恩的心去善待生命。

歸納哲理的表達方法：

1. 直接揭示哲理；

2. 用比喻來說理；

3. 對比說理。

五、有味道地演讀

演讀課文，就是表演式地朗讀，聲情並茂地傳達出對文本的理解。

全班齊讀根據原文的部分段落改寫的散文詩。

六、結束

不論生命像春水、像小樹還是像花，我們都要熱愛它。讓我們一起享受如花的生命，感謝如花的生命！

七、安排作業

將寫小樹部分的內容改寫成短詩。

［板書設計］

設計成花朵的形狀

```
                        生命

         遭遇      享受  感謝        成長

                    快樂      痛苦
```

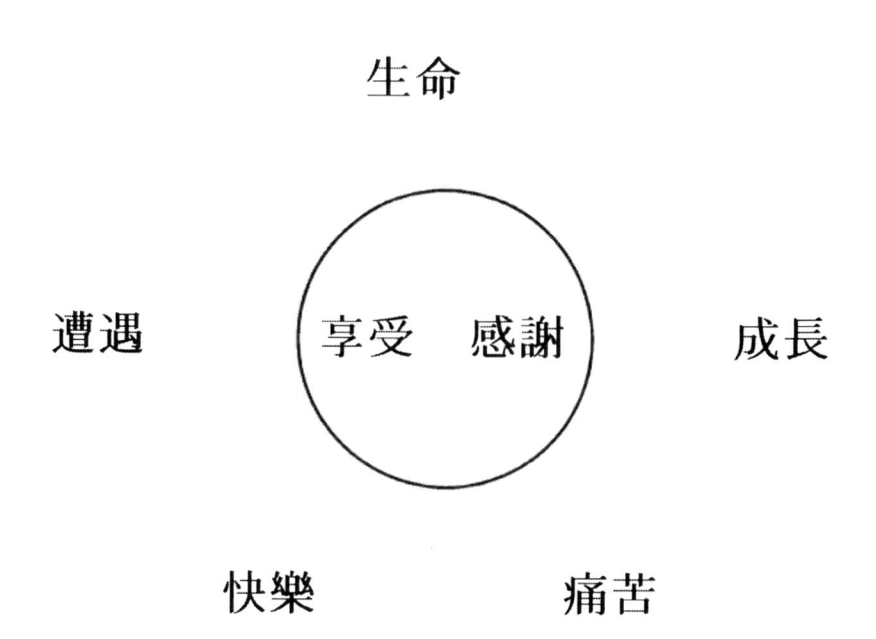

附：根據文章改編的朗誦文本

談生命

師：我不敢說生命是什麼，我只能說生命像什麼。

師：生命像向東流的一江春水。

合：他從最高處發源，將許多細流聚集成有力的洪濤，向下奔注。

男：遇到懸崖峭壁，他憤激著、怒吼著、迴旋著，前波後浪地起伏催逼、一瀉千里。

女：細細的平沙、紅豔的桃花、斜陽與芳草……他快樂而羞怯，輕輕地度過這浪漫的行程。

男：狂風暴雨、迅雷激電……他心魂驚駭；雨過天晴，他又增添了新的力量。

女：晚霞和新月，帶給他幽幽的溫暖，他想休憩，而那前進的力量仍逼著他向前。

合：他終於望見了大海。大海多麼遼闊，多麼偉大！多麼光明，又多麼黑暗！

師：他一聲不響地流入大海的懷裡。他消融了、歸化了，說不上快樂，也沒有悲哀！

師：生命又像一棵小樹。

合：他從地底聚集力量，勇敢地破殼出來，快樂地尋找生命的夢想。

男：他盡情地吸收空氣，享受陽光；

女：在風中跳舞，在雨中吟唱。

合：青春的力量，使他在烈日下挺立昂揚！

男：他開出滿樹的繁花，結出纍纍的果實，帶來甜美與芳馨。

女：秋風陪伴他享受成功後的莊嚴、怡悅與寧靜。狂風讓他旋舞，使他呻吟。

師：他一聲不響地落在大地的懷裡。他消融了、歸化了，說不上快樂，也沒有悲哀！

合：宇宙是一個大生命。在宇宙的大生命中，我們是多麼卑微、多麼渺小。

男：不是每一道江流都能入海，不流動的便成了死湖；

女：不是每一粒種子都能成樹，不生長的便成了空殼！

男：生命中不是永遠快樂；

女：也不是永遠痛苦。

合：快樂和痛苦是相生相成的。

男：在快樂中我們感謝生命。

女：感謝生命！

女：在痛苦中我們也感謝生命。

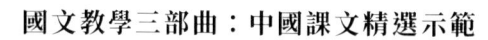

男：感謝生命！

合：感謝——生命！

賞新月　品親情——《金色花》教學設計

設計說明

　　《金色花》是泰戈爾《新月集》的代表作品。這是一篇散文詩，是一篇表現著濃烈的、聖潔的母子之情的抒情詩，也是一篇寄託著泰戈爾對逝去的親愛的妻兒的緬懷詩。藉助母子形象歌頌聖潔之愛是《新月集》裡不少作品的共同主題。這樣的一篇淺顯的文字，在朗讀訓練上應以讀文本為重點，要透過讀出畫面、讀出形象、讀出情感來感受母子之愛。在備課時，我研讀了兩個版本，發現了兩個版本上的文字上的差別，比較後自然有高下之分。因此，運用比較閱讀帶領學生深入文本細處，可以讓學生更好地感受散文詩的語言特色。透過抓住人物語言，引導學生更細緻地解讀人物形象，感受濃厚的親情，體會人物對「愛與被愛都同樣幸福」的理解與實踐。《新月集》中還有不少表現童真、童趣、渴望母愛的文章，教學中可進行適度拓展，用以篇帶類的方法，激發學生閱讀和欣賞《新月集》。

教學目標

　　1. 掌握朗誦技巧，透過有表現力的朗誦讀出人物形象。

　　2. 透過比較閱讀的方法品味語言，更細膩地感受文章所表達的情感。

　　3. 初步了解泰戈爾的《新月集》。

教學重點、挑戰

　　1. 透過有表現力的朗誦讀出人物形象。

　　2. 理解作品的最後一段。

教學方法

誦讀法、探究法。

教學過程

一、資料助讀

1. 文學常識——散文詩

散文詩，兼有詩與散文特點的一種現代抒情文學體裁。

它融合了詩的表現性和散文描寫性的某些特點，有詩的意境，給讀者以美和想像，內容上保留了散文性細節；形式上，有散文的外觀，不分行，不押韻，但不乏內在的音樂美和節奏感，通常形式短小靈活。

2. 作者介紹

泰戈爾（1861年～1941年），印度作家、詩人、社會活動家，被譽為「印度詩聖」。他是印度國歌的作者。他的創作對印度文學的影響很大。他於1913年獲得了諾貝爾文學獎。

詩集代表作：《新月集》、《園丁集》、《飛鳥集》、《吉檀伽利》。

二、遠望《新月》

《新月集》的第一版的序言中有這樣的一段話（PPT呈現）：

《新月集》把我們「帶到秀嫩天真的兒童的新月之國裡去。我們只要一翻開它來，便立刻如得到兩隻有魔術的翅膀，可以使自己飛翔到美靜天真的兒童國裡去。而這個兒童的天國便是作者的一個理想國」。

（詩人把兒童比作「新月」，預示兒童就像新月那樣純潔和寧靜，美好和天真。）

《新月集》創作背景：

國文教學三部曲：中國課文精選示範
第二部曲 創意設計

泰戈爾的散文詩裡可以處處感受到富有宗教意義的愛——最高尚、最純潔的愛。沒有人會想到寫《金色花》的時候，是作者個人最不幸的時候。1902 年，他的妻子病逝。第二年，他的一對兒女相繼夭亡，這些不幸籠罩在他身上，對他的打擊真的太大了！可是，他透過作品把愛的光輝撒遍世界的每一個角落。他的作品滿含著對生命的愛、對孩子的愛、對自然的愛、對所有一切的愛。

（藉助母子形象歌頌聖潔之愛是《新月集》裡不少作品的共同主題。這一背景的介紹有助於學生理解泰戈爾藉助作品所傳達出的對逝去的親愛的妻兒的深情緬懷，也有助於教學難處的突破，即理解作品的最後一段。）

三、賞讀《金色花》

活動一：朗讀

1. 齊讀課文

選幾位學生評價全班齊讀的效果。

老師點撥文章朗讀的整體基調：溫馨、活潑、親切、甜蜜。

2. 深情朗讀

每位學生先挑自己喜歡的段落自由地讀。

選幾位學生朗讀他們喜歡的段落，追問，為什麼喜歡這一段落（把朗讀和文意理解融為一體），並根據其朗讀情況做針對性的指導。

注意：老師指導過程中，適當穿插老師示範朗讀和集體朗讀。

朗讀的目標：要能讀出畫面、讀出形象、讀出情感。

關於讀出畫面：

文章的畫面感很強，畫面之間可以做稍長一些的停頓，以給人想像和回味的空間；每一個畫面呈現時要能讀好輕重、緩急、起伏，以突出鏡頭感，如第一段中，「高枝」、「笑嘻嘻」、「新葉」、「跳舞」等都可以稍作強調。

關於讀出形象：

孩子的形象比較容易把握，要讀出孩子的天真、調皮、活潑、撒嬌來。

（文中出現了「笑嘻嘻」、「暗暗」、「悄悄」、「小小」等疊詞，要讀出孩子說這些詞語時的天真調皮的語調。）

母親的形像是聖潔的、溫婉的、慈愛的，要能用舒緩的語調、舒展的情緒讀出一個做禱告、讀聖書、愛孩子的聖潔母親的形象。

關於讀出情感：

讀出孩子在調皮中對媽媽的愛和依戀之情。

讀出媽媽說：「你這壞孩子」時的豐富的含義。

活動二：說讀

思考：孩子為什麼要變成金色花？

學生先獨立思考，然後同桌交流，再全班交流。

適時地穿插金色花的圖片及介紹。

金色花，又譯作「瞻波伽」或「占波」，印度聖樹（菩提樹，樹葉呈心形）上的花朵，木蘭花屬植物，開金黃色碎花。金色花在印度受到大人小孩的喜愛和敬重。菩提樹在印度又被稱為「幸福樹」。

[參考]

金色花，是聖樹上的花朵。作者想像孩子變成金色花，象徵著孩子的聖潔可愛，也象徵著母愛的光輝給孩子的影響。孩子變成了金色花，就變得隱匿起來，為媽媽做的事情就變得悄悄的、不留痕跡的，這是從一個孩子的角度來表現對母愛的回報。

藉助這樣奇特的想像，我們彷彿看到了一個無所不能的小精靈，他可以把自己變成花朵，散發出幽香，為媽媽遮陽，又可以把自己變回來，回到媽

媽的懷抱。他有神的能耐，更有神的品行——善與愛。孩子是一個活潑的、調皮的、懂得被愛與愛的幸福的小天使形象。

人們常常用花來稱呼孩子，因為孩子活潑、美麗、純潔、可愛。金色花，受到印度人民的喜愛，孩子希望自己能讓媽媽喜愛。

活動三：品讀

此環節為深度解讀，是對人物形象和情感的深層挖掘。這是教學的挑戰，要注意做好鋪墊和引導。

深度品讀文章的最後一段：

「我不告訴你，媽媽！」這就是你跟我那時所要說的話了。

為什麼不告訴呢？如何理解最後一句話？「這」指代什麼？如何理解「同」？

學生先獨立思考，然後同桌交流，再全班交流。

對於最後一段中的人物語言「我不告訴你，媽媽」，有兩種理解。

1. 只是孩子一個人說

［分析］

他不告訴媽媽，這是孩子的天真調皮的表現。他愛媽媽，用兒童的方式、悄悄地回報媽媽的愛，但又不願讓媽媽知道，於是用了與媽媽捉迷藏的方式。他自然不會告訴媽媽，也許他正為自己的機靈而得意呢！

2. 媽媽與孩子一起說出

提倡採用第二種理解。但不要強求學生放棄第一種理解。

［分析］

不難想像，媽媽會模仿孩子的口氣來說。生活中，也許孩子經常調皮地逗媽媽，媽媽對孩子的性格、脾氣已經很熟悉了，他的一言一行其實媽媽都

是心裡有數的。於是，在孩子又一次調皮時，媽媽也會脫口而出這一句話。或許，兩人說完後，會因為這樣的默契而同時開心地大笑起來。這是多麼溫馨、活潑、甜蜜的時刻。媽媽了解孩子，理解這份童心，也滿足了孩子的童趣，並和孩子幸福地享受這份童趣。這樣的媽媽是真實的、可愛的。這樣的理解也許更貼近泰戈爾創作的本意，這麼溫馨、幸福的畫面誰說就不會是在他的家裡常常發生的呢？（板書：童心）

（「這就是你跟我那時所要說的話」，「這」究竟指代什麼？第一種可以理解為指代母子的一問一答，正好是先「你」說再「我」說；第二種可以理解為是指兩人同時說的，「這」指代的內容就是「我不告訴你，媽媽」。）

（「同」，第一個理解，相當於英語裡的「and」，這樣就是母子同說「我不告訴你」了；第二個理解，跟、與，相當於英語裡的「with」，這樣就是媽媽問，孩子答了。）

第二種理解，學生也許想不到或者不會一下接受，老師可以穿插介紹自己生活中的默契而又幽默、充滿溫情的例子。需要的話，也可以直接呈現英文版原文。（PPT 呈現）

"Where have you been, you naughty child?"

「你到哪裡去了，你這壞孩子？」

"I won't tell you, mother." that's what you and I would say then.

「我不告訴你，媽媽！」這就是你跟我那時所要說的話了。

[小結]

學會透過理解人物的語言來把握人物形象，尤其要學會透過理解具體情境中的人物內心來把握形象。

這首散文詩表現的是一種理想中的母子之愛，甜蜜、默契，歡樂而神奇，甚至帶有一種宗教色彩，是那麼的聖潔。彼此的理解和關愛是母子深情的前提。（板書：理解、愛）

活動四：比較閱讀

第二部曲 創意設計

這一環節是一個有創意的比較閱讀設計。

比較兩個版本的教材上課文文字的細微差別，分析選用不同詞語的效果。此環節採用的方法是側面入手，正面解讀。

老師朗讀與學生不同版本的《金色花》，學生邊聽讀，邊在自己的課本上做記號。讀完後學生提出兩個版本的不同之處，朗讀、對比、分析。

不同之處有：

「變了一朵」——「變成了一朵」；「笑哈哈」——「笑嘻嘻」；「空中搖擺」——「風中搖擺」；「新生的樹葉」——「新葉」；「母親」——「媽媽」；「你做禱告」——「做禱告」；「花的香氣」——「花香」；「我便要投我的」——「我便要將我的」；「小影子」——「小小影子」。

[重點分析]

「變了一朵」——「變成了一朵」：要使句意準確，不能有歧義。

「笑哈哈」——「笑嘻嘻」：前者笑出了聲音，與文意不合；後者的「笑」更有孩子氣和調皮味，給人一種偷樂的感覺，同時與後文中的「匿笑」呼應。

「空中搖擺」——「風中搖擺」：前者是主動的行為，表現孩子的天真活潑；後者是被風颳的，被動的。

「母親」——「媽媽」：前者太正式，不太符合兒童的心理和實際；後者更口語化更親切，且與後文的用詞風格一致。

「花的香氣」——「花香」「新生的樹葉」——「新葉」：後者「花香」、「新葉」更精緻、凝鍊，符合詩歌的語言特徵。

「小影子」——「小小影子」：前者是客觀表述，只是表現出「小」這個特點；後者顯得小巧、靈動、可愛，疊詞「小小」的使用又增加了親切感和韻律感。

[小結]

　　選詞用句精緻、確切，可以更好地表現文章中心，抒發情感。在比較閱讀中，能提高我們的語言敏感度和欣賞能力。

四、近觀《新月》

　　《新月集》裡有許多寫母子故事的作品，透過閱讀這些充滿童趣、充滿母愛的作品，我們可以感受到作者對自己親愛的妻兒的深深懷念，也感受到作者對兒童的愛，對幸福生活的歌詠。

　　《新月集》裡的很多詩歌以「質樸的語言」表達出「真摯的情感」，尤其是不少詩歌裡的想像更是奇妙獨特。我們試著閱讀、體會其中的一篇。

　　印發《花的學校》、《惡郵差》、《同情》等。

　　閱讀欣賞《花的學校》。

　　學生齊讀。

　　先獨立思考，再交流：說說你最喜歡這首詩的哪些句子？為什麼？

[分析]

　　這首散文詩修辭手法豐富，想像非常奇特，語句活潑有靈氣，最重要的是最後一小節，寫出了孩子很得意的形象。這種得意是因為他覺得他讀懂了那些從地底下花的學校裡鑽出來的花兒們的心思：他們在渴求媽媽的擁抱！從這首散文詩裡，我們讀到了一個孩子眼裡的世界，也體會到了一個孩子對母愛的理解，更感受到了一個中年男子對在天堂的妻兒的懷念和祝福。這就是真實的泰戈爾。

五、總結

　　從《花的學校》中，我們可以進一步體會到作者把詩集命名為《新月集》的意圖，兒童就像新月那樣純潔和寧靜，美好和天真。是的，用兒童的目光

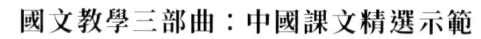

去觀察生活，永保一顆童心，用詩歌把對生活的愛記錄下來，你就是一個有詩心、有詩性的人，你必將擁有詩意的生活。願大家都詩意地活著！

六、安排作業

課外閱讀《新月集》、《榕樹》、《告別》、《小大人》、《著作家》、《惡郵差》、《同情》、《英雄》……

▍解讀愛　悟成長——《爸爸的花兒落了》教學設計（第一堂課時）

設計說明

課文《爸爸的花兒落了》節選自《城南舊事》。描寫英子參加小學畢業典禮，回家後得知爸爸已經去世了。在畢業典禮上，英子由胸前的夾竹桃花回憶了前一天晚上，以及之前父親教導自己的幾件事情。現實中的畢業典禮和回憶中的成長歷程兩條線索並列推進，使文章的結構比較複雜。從篇幅看，對國一的學生來說是比較長的；從文體看，需要讓學生體會到小說的基本特點和本文的獨特之處。因此，兩堂課的安排需要很合理的設計。第一堂課時，首先就要讓學生能夠把故事情節複述得清楚、準確，而如何複述，需要老師授予方法，結合本文的具體情況，可以引導學生從事件和人物入手。理解人物形象、感受父愛，是本課的一個教學重點。理解人物形象，最忌諱的是貼標籤，教學中可帶領學生透過緊扣文本，細細品味父親的一句話、一個動作、一處心理活動來深入地理解父親的形象，並透過反覆朗讀、補充留白來完成這一教學環節。有了前兩個教學重點的完成，對「成長」內涵的理解也就水到渠成了。

教學目標

1. 了解並能複述故事情節。

2. 透過細節把握爸爸這一人物形象，體會爸爸的教育對英子成長的影響。

3. 理解「成長」的內涵，並促進自己健康成長。

教學方法

1. 誦讀法。

2. 品味法。

教學過程

一、新課導入

這篇課文選自林海音的自傳體小說《城南舊事》。

作者林海音曾經在《城南舊事》的序言中寫道（PPT 呈現）：

「我是多麼想念童年時北京城南的那些景物和人物啊！我對自己說，把它們寫下來吧！讓實際的童年過去，心靈的童年永存下來。就這樣，我寫了一本《城南舊事》。」

「這些故事，以我的童年為背景……每一段故事的結尾，裡面的主角都是離我而去，一直到最後的一篇《爸爸的花兒落了》，親愛的爸爸也去了，我的童年結束了。」

（師讀，緩慢。）

為什麼爸爸去了，「我」的童年就結束了呢？英子在這篇文章中向我們講述了童年時她和爸爸之間的哪些故事呢？讓我們一起走進課文。

二、整體感知課文

速讀課文，把握記敘要素。

梳理一下文章主要寫了哪幾件事？

文章比較長，老師推薦以下這兩種讀法。（PPT 呈現）

(1) 從事件入手，跳讀課文，勾畫或圈點能概括事件的相關語句。

(2) 從人物入手，盡量用有表現力的語音語調讀出人物的語言內涵。

一二組和三四組同學分別從事件、人物入手有選擇地讀，讀後交流。

文章主要講述了以下幾件事情：

(1) 上學賴床被爸爸打；爸爸送裌襖和零錢；

(2) 爸爸讓我獨自到銀行匯款；

(3) 畢業典禮前去醫院希望爸爸能到會；

(4) 畢業典禮後爸爸去世，冷靜地面對。

［過渡］

文章講述了英子參加畢業典禮前後的全過程，她在典禮中回憶了和爸爸之間發生的幾個故事。

三、揣摩細節，理解人物

抓住：一句話、一個動作、一處心理活動。

（對文本細節的剖析這一部分，要讓學生讀出其中的情味。這些細節應該是浸泡著淚水的、是心酸的、凝鍊的。）

這些故事中，給你印象最深的是什麼？為什麼？（如：爸爸對「我」的愛的細節。此環節可激勵學生要找得又快又準。）

主要有：

(1) 上學賴床，打了「我」。（爸爸以嚴厲方式表達他的愛，他要培養孩子的良好習慣和端正的態度。）

(2) 打了「我」之後又趕到學校為「我」送裌襖，看我穿上。（表現爸爸的愛默默而又細膩的一面，心裡很心疼我。）

(3) 逼我去匯款。（引導我進入社會，學習獨立地做事）。

透過這些故事，我們深深地感受到，在平常的生活中，爸爸用其獨特的方式傳達出沉甸甸的父愛。

爸爸的愛用獨特的方式表達出來，成為英子成長的動力！

解讀愛　悟成長——《爸爸的花兒落了》教學設計（第一堂課時）

——「世界上有許多種愛，只有父母的愛是為了離開。」

在離開這個世界前，爸爸是如何讓英子理解這種「為了離開」的愛的？下面我們一起來品讀第四至十二段。

分角色朗讀（全班讀旁白，男、女生各一人讀爸爸、英子）

評價朗讀並作指導。

這是病重的爸爸和女兒的最後一次對話，每一個細節都會永遠刻在英子的腦海裡。讓我們跟著英子一起回憶爸爸留給我們的最後一幕。

全班齊讀第八段。對學生朗讀進行評價、指導：語速緩慢，符合當時的人物的心境；三句話，呈現出三組鏡頭，要留有想像的餘地；角色替換，把自己想像成「我」，眼前浮現的就是一個病重的爸爸。

一句樸實的話，一個微妙的動作，一段看起來平靜的沉默，都會滿含著深深的愛。讓我們透過分析細節來讀懂爸爸。

分析一個動作、揣摩一處心理：「不說話」，此時無聲勝有聲；「把臉轉向牆那邊」，掩飾心中的痛苦，不願讓女兒擔心；「舉起手……看指甲」，此時的內心活動、神態（掩飾含淚？）和「叮囑」，不是一般地說說，而是鄭重地交代。

引導學生認識：一個父親在面對死亡時，最無法捨棄的是自己的孩子，更何況他的孩子還那麼年幼。爸爸內心的痛苦不願意讓女兒看到，只有自己默默地承受。

領悟一句叮囑。（學生自己先讀，在老師分析、指導之後再讀）

你從爸爸的最後一句話裡讀懂了哪些含義？

「沒有爸爸，你更要自己管自己，並且管弟弟和妹妹，你已經大了，是不是？」

體會含義：

(1)「沒有爸爸」——語意雙關。（爸爸不在身邊；爸爸去世）

(2)「你更要自己管自己」——要自力更生，以身作則。

(3)「管弟弟和妹妹」——擔當起做姊姊的責任。

(4)「你已經大了，是不是？」體會爸爸說這話時內心複雜的情感：有因自己生病而不能繼續撫養孩子的愧疚，更多的是對女兒的鼓勵和期待。

[小結]

對人物的語言、動作、心理描寫的細緻分析，可以幫助我們更好地理解人物形象和文章內涵。我們在作文中也可運用細節描寫手法來增強文章的感染力。

四、理解文章主旨——「成長」的含義

在爸爸愛的教育的影響下，英子有了哪些變化？最能表現她成長的是哪件事？

學生交流想法。

主要有以下變化。

(1) 不再遲到，到校很早，成為優秀畢業生——學習態度的教育。

(2) 獨自去銀行匯款——「闖練」，培養自立的生存教育。

（讀四十六至五十三段，重點理解爸爸的語言的含義。）

（世界上所有的愛當中，只有父母的愛是為了離開。）

(3) 鎮定、安靜地面對爸爸的去世——我已不再是小孩子。

可以說，這些變化就是成長。

大人們總希望我們快快長大，但正如文中所說：「我們是多麼喜歡長高了變成大人，我們又是多麼怕呢？」。為什麼孩子們喜歡長大又怕長大呢？

長大有什麼好處？有什麼不好？

不長大呢？

學生談感受。

成長對於我們來說，也許是充滿著期待、充滿著喜悅的，然而對於失去了爸爸的英子來說，成長卻是滿含著心酸的，是含淚的成長。

英子可以不想長大嗎？為什麼英子在知道爸爸去世的時候表現出鎮定、安靜就是長大了呢？

學生交流想法。

資料連結

作者在《城南舊事》的序言中寫道：

「那時我十二歲，開始負起了不是小孩子所該負的責任。如果說一個人一生要分幾個段落的話，父親的死，是我生命中一個重要的段落。」

當面對爸爸去世的噩耗時，英子表現出的是鎮定、安靜，但我們能感受到她心裡的那種波瀾。在爸爸的教導下，在愛的鼓勵下，面對家庭的變故，英子已經明白了「長大」的真正含義。她是家裡最大的孩子，她必須要積極面對她所面臨的一切。因為（PPT 呈現），「對於成長，年齡不是記號，責任才是標誌，長大就是一種勇氣與承擔。成長在這裡還是生命的延續、責任的延續」。

英子把對爸爸的愛與懷念深埋在心底，只是默念：「爸爸的花兒落了。我已不再是小孩子。」你能體會最後這兩句話的深刻含義嗎？

學生交流想法。

「爸爸的花兒落了」有兩層含義：爸爸種植的夾竹桃花落了；喜愛花兒、熱愛生活的爸爸的生命之花落了。

「我已不再是小孩子」——真正地長大，與前面爸爸的那句話呼應。

英子用了詩一樣的語言來懷念爸爸，淡淡的憂傷飽含著濃濃的情感，是對自己的肯定、鼓勵，也是對爸爸的承諾。反覆誦讀，讀出這兩種含義來。（與第十一段爸爸病床上的最後一句話連起來讀。）

「花開花落是自然規律，縱使再美麗的花也會凋謝，卻會留下濃濃的花香。爸爸的花兒雖然落了，卻結出了豐碩的果實——英子真正成長起來。」

五、課堂總結

這節課我們對故事情節做了梳理，了解了英子成長的背景。文章透過細節表現出爸爸的愛的獨特的方式。而英子的成長離不開爸爸嚴厲而又默默的愛。我們知道，長大意味著要負責任，讓我們在理解父母愛的前提下，在培養自己有責任感的過程中茁壯成長。（完成板書）

[小結]

我學會了：概述故事；

我了解了：細節的作用；

我懂得了：長大＝責任。

六、安排作業

課外閱讀《城南舊影：追憶林海音》、《城南舊事》。

重累積　練能力——《綠色蟈蟈》教學設計

設計說明

這是一篇妙趣橫生的小品文，作者採用生動活潑的筆法，把蟈蟈寫得活靈活現。先描述了蟈蟈的歌聲，寫出了聲音的各種特點，如「柔和」、「清脆」、「尖銳」等，特別是「比蟬更勝一籌的歌手」的稱呼，流露了作者對蟈蟈的喜愛之情。接著又描寫了蟈蟈的外形特徵：非常漂亮、色澤亮麗、身材優美、苗條勻稱。文章重點寫了蟈蟈的食物習性。作者透過自己的觀察，饒有興致地介紹了蟈蟈喜歡吃蟬的特點及原因。還介紹了蟈蟈之間的相處和睦、從不爭吵的特點。本文集知識性、趣味性、藝術性於一體，可讀性強，利用文本對學生進行學習方法指導和能力訓練是教學重點，同時還要注意培養學生自主閱讀，體驗閱讀過程中的快樂。引導學生學會運用提取資訊法、

組合要點法概括文章內容；字詞的學習與累積也可以變得更為生動活潑，讓學生透過連詞成段的方式寫作片段；精段賞析，要學生先獨自地寫品析再交流，這樣的話，三個教學板塊中都可以有對學生進行讀寫結合的共同訓練，使課堂效率大大提高。

教學目標

1. 學習提煉文意的方法，概括課文內容。

2. 了解綠色螳螂的特點。

3. 品味生動的語言，感受活潑的筆法。

教學重點

品味生動的語言，感受活潑的筆法。

教學過程

一、新課導入

魯迅先生家的後院有個「百草園」，「油蛉在這裡低唱，蟋蟀們在這裡彈琴。翻開斷磚來，有時會遇見蜈蚣；還有斑蝥，倘若用手指按住它的脊梁，便會『啪』的一聲，從後竅噴出一陣煙霧」，真的是有「無限趣味」。著名昆蟲學家法布爾先生家裡有個「百蟲園」，每天都有昆蟲的表演。今天節目的主角是綠色螳螂，讓我們跟著法布爾先生一起去欣賞精彩節目吧！

這是一篇寫綠色螳螂的科學小品文。只需要稍稍用心，你就會了解到螳螂的特點，你會欣賞到螳螂的節目，你還會累積很多的詞語，當然，你更會學到生動的寫法。好了，國文的學習你做主吧！

二、把握內容

（這一環節分為兩個步驟，採用兩種方法）

(1) 快速閱讀課文，把每一段的內容概括出來。（提煉、篩選）

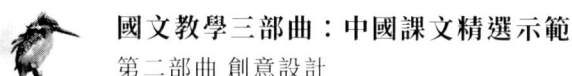

老師進行方法點撥。

概括段意的方法

提取資訊法：直接提取文中現成的語句概括文意；

組合要點法：組合文中的關鍵詞語、連詞成句地概括。

學生獨立思考；同桌交流，一人講一段。

全班交流。

內容歸納：文章寫了綠色蟈蟈的叫聲、外形及食性，重點寫了食性。

(2) 為「綠色蟈蟈」寫一百字左右的簡介性文字。

結合課文，提取關於蟈蟈特點的文字，編寫一段蟈蟈簡介。先在書上勾畫，然後寫在草稿紙上。

學生交流。

老師示例：

綠色蟈蟈「渾身嫩綠，側面有兩條淡白色的絲帶，身材優美，苗條勻稱，兩片大翼輕盈如紗」。聲音「微弱」但「非常柔和」，「連續」且高低起伏。憑藉「有力的大顎」「銳利的鉗子」，它們常常「進攻比自己大得多、強壯有力得多的動物」。它們「酷愛甜食」、「喜歡吃昆蟲」、「十分喜歡吃肉」。它們雖也「同類相食」，但「彼此十分和睦地共居」。

賞析課文

（這一環節也分為兩個步驟，採用兩種方法。）

雖是一篇介紹昆蟲的科學小品，但是作者寫得富有情趣。下面我們重點欣賞兩個文段。

三、欣賞精段

結合內容，試為第三段、第五段命名。

兩段命名參考：「美妙的音樂會」、「激烈的肉搏戰」。

音樂會究竟是怎樣的美妙，肉搏戰到底是如何的激烈，讓我們從聽音樂會和觀戰的角度來欣賞吧！

學生思考、交流。

這場美妙的音樂會，美妙在：演員組成、聲音特點、氣氛效果、作者情感。

這場激烈的肉搏戰，激烈在：力量懸殊、動作驚險、武器獨特、結局慘烈。

四、品析手法

透過上面對兩段文字的分析，我們看到在這一篇妙趣橫生的小品文裡，蟈蟈是那樣的活靈活現，這與作者採用了生動活潑的筆法是分不開的。下面我們就來品析作者活潑的筆法。

請找出自己喜歡的句子或段落，說說喜歡的理由。可以用這樣的句式：「這篇文章妙在……我發現了……」

學生思考、交流。

老師總結文章筆法特點及作用。

擬人：

採用擬人化的手法，語言生動傳神，使讀者感到親切自然，增強了可讀性。如「綠色的蟈蟈啊！如果你拉的琴再響亮一點兒，那你就是比蟬更勝一籌的歌手了」。

比較：

為了更好地表現蟈蟈的特點，作者將蟈蟈與其他昆蟲相比較：聲音與蟬相比略低一些；與螽斯一樣不喜歡吃萵苣葉；不像老鷹一樣進攻弱小；不像螳螂一樣只吃肉；與螳螂一樣同類相食，但不殘暴。

如「蟈蟈也存在著同類相食的現象。誠然，在我的籠子裡，我從來沒見過像螳螂那樣捕殺姊妹、吞吃丈夫的殘暴行徑，但是如果一隻蟈蟈死了，活

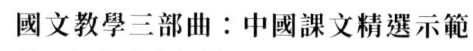

著的一定不會放過品嚐其屍體的機會的，就像普通的獵物一樣」。拿螳螂來作比較，這樣寫既能使讀者了解其他昆蟲的習性，又能突出蟋蟀的習性。

稱呼：

綠色蟋蟀是一種小昆蟲的名稱，作者在文中不斷變換角度，改變對它的稱呼。找出這些不同的稱呼，了解作者是在何種情況下用這個稱呼的，並體會這樣使用的好處。

多變的稱呼：「狂熱的狩獵者」、「夜晚的藝術家」、「比蟬更勝一籌的歌手」、「進攻者」、「籠裡的囚犯」、「蟬的屠夫」。

當蟋蟀捕殺蟬時，是「狂熱的狩獵者」；當蟋蟀在夜色蒼茫中發出柔和的聲音時，就是「比蟬更勝一籌的歌手」；當蟋蟀成為作者籠中觀察和實驗的對象時，則成了「籠裡的囚犯」；當蟋蟀侵犯蟬時，就是「進攻者」，而吃蟬肉時自然就是「蟬的屠夫」了。

選擇不同的角度並不斷變換稱呼，使行文更生動有變化，描寫更形象，給人更深刻的印象。另外也寫出作者對這種小昆蟲的觀察非常仔細，生動地寫出了蟋蟀在不同情況下不同的特點。「狩獵者」的稱呼寫出了蟋蟀捕捉蟬時的兇猛，「歌手」的稱呼寫出了蟋蟀叫聲的美妙，「囚犯」的稱呼有些調侃，寫出了作者對研究對象的關注，「進攻者」表現出蟬的英勇，「屠夫」這一稱呼則寫出了蟋蟀在享用美味時那種滿足的樣子。

不同的稱呼除了體現蟋蟀不同的特點外，其實都表現了作者對蟋蟀的喜愛。我們從中也看到了一個如此熱愛自己研究事業的學者形象，正因為他對昆蟲事業執著的愛，我們才了解到昆蟲世界是如此的豐富和吸引人。我們也能感受到字裡行間所洋溢著作者對生命的尊重與熱愛。難怪，周作人說：「比看那些無聊的小說戲劇更有趣味，更有意義。」

五、累積詞語

文章中有不少雅詞成語，要學會累積和運用。

先齊讀，再選用下面的詞語，連詞成段。可以結合文章內容來寫，也可以發揮自己的想像寫一個片段（選用其中不少於六個詞語）。

傾聽　喧囂　沉寂　酷愛　弱肉強食　竊竊私語

清脆悅耳　柔和甜美　靜謐氣氛　更勝一籌　津津有味　窸窣作響

力量懸殊　輕盈如紗　連續不斷　夜色蒼茫　隱隱約約　毫不猶豫

學生進行寫作訓練，交流。

六、課堂總結

學會概括文意的兩種方法：提取資訊，組合要點。

了解行文生動的三個策略：擬人、比較、稱呼。

掌握累積詞語的兩個技巧：轉述課文、連詞成段。

七、安排作業

1. 課外閱讀法布爾的《昆蟲記》。

2. 用擬人手法寫一段介紹小動物的文字。

▍角度新　趣學文——《孫權勸學》教學設計

設計說明

《孫權勸學》是一篇極其簡略但又有完整故事情節的文言短文。故事主體只有兩個部分：孫權勸學，呂蒙「乃始就學」；魯肅「與蒙論議」、「結友而別」。文章主要透過對話的方式，表現人物、推進故事。對話言簡義豐，生動傳神，富於情味。人物寥寥數語，就表現出各自說話時的口吻、神態、心理和性格。在情節的安排上，亦別具風格。呂蒙學習的起因是「孫權勸學」，學習的過程略去，學習的結果是魯肅與呂蒙「結友而別」。透過「論議」、「結友」來表現孫權善勸、呂蒙勤學和學有所成。直接描寫、側面襯托、留白再塑、繁簡結合等手法的巧妙運用，讓這一篇小短文既充滿了情趣，又不乏理趣。

文章簡短，教材注釋比較豐富，學生理解起來不會有文意上的困難。但是，因其短小，它的文學價值也往往容易被忽略。如何感受到它的文學魅力，則需要老師在深入解讀後，透過生動的教學形式帶領學生一道走進文本，品析欣賞。筆者透過反覆解讀和剖析，挖掘出短文裡藏有的多組「三」，這些「三」包含了文章結構、人物形象、藝術手法、文化背景等多項內容。於是，筆者以「找尋三」趣學文言故事作為此設計的總構思。

教學創意

　　趣學文言故事

教學目標

　　1. 累積文言詞彙：謂、博士、但、涉獵、吳下阿蒙、刮目相待、邪、耳、乎等等。

　　2. 賞析寫人記事的美妙手法。

教學重點

　　賞析寫人記事的美妙手法。

教學方法

　　誦讀、品析。

教學過程

一、朗讀

　　要求：讀通——讀順——讀懂。

　　方法：自由地放聲朗讀，自己譯讀，同座譯讀，質疑解難。

二、累積

　　要求：圈出並掌握需要累積的詞。

方法：自己圈出，落實意義和用法，老師點撥強調。

（以自行整理或統一練習的方式累積。）

以下詞需要強調：

實詞：謂、當塗、涉獵、見、就、過；

虛詞：以、豈、但、若、乃、及、即、更、何、遂；

人稱：卿、孤、孰；

古今異義：博士、往事；

語氣詞：邪、耳、乎；

成語：吳下阿蒙、刮目相待。

三、品析

要求：找尋文中獨特的「三」組合併作分析，感受文章寫人記事的美妙手法。

方法：老師示例，學生獨立尋找，老師巡視點撥，學生小組交流，全班交流。

文中的「三」組合有以下一些內容。

1. 三個段落式結構

根據情節把文章分成三個部分，這就是事件的三個階段，即孫權勸學、呂蒙就學、魯肅贊學。這三個段落是：

初⋯⋯／蒙乃始就學⋯⋯／及魯肅過尋陽⋯⋯

2. 三個人物證蒙學

穿插人物介紹：孫權、呂蒙、魯肅。

簡析三個人物（孫權、魯肅、蒙母）對呂蒙學習並成功的證明作用。

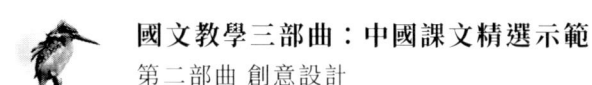

孫權：孫權對呂蒙要求嚴格，勸他讀書，對呂蒙滿是關心與厚望。正因為有孫權的善於勸說，才有了呂蒙的「就學」及學有所成。

魯肅：魯肅「與蒙論議」，一句「非復吳下阿蒙」從側面反映呂蒙因「學」而使才略有了令人難以置信的長進。魯肅地位高於呂蒙，且學識豐富，由他說出此番話，更可表明呂蒙的長進非同一般。

蒙母：從情節的角度講，文章的最後一句「肅遂拜蒙母，結友而別」似乎多餘，然而，細細揣摩，就可以感受到它的意味深長了。

魯肅是一個很有學問的人，透過他「拜蒙母」，看得出魯肅為呂蒙的才略所折服而願與之深交，二人情投意合，側面襯托出呂蒙富有學識。更重要的是，這一情節傳達出古代對讀書的另一個角度的理解：一個人因為讀書而有豐厚的學問，會獲得社會的認可和尊敬，更使自己的父母也得到尊敬，甚至可以提高自己家族的社會地位及威望。這一情節深化了選文的中心。在表現孫權勸學的效果和呂蒙學習的成果上也都是很重要的一個補筆。

3. 三句話語見形象

要求：體會文中人物的語氣語調，感受說話人的心理。

方法：以讀促析，透過朗讀體會人物心理，感知人物形象。

〔簡析〕

(1)「卿今當塗掌事，不可不學！」

用雙重否定的形式，語氣堅決果斷，神態鄭重嚴肅，表現出孫權對呂蒙要求嚴格，同時嚴厲中又可見深切關心，希望呂蒙能勝大任。

(2)「孤豈欲卿治經為博士邪……大有所益。」

這一句隱隱可見孫權對呂蒙不聽勸誡的不悅神情和責備的意味，但又說得語重心長、言辭懇切；尤其是從自己的切身體會來談，現身說法、神情激動，讀來讓人感動。

孫權是善勸的。他對呂蒙既嚴格要求又殷切期望，既責備呂蒙的不爭、無志又透出關懷愛護之心，不失人主身分。

(3)「卿今者才略，非復吳下阿蒙！」

呂蒙的變化判若兩人，使魯肅既吃驚又情不自禁地發出讚歎，為呂蒙的進步感到高興，驚異、讚許之態呼之欲出。魯肅是一個忠厚的長兄，這句話流露出他重視學問、善於欣賞他人、對年輕將領的親切讚美之情。

4. 三次態度現性格

(1)「蒙辭以軍中多務。」

用軍務繁重來推脫，這裡折射出呂蒙之前不讀書只尚武的性格和成長經歷。

(2)「蒙乃始就學。」

在孫權的教育和指點之後，呂蒙無可推辭並知錯能改，這是他實現自我轉變的重要一環。

(3)「士別三日，即更刮目相待，大兄何見事之晚乎！」

這是呂蒙對魯肅讚歎的巧妙接應。可以看出呂蒙為自己的進步深感自豪，充滿自信。我們彷彿能聽到他那坦誠豪爽的笑聲。

[小結]

呂蒙的三次態度的作用：

(1) 讓文氣有起伏；(2) 豐滿了人物形象；(3) 三次態度就是事件發展的三個階段，也是他成長的三個階段（拒學——就學——成學）；(4) 比襯出其他的人物形象。

5. 三個留白題詳略

要求：根據文字展開適當的聯想，揣摩作者這樣安排情節和詳略的意圖。

方法：說讀結合、討論交流。

［簡析］

(1)「蒙辭以軍中多務⋯⋯」

會以怎樣的說來「辭」？扣緊文意想像、表達。

(2)「蒙乃始就學⋯⋯」

為什麼不寫他如何勤學？

(3)「肅遂拜蒙母⋯⋯」

為什麼要交代這個環節？刪去了會怎樣？魯肅會對蒙母說些什麼呢？

前兩個留白是略寫，而最後一個則是擴充出來的。這樣安排有什麼好處嗎？

除了以上的「三」，還有一些「三」也不能忽視。如：

三個稱呼表親密

「卿」，是君對臣或朋友之間的愛稱。第一次出現是孫權稱呼呂蒙，表現出孫權對呂蒙真切的關心和殷切的期望，既鄭重又親切。第二次出現是魯肅「與蒙論議」後很吃驚地喊出的，表現出魯肅對呂蒙的認可、讚揚。

「大兄」，面對魯肅的吃驚和讚歎，呂蒙巧妙地接應「大兄何見事之晚乎」。對話中有同僚間的調侃趣味，更顯兩人志同道合的兄弟般的情誼。

三種語氣傳態度

人物語言，尤其是語言中流露出的語氣語調能夠揭示人物的心理、情感和性格。

(1)「孤豈欲卿治經為博士邪」中，「邪」表示反問語氣，相當於「嗎」。聯繫句意，隱隱可見孫權對呂蒙不聽勸誡的不悅神情和責備的意味。

(2)「但當涉獵，見往事耳」中，「耳」表示限止語氣，「罷了」。說得語重心長，言辭懇切，傳達出孫權對呂蒙的關心、愛護。

(3)「大兄何見事之晚乎」中,「乎」表示感嘆,可譯為「啊」。此句一出,呂蒙的自得、自豪以及「書中多閱歷,胸中有溝壑」的自信浮現在眼前。

四、誦讀

要求:讀熟、讀美。

能夠生動地讀出人物的語氣語調,透過朗讀表現出豐滿的人物形象;努力做到熟讀成誦。

方法:同桌配合演讀;全班配合演讀;全班背誦。

五、總結

1. 文言文學習的角度:累積詞彙。

2. 文學作品學習的角度:品析寫人記事的妙法。

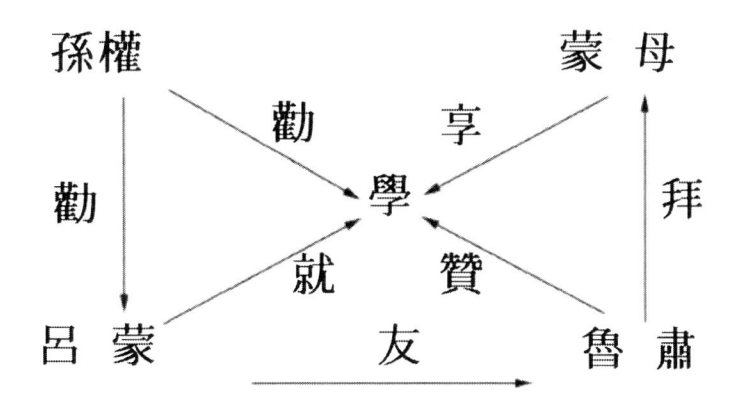

[板書]

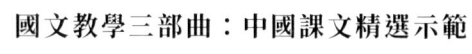

多角度品析 體驗角色——《我的叔叔于勒》教學設計

設計說明

　　小說是透過典型的人物形象、生動的故事情節以及典型的環境描寫來表現社會生活的一種文學樣式。教學小說，不僅僅是掌握小說本身，更重要的是要引導學生能藉助文本認識「那時」的社會，從而更好地建設「當下」的現實社會，這也是小說社會價值的表現。

　　《我的叔叔于勒》是一篇經典小說。小說在揭露和批判金錢第一的社會價值觀的同時，也表達了對社會底層小人物的關注與憐憫，更傳達了作為有責任感的作家的一份期望，即無論社會發展怎樣、人情世態如何，我們都不能失去做人的本性——善良。莫泊桑不是冷漠地揭示社會，而是帶著一顆火熱的心關注社會，這應該是作者設計以「我」這麼一個孩子為敘述者的目的和創作此小說的意圖：表現社會生活，改進社會生活。教學中，應該引導學生深入理解文本、理解作者。

　　教材的單元說明中指出：「欣賞這些作品，能從中得到人生的啟示和藝術的享受。」本設計從了解情節、認識人物、分析形象等基礎入手到賞析構思、體驗情感、理解作者，由淺而深、由表而裡、由故事而現實。整個教學中，以多種形式的「讀」貫穿始終，既關注學生的國文基礎知識、基本技能的累積，更注重學生人文素養的薰陶和培養，深入到文本的中心和作者的內心，唯有這樣，才能在學生的內心掀起情感波瀾，引導學生走好人生的道路。

教學目標

　　1. 理清曲折的故事情節，把握文章脈絡，了解人物的性格特點。

　　2. 學習透過多種描寫方式揭示人物心理、刻畫人物形象的寫法，欣賞文章的藝術手法。

　　3. 理解文章表現的主題思想，把握作者的創作目的。

教學方法

1. 誦讀法。

2. 討論法。

3. 賞析法。

教學過程

第一部分

教學要點：理清故事情節；認識並分析人物形象。

一、由己及人，新課導入

我們大家可能都有這樣的體驗，當全家人日裡想、夜裡盼的分別多日的親人突然出現在眼前時，一定是一件非常令人激動的事情！可是，當一個孩子與自己的親叔叔相遇卻不能相認時，那又會是怎樣的一種尷尬和矛盾啊！為什麼他們不能相認呢？讓我們聽聽莫泊桑給我們說的這個故事吧！

二、初讀課文，理清情節

（此環節意在使學生對文章有總體的了解，為後面的分析、討論做準備。）

學生速讀課文，勾畫情節要素，做好複述準備。

圍繞要求從不同角度、不同順序來述說情節。

(1) 從「我」的角度，按照原文的順序複述。

(2) 從「菲利普」的角度，按照心理變化的順序複述。

過渡：從以上情節可以看出，一家人的生活現狀和未來似乎都取決於于勒。于勒竟然能對全家的生活產生這麼大的影響，他到底是一個怎樣的人呢？

三、悟讀稱呼，點評于勒

（此環節為準確把握主要人物形象、逐漸揭示中心做鋪墊工作。）

1. 了解于勒的經歷。

文章寫了于勒的哪些事？

學生默讀課文，邊讀邊將文中與于勒直接有關的語句挑出來。

根據選出的語句，複述于勒的事情。

〔歸納〕

于勒是有著這樣經歷的人：年輕時浪蕩敗家、中年時闖蕩發達、老年時窮愁潦倒。

2. 悟讀對于勒的稱呼。

快讀課文，在文中找出對于勒的不同稱呼。

請學生概括人物是在怎樣的情況下使用這些稱呼的。分析：為什麼會有這麼豐富多變的稱呼？

對于勒的稱呼從情感和用詞上可以分為兩類：(1) 褒義的；(2) 貶義的。

〔歸納〕

對于勒的稱呼變化多次，用什麼稱呼取決於于勒是富有還是貧窮，取決於于勒能為他們帶來什麼。透過對于勒稱呼的變化，我們可以理解作者創作于勒這一形象的深刻目的：藉小人物來反映深層的社會問題，揭示親情在金錢、利益面前是那樣的微不足道、不堪一擊。在當時的社會裡，金錢能左右人們的社會關係、能操縱人與人之間的感情。

3. 點評于勒，理解于勒。

請根據你對于勒的了解，給于勒一個相對公平的評判。對于勒說幾句真心話。

過渡：為什麼菲利普夫婦一會兒說于勒是好人，一會兒又說他是壞蛋，他們具有怎樣的心理和性格特徵呢？下面結合具體的文段來認識這兩個人物形象。

四、演讀課文，精彩評「說」

（人物說話時的不同情態，常常折射出人物不同的心理和性格特徵。此環節意在引導學生透過點評不同的「說」，把握主要人物菲利普夫婦的形象及其典型意義。）

重點閱讀，要求學生分角色朗讀，讀出人物特定情態下的語氣、心理。

人物在「說」前都有修飾語，表現其特定的神態、語氣。請學生找出相關語句，分析人物心理，進而把握說話者的性格特點和形象特徵。

評「說」時可以用這樣的句式。

「某人是這樣說的：……（讀相關語句），當時他可能是這樣想的：……（揣摩人物心理），從這裡，可以看出他是一個……的人（把握人物形象）。」（訓練學生用嚴謹、規範的語言來表達自己的觀點。）

透過列舉語句、揣摩人物心理，逐句分析、討論，最後歸納菲利普夫婦的形象特徵。

菲利普是典型的小市民形象，他虛榮、勢利、自私、冷酷，有著一副可憐又可鄙的拜金相，而菲利普太太除了有和丈夫一樣的小市民階層的性格共性外，還精細、刻薄、潑辣。在他們眼裡，錢大於情。這是他們對待同一個于勒而用不同的稱呼的主觀原因。客觀原因呢？客觀原因是：他們窮！但是，窮，能怪他們嗎？

五、課堂小結

這節課，我們透過朗讀、評析與討論相結合，梳理了情節，認識了窮苦的菲利普一家。他們的性情確實不討人喜歡，甚至讓人討厭。難道真的是人窮志短嗎？他們窮，但這不是他們的罪過。窮，大的方面看，是社會造成的；

小的方面看，則是于勒以前侵吞了他們財產造成的。他們的生活是當時社會上無數的最底層的小人物生活境況的代表，所以，對菲利普夫婦，不能一味地鄙視和憎惡他們。老師覺得他們又可憐又可恨，你的感覺呢？你能否依據課文裡的相關資訊得出你對他們的看法呢？

第二部分

教學要點：欣賞作品的藝術美；理解作者的創作意圖和人文情懷。

一、教學導入

上節課，我們熟悉了故事情節，主要認識了三個人物，他們給我們留下了似曾相識的印象。讀這篇小說，我們像是看了一場家庭情景劇。在富有表現力的語言的支撐下，故事情節一波三折，人物形象豐富生動，景物渲染恰到好處。這與作者的獨特寫作技巧是分不開的。這節課就讓我們來尋找並欣賞這篇世界著名短篇小說的精美之處。

二、細讀課文，欣賞優點

（此環節意在引導學生學會賞析語言、精心布局，為自己的習作做累積。）

［資料連結］

「當我們剛剛開始讀這篇作品時，它那平凡的故事和質樸的語言，並無『一鳴驚人』之效，反有『平庸無奇』之感。然而，隨著人物的活動和情節的展開，讀者從平凡中看出了神奇，從質樸裡窺見了光華，心不由己地跟隨著作家去嘲諷，去鄙夷，去同情，去憐憫。直至小說戛然而止，讀者仍在感受人物的喜怒哀樂，仍在品嘗其中的酸甜苦辣。這不由人不思忖：小說的這種魅力到底從何而來？如果我們對這篇作品作一番細緻的揣摩和推敲，便可發現其中的奧祕。」（盧昆）

要求：細讀課文，從語言、情節、形象、景物四個方面來欣賞並體會作者獨特的匠心。

分工合作，每一組探究一個方面。然後全班交流。

(1) 語言生動優點。

　　A. 用詞獨具匠心（例句略）

　　B. 詼諧諷刺的效果（例句略）

［歸納］

　　作者不動聲色地、用看似平淡的語言來表達豐富深刻的韻味，將人物形象進一步凸顯，也含蓄而委婉地表達了作者嘲諷的態度。

(2) 情節設計優點。

　　（情節的波瀾起伏，離不開相關要素的設計和安排。）

　　學生先自己尋找，然後參加小組討論，發言時用這樣的句式：「故事裡如果沒有……就會……」引導學生理解情節設計的精妙。

　　老師可以對信、船長、換船、「我」對情節的作用做適當點撥。

［歸納］

　　線索要素的安排，可以使文章產生懸念，增強情節的跌宕起伏，一定程度上深化中心。

(3) 人物形象優點。

　　文章透過豐富而生動的語言、動作、神態、心理等描寫，塑造了典型的人物形象——菲利普夫婦，尤其是船上遇于勒以後的文段，很有鏡頭感。

　　請學生找出描寫主要人物的語句，咀嚼回味該語句的魅力。

［歸納］

　　鏡頭式地呈現人物，對人物進行精描細畫，使人物真實地生活在讀者生活的當下，形象更加可感。

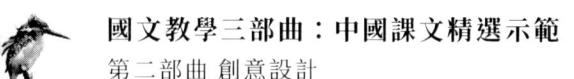

(4) 景物渲染優點。

引導學生用賞析語句的方式來體會這一優點。

主要分析、理解兩次寫海面的作用。

[歸納]

小說中的環境描寫通常造成交代故事背景、渲染氣氛、襯托心情、推動情節的作用。兩處寫海面，既與故事情節合拍又巧妙地襯託了人物的心情。

過渡：我們了解了故事情節，也充分討論和欣賞了作者的高超的創作技術。故事就要結束了。當確認了眼前賣牡蠣的就是于勒時，大家都不說話了。此時無聲勝有聲，其實每個人心裡都是有波瀾的。他們各自會想什麼呢？

三、默讀「心理」，體驗角色

（此環節藉助對文本進一步的理解，引導學生學會關愛他人，做有善心的人。）

1. 揣測人物心理，進一步體會人物形象。

根據內容，「後來大家都不再說話」，試揣測人物會想些什麼，並說出依據。（要順著文脈，要符合人物性格。）學生先思考，後交流。

2. 引導學生認真研讀，分析並理解若瑟夫的言行。

3. 體驗角色：如果你是若瑟夫，你願意帶于勒回家嗎？為什麼？

（學生在這一環節的討論中進一步理解人物形象，同時也是在做一次心靈的選擇題。）

學生討論交流。

老師需要強調的是：願不願意帶回家和能不能成功帶回家，是兩個概念。我們要做一個有善心的人。

過渡：你知道作者的希望是怎樣的嗎？他僅僅是揭示一個關於窮人的社會現象嗎？作家是透過他的作品來表達他對這個社會現實的關注和對未來的期待，那麼，藉這部作品，作者的期待在哪裡？有沒有在文中表現呢？

四、理解作者，感受情懷

思考並討論：作者為什麼不用第三人稱而用第一人稱來敘述故事？

（此環節意在理解作者的精心設計和深厚的人文情懷。）

一般說來，第一人稱可以給人以真實感，也更便於抒情、議論。本篇小說用第一人稱除了有這樣的基本作用以外，更主要的是在「我」身上寄託了作者的願望，這是莫泊桑深厚的人文情懷的表現。

讀懂作品，首先要理解作者。我們先了解作者莫泊桑的一些情況。

[資料連結]

莫泊桑的生平及創作經歷。

過渡：當我們讀這部小說時，就好像我們在聽作者莫泊桑對我們敘說他自己家的故事，這樣的效果源於他採用了第一人稱。我們來理解一下作者用第一人稱的目的。

若瑟夫，是故事的敘述者，更是一個用自己的眼睛、自己的心靈記錄並感受成人世界真實面目的人。從題目「我的叔叔于勒」我們讀到的是親切、親近；從「這是我的叔叔，父親的弟弟，我的親叔叔」一句，我們讀到的是他對于勒的深切同情、對親情的強烈呼喚，這與冷漠、唯利是圖的菲利普夫婦形成強烈的對比。兒童對人的評價與成人的利益為先的評價標準產生了碰撞，只有在碰撞中才會有進一步的選擇和取捨。在全家甚至全社會都以金錢作為衡量人與人之間關係標準的時候，「我」擁有真誠的憐憫心和正義感，這應該是作者特別的用心。作者藉「我」的眼睛展現了「父母」在生活中、情感上、靈魂裡都處於窮困境況的現實，更藉「我」的心理表達並希望要反思我們的生活、反思我們的情感、反思我們的靈魂，不要失去做人最基本的真誠、愛心和同情心。

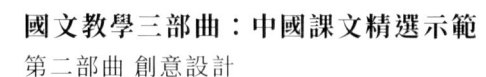

只有認識到作者的真正用心，才能真正讀好、讀懂這篇小說。

五、收束全文，回味精美

1. 回味故事的精美。

概括文章情節設計的巧合及其中表現出的作者的高超的創作技術。

2. 享受真情的美好。

引導學生要擁有真情和善良，呵護親情、享受親情！

六、安排作業

課外閱讀莫泊桑的其他小說，體會其小說的藝術特色。用點評法完成一篇讀書筆記。

領悟情感　賞析手法——《荷葉母親》教學設計

設計說明

這是一篇藉景寫人，托荷讚母的精美散文。文章從自家院子裡的蓮花寫起，重點寫雨中的蓮花，描寫雨打紅蓮、荷葉護蓮的情景。此情此景，觸動了作者，連荷葉都會自覺地保護荷花，何況母親愛護自己的子女。於是產生了聯想，藉此景抒發自己對母親保護兒女成長的感情，歌頌在細小情境中表現出母愛的偉大。結尾處簡單幾筆點明了主旨，深化了中心。在我們風風雨雨、坎坷磨難的生命中總會有一張為我們遮蔽風雨的荷葉——母親。

文章精美短小，語言質樸，情景交融。文中呈現了作者的情緒變化，從「煩悶」到「仍是不適意」，再由「不適意」到「不敢下階去，也無法可想」到「坐在母親旁邊」後的「不寧的心緒散盡了」，觸景生情，最後「深深地受了感動」。這一條清晰的情緒線索是和雨中的紅蓮的情態緊密相關的。

這篇文章雖然短小，卻運用了多種寫作手法。從文學素養累積的角度看，教學中可以展開對文章藝術手法的賞析。如以物喻人、情景交融、開門見山、

卒章顯旨、巧妙的穿插、精彩的襯映、形象的比喻、抒情的呼告、虛實相結合、雙線共推進等等，都可以引導學生結合具體的語段語句來賞析。

教學中要透過深入解讀文本，引導學生關注文章內在的描寫內容和情感脈絡，體會雙線推進的妙處。本文的手法非常豐富，教學中引導學生結合具體的內容進行文學欣賞，充分發揮教材的價值的同時，讓學生有厚實的文學累積。

教學目標

1. 有感情地朗讀課文，體會作者情緒的變化。
2. 多角度賞析文章豐富的藝術手法。
3. 體會作者對母愛的讚頌，領悟母愛的偉大。

教學重點

多角度賞析文章豐富的藝術手法。

教學過程

一、作者介紹

前一篇文章是印度文學家泰戈爾的《金色花》。徐志摩在他的《泰戈爾來華》中說：而唯獨冰心最得泰戈爾思想和藝術的精髓，成了「最有名神形畢肖之泰戈爾的私塾弟子」。

冰心（1900年～1999年），福建人，原名謝婉瑩，現代著名女作家。歌頌母愛、歌頌自然、歌頌童心是冰心作品的思想內核。主要作品有：小說《兩個家庭》、《斯人獨憔悴》、《超人》；散文集《往事》；詩集《繁星》、《春水》；兒童文學作品《寄小讀者》。她的詩以抒寫純真的童心和聖潔的母愛為主，影響很大。「永遠的愛心」融入她近八十年的文學創作，洋溢在她七百萬字，作品的字裡行間。

國文教學三部曲：中國課文精選示範

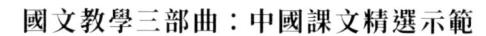

第二部曲 創意設計

[關於《繁星》、《春水》]

在沒有看到《飛鳥集》之前，冰心初期的詩作只是平時隨便記下的「隨時隨地的感想和回憶」。後來受到《飛鳥集》的影響，她覺得自己那些三言兩語的小雜感裡也有著詩的因子，這才整理起來，而成為兩本小詩集，這就是《繁星》和《春水》。

二、研讀課文

(1) 聽讀。

老師示範朗讀，學生聽讀。

學生交流聽讀中蓮花給自己的印象。

(2) 細讀。

劃出文中寫蓮的語句，驗證、豐富自己聽讀時的印象。

說說文中所描寫的每一次紅蓮的不同情態。

體會作者看到紅蓮不同情態時的不同心情。

(3) 悟讀。

結合具體語句，品味作者見到荷葉護蓮的情景時的情感。

品析「慢慢傾側下來」、「正覆蓋在」的意味。

想像文中所描繪的雨打荷、荷護蓮的情景，品析語言，體會這個情景帶給作者的感動和對母愛的聯想。

「雨勢並沒有減退，紅蓮卻不搖動了。雨點不住地打著，只能在那勇敢慈憐的荷葉上面，聚了些流轉無力的水珠。」荷葉本身是脆弱的，但是在保護紅蓮的時候，顯示出了勇敢，正如母親的身體是柔弱的，但是當她要保護自己的孩子時，會顯示出巨大的勇氣和力量。「雨點不住的打著」，說明雨勢很強，但是在荷葉的遮擋下，這個暴雨卻成了「流轉無力的水珠」，可見，

荷葉的護蓮力量之大。由此想到，雨點就如那困難、挫折、磨難、煩惱等，這便是末段中的「心中的雨點」，生命有很多不幸，但是母愛，能將這些輕輕抹去！母愛的偉大，在於她可以戰勝暴雨。

與末段有同樣意旨的，在《繁星》裡還有多篇，如：

「母親啊！天上的風雨來了，鳥兒躲進牠的巢裡；心中的風雨來了，我只好躲進你的懷裡。」

「母親啊！請頓時撇開你的憂愁，容我沉酣在你的懷裡，只有你是我靈魂的安頓。」

［穿插］

冰心是一個細緻敏感的人，因為心中有愛，一沙一世界，一花一天堂，所有自然界的景物都能觸發她心裡最真摯的情感。冰心幼時身體孱弱多病，幸有母親細心照顧，才得以存活。冰心成為作家後，每寫完一篇文字，總是先捧到母親面前。母親是她最忠實、最熱誠的批評者。冰心感謝母親，母親去世後，她寫了很多紀念慈母的文章，這一篇《荷葉母親》是以物喻人，而冰心的作品更多是直接的情感流露。

三、賞析手法

以「我發現了文章中的……美」為話題，多角度賞析文章的優點。

文章至少有以下這樣的一些優點可以讓學生品味、賞析和累積：

以物喻人，情景交融，開門見山，卒章顯旨，巧妙的穿插，精彩的襯映，形象的比喻，抒情的呼告，虛實相結合，雙線共推進……

［老師示例］

如：卒章顯旨。

課文的末段以深情的呼告，直抒胸臆。自然界的雨點是可見的、有形的，而「心中的雨點」卻是無形的、廣泛的，人生的風雨從來就沒有間斷過，只

是在我們最累、最痛、最需要的時候，母親永遠以一個最溫暖的姿態迎接我們，為我們指點迷津，庇護我們一路走好。整篇文章歌頌母愛的主旨在最後揭示出來。

再如：精彩的襯映。

文中多處有襯映手法的精妙使用。

白蓮「已經謝了，白瓣兒小船般散飄在水面」對盛開著的「亭亭地在綠葉中間立著」的紅蓮的襯映；雨「愈下愈大」、「繁密的雨點」對被「打得左右欹斜」的紅蓮的襯映；被「打得左右欹斜」的紅蓮對「不敢下階去，也無法可想」的「我」的襯映；「雨勢並不減退」對「卻不搖動了」的紅蓮的襯映；「流轉無力的水珠」對「勇敢慈憐的荷葉」的襯映。

四、課堂小結

學會利用文本培養自己的文學賞析能力。

品味詩意　理解情懷——《茅屋為秋風所破歌》教學設計

設計說明

「詩史」，是杜甫作品的最鮮明特徵。「詩聖」，是杜甫最為崇高的情懷。這首《茅屋為秋風所破歌》真實地記錄了杜甫在安史之亂時期的生活，抒發了希望能有「廣廈千萬間，大庇天下寒士俱歡顏」的美好願想。這是一首敘事詩，是一首極好地表現了「起承轉合」行文特點的作品。如何將詩歌中所敘之事概括清楚明白，不能離開詩作本身。所以，從訓練學生能力的角度看，需要引導學生選用和提煉詩歌中的詞語來概說詩歌內容，了解詩意。對杜甫「詩聖」情懷的理解，必須要透過揣摩、品味詩中的詞語來感受。這樣的感受，可以透過兩種方式和渠道：品析闡釋，深情誦讀。為了讓學生更好地進行品讀活動，老師可以提供品析的示例；更需要對學生進行高品質誦讀的指導。能夠有合適的、表現力的誦讀為前提，理解詩人的情懷就是水到渠成的事情。

整個教學，以品析為訓練學生分析闡釋能力的方式，而以朗誦閱讀為教學線索推進教學前行和深入。

教學目標

1. 了解此敘事詩的內容，背誦詩歌。

2. 學會抓住有表現力的詞品味詩意。

3. 體會作者飽覽民生疾苦、體察人間冷暖的濟世情懷。

教學重點

1. 品味詩意。

2. 理解情懷。

教學方法

朗讀法、品讀法。

教學過程

一、熱身活動

1. 導入。

由學過的杜甫的詩歌引入，如《石壕吏》：「吏呼一何怒，婦啼一何苦」；《春望》：「國破山河在，城春草木深」。他的詩因能反映那個時代的社會生活，而被稱為「詩史」。（板書）

2. 破題。

解題：「為……所」、「歌」；題意（敘事內容）。

這是一首敘事詩。學習敘事詩就抓兩點：「敘事」與「詩」。敘事，了解事情的有關背景、經過、結局。詩，以情動人，要理解作者的情感。敘事詩，在敘事過程中抒發自己的情感。敘事為載體，抒情為目的。（板書：敘事詩）

國文教學三部曲：中國課文精選示範
第二部曲 創意設計

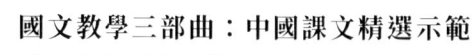

[背景介紹]

　　公元760年，杜甫結束了十年客居長安、四年顛沛戰亂的生活來到成都。在朋友的資助下，在成都的郊區浣花溪旁蓋起了草房，全家總算安定了下來。此時北方的安史之亂還沒平定，在這遠離戰火的後方，可以寧靜地生活多麼讓人欣慰。可是，第二年秋天，辛辛苦苦蓋起的草房卻被秋風所破，詩人感慨萬千，寫下了這首著名的詩篇。

3. 熱身活動。

　　齊讀全詩。（強調字音）

　　了解詩意：同桌一人一句地說說詩意。（老師巡視）提出不懂的字詞，師生共同解決。

二、文本學習

　　（一）走進詩人生活。（敘事）

1. 用自己的話簡要說說詩歌內容。

　　在概括中我們可以發現，全詩的表達是有梯度的：第一至三節，敘事；第四節，抒情。

2. 用詩中短語高度概括詩歌內容。

　　學生充分發言，討論後用以下短語概括詩歌內容：

　　風捲茅飛，倚杖嘆息，長夜（屋漏）少眠，廣廈萬千。

[過渡]

　　在那樣的時期，連杜甫這樣的詩人都顛沛流離、不得安寧，連一個安身之所都沒有，內心是多麼痛苦、憂鬱。可以說，苦痛、憂慮無處不在。你能從詩中找出表現詩人苦痛、憂慮的細節嗎？憂慮從何而來？憂慮深發何處？讀詩歌，品細節。

3. 品析詩意。

要求:結合詩中的具體句子、詞語品析。(可以每一小組承擔一段的品析)

「從……這一句中,我讀出了(看到了)……」

「……句中的……這個詞,寫出了(表現了)……」

(1)「八月秋高風怒號」中的「風怒號」,這一個「怒」字,生動地寫出了風勢之大,之猛,之疾;「卷」字,把風的力量和勢不可擋生動地表現出來,同時也表現了這場秋風所帶來的傷害之重。

(2)「俄頃風定雲墨色,秋天漠漠向昏黑」,「俄頃」、「雲墨色」寫出了雨勢很急,一會兒工夫烏雲就黑壓壓地下來了,「向昏黑」,渲染出陰沉黑暗的雨前景象,也烘托出詩人淒惻愁慘的心境。

[品析]

(1) 見證「風號茅飛」。

怒風飛捲茅草,「飛」、「灑」、「掛罥」、「飄轉」、「沉」等動詞細緻地寫出了風捲茅草的情狀。茅草翻飛的三種結局:「灑江郊」,掛「林梢」,「沉塘坳」。細細分析,茅草掛上高樹之巔,收回無望;茅草下墜入深窪池塘,飄轉水面,也收回無望。墜落在溪畔郊野的茅草,似乎還有希望收回,可是「南村群童」卻「公然抱茅入竹去」。我們可以體會到,面對秋風破壞茅屋,詩人那份焦灼、苦痛的心情。

(2) 聆聽「倚杖嘆息」。

聽到了聲聲嘆息:

一嘆,風捲茅飛;

二嘆,群童抱茅;

三嘆,連呼不得;

四嘆,體衰困窘;

國文教學三部曲：中國課文精選示範
第二部曲 創意設計

……

「倚杖自嘆息」不僅可以想像出詩人氣喘吁吁的情形，也可窺視到詩人悲嘆群童抱草，屋破難修的無可奈何的心情。這一段寫兒童由心理到行動，寫自己又從行動到心理，寥寥數語，使人物形象形神俱備。

(3) 感受「長夜少眠」。（此段重點解讀）

長夜少眠的原因：直接原因，雨腳如麻；根本原因，喪亂。

「雲墨色」、「向昏黑」，渲染出陰沉黑暗的雨前景象，也烘托出詩人淒惻愁慘的心境。

「布衾多年冷似鐵，嬌兒惡臥踏裡裂。」、「多年」，說明了布衾是與杜甫一起飽經憂患的「難友」。「冷似鐵」三個字，寫出多年使用的布衾實在破舊、難以取暖。窮詩人杜甫，只有這樣的布衾！「冷似鐵」是現實的感受，「多年」卻又道出了他與布衾撇不下的情感。孩子為了向鐵一般冷的布衾索取溫暖，把兩隻腳伸入被裡的裂縫亂蹬。寒涼的不僅是天氣，還有作者只能給孩子提供的沒有溫飽的生活，更有作者的那個悲苦的內心。

「屋漏無乾處」，寫大雨給詩人全家造成的災難。連一點乾燥的地方都沒有，還怎麼安然入睡呢？在那個夜晚，「兩腳如麻」，更是心亂如麻啊！作者所能做的也許只有等到天明，祈禱風停雨住了。詩人徹夜難眠，浮想聯翩，由眼前聯想到喪亂以來，由風雨飄搖的茅屋聯想到國家和人民，為下文作好鋪墊。

[總結]

現實的悲苦、殘酷，令人心痛，如何才能改變現實，首先要心存美好的嚮往。那是一份怎樣的心願呢？

（二）理解詩人情懷。（抒情）

1. 深情朗讀。

要讀出前三句美好的願望和博大的胸懷，以及後三句的深沉感慨和無怨無悔。

2. 透過學習本詩，加深對杜甫的認識和理解。

詩人在屋破漏雨的困苦情境中，由己及人、由近及遠、由小及大，一想到飽經喪亂、顛沛流離的「天下寒士」，在此風雨如磐的困苦中煎熬，他便泯滅了「小我」，為天下受苦受難的人們振臂高呼。「廣廈千萬間」、「大庇天下俱歡顏」、「風雨不動安如山」何等粗獷有力的筆鋒，何等壯闊深遠的形象，何等鏗鏘雄壯的聲音。三句蟬聯而下，形成奔騰洶湧的氣勢，恰切地表現了詩人奔放的激情和殷切的渴望以及博大的胸懷。詩人至此意猶未盡，又於迴環往復中遞進一層，把由己及人昇華到捨己救人：「嗚呼！何時眼前突兀見此屋，吾廬獨破受凍死亦足！」多麼深切的期望！它把詩人捨己為人，至死無悔的高尚情懷表現得淋漓盡致。這是全詩主旨所在，也是最動人，感召力最強之處。

三、課堂總結

「詩聖情懷」：

世上瘡痍，詩中聖哲；民間疾苦，筆底波瀾。

草堂留後世，詩聖著千秋。

激情朗讀末段或試背全詩。

全班按照解讀時的安排，各小組分別背誦。然後一齊背誦全詩。

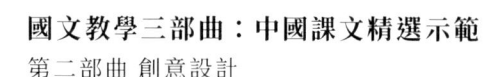

以贊證傳　深讀「五柳」——《五柳先生傳》教學設計

設計說明

　　陶淵明是獨特的。東晉末年，社會黑暗、風氣汙濁，許多人不擇手段，追名逐利，社會上充斥著虛偽與欺詐。陶淵明做過幾任小官，因對統治階級不滿，不願與黑暗現實同流合汙，辭去官職，躬耕僻野，過著簡樸的生活。陶淵明的一生主要是在田園中度過的，同時代的人稱他為「幽居者」。他把田園看作是與腐朽現實對立的一片淨土，在這裡帶著濃厚的浪漫主義情調怡然自得地生活。

　　陶淵明是可敬的。陶淵明的可貴之處就在於守志安貧，不與世俗同流合汙。《五柳先生傳》是陶淵明託言為五柳先生寫的傳記，所寫內容，都可以從史傳和本集有關作者的記事中得到印證。在一定意義上，可以說《五柳先生傳》就是作者的自畫像。文章從思想性格、愛好、生活狀況等方面塑造了一位獨立於世俗之外、具有高風亮節的隱士形象。它著重刻畫出一種人物精神：作者理想的、衷心傾慕的、在詩文作品中竭力表現的精神，也是作者千百年來給人印象最深、影響最大的精神，我們甚至可以把它稱為「陶淵明精神」。

　　陶淵明是可愛的。《五柳先生傳》雖是自況，卻不等於全面紀實，而是創作。它不拘人物之跡而傳人物之神。對於陶淵明來說，雖然並不符合全部實跡，卻比任何史傳的記載更能表現出陶淵明的風貌。尤其可愛的是，文章多用否定句。錢鍾書先生說：「『不』字為一篇眼目。」正是因為世人有種種追名逐利、矯揉造作之事，作者言「不」，突出了自己與世俗的格格不入，突出了他對高潔志趣和人格的堅持，不僅讓讀者對他的與眾不同擊節嘆賞，也使文章筆墨精粹而筆調詼諧，讀來生動活潑、引人入勝。

　　如果我們把《五柳先生傳》中五柳先生的形象予以概括，那麼也就是「不戚戚於貧賤，不汲汲於富貴」、「銜觴賦詩，以樂其志」。「贊」中這幾句

話成為畫龍點睛之筆，把五柳先生的精神闡發得更為明晰，揚己傲世之意盡在贊語中。

基於對文本及陶淵明的認識，設計時可以做如下考慮。

傳記作品如何教學？確實沒有定數。照一般的思路，大概是了解傳記作品裡介紹的人物事跡，即「傳」本身的內容，再感受人物的精神品質，還可以分析一下作者是如何寫出人物的特點的，即從寫法上來分析文本。

《五柳先生傳》，作為國中教材傳記作品中的一篇，有以下特點：第一，是文言文；第二，是以第三人稱寫的自傳；第三，它有一個獨特的內容——贊。這幾個特點就規定了教學中要做相應的特殊處理。

常見的教法，是逐段講解，按照一般文言文的教學方法進行必要的朗讀、翻譯、講析。傳記教學僵硬化，缺乏傳記的味道，是普遍的事實。可以說，從課堂上看不出老師對傳記文本的獨創理解和深度加工，自然就看不到充滿個性的創意設計。

利用這篇傳記的結構，我們可以做一個靈動的改變——印證法，把兩段的內容打通，讓「傳」與「贊」有機地融合在一起，用以「贊」證「傳」的方式品讀傳記，而不是機械地翻譯、解讀課文。學生會因要完成印證這一任務而在文本裡進進出出，忙得不亦樂乎。

以「贊」為鑰匙打開「傳」，將傳記作品教得靈動，讓學生學得生動，這是本設計的創意與追求。

教學目標

1. 累積文言詞語，掌握重點詞（許、輒、觴、汲汲、戚戚等）的含義和用法。

2. 用以「贊」證「傳」的方式，了解傳文內容，體會「贊」的作用。

3. 體會本文獨特的寫人方法，感受五柳先生的獨特形象。

教學重點

國文教學三部曲：中國課文精選示範

第二部曲 創意設計

用以「贊」證「傳」的方式，了解傳文內容，體會「贊」的作用。

教學挑戰

體會本文獨特的寫人方法，感受五柳先生的獨特形象。

教學方法

1. 誦讀法。

2. 討論法。

教學過程

一、朗讀

1. 自由朗讀課文。

要求：讀準音、讀通順、讀流暢。

2. 齊讀課文。

老師強調重點字音。

（本文語句精短，斷句、節奏不是朗讀的主要問題。初讀課文關鍵是讀準字音。）

嗜（ㄕˋ）　輒（ㄓㄜˊ）　吝（ㄌㄧㄣˋ）　汲（ㄐㄧˊ）

儔（ㄔㄡˊ）　觴（ㄕㄤ）　簞（ㄉㄢ）　黔（ㄑㄧㄢˊ）

3. 自由譯讀課文。

同桌或全班交流困難字詞。

下列詞（短語）要加以關注：

何許　不詳　以　不求甚解　會意　或　親舊　造飲輒盡　吝情

環堵蕭然　簞瓢屢空　晏如　贊　戚戚　汲汲　儔　觴

二、解讀

（一）文體知識鋪墊。

看文章結構，了解文章的形式特點：傳＋贊。

1. 介紹「傳記」。

傳記，記述人物生平事跡的一種重要文體，包括人物傳記、自傳、評傳幾種。

自傳，傳記文的一種，是敘述作者自己生平經歷的文章，是一種以第一人稱敘述的人物傳記。一般來說，自傳要介紹自己的姓名（字號）、籍貫、年齡、性格愛好、個人成長及思想發展等等。

有人說，《五柳先生傳》是陶淵明寫的自傳。但是作者並沒有按照一般自傳的手法來寫，而是獨樹一幟的。

2. 介紹「贊」。

贊，是傳記的一種體式，綴於傳文之末。

《文心雕龍》說：「贊者，明也，助也。」傳文中記事有未完備之處，在「贊」中補足，即所謂「助」之義；傳文中褒貶之義沒有說盡，在「贊」中講透，即所謂「明」之義。贊，不是讚美，是對傳文的記事和褒貶做進一步的補充和闡發。本文利用這一體式，進一步揭示五柳先生的精神和展拓文章的境界。

（二）解讀「贊」語。

(1) 解讀「不戚戚於貧賤，不汲汲於富貴」。

請用第一段中具體的語句來證明：五柳先生是「不戚戚於貧賤，不汲汲於富貴」的人。

學生討論，明確。

國文教學三部曲：中國課文精選示範
第二部曲 創意設計

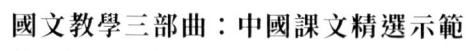

〔有關語句〕

「不慕榮利」、「家貧不能常得」、「環堵蕭然，不蔽風日」、「短褐穿結，簞瓢屢空」、「忘懷得失」。

〔具體分析〕

「不慕榮利」直接揭示人物品質，「忘懷得失」也是照應了「不慕榮利」，因為不看重功名利祿，所以才不在意自己的人生得失；「環堵蕭然，不蔽風日；短褐穿結，簞瓢屢空」，不僅寫出了他的窮困潦倒，而且含蓄地以古賢顏回自比，表達了追求高尚的道德情操，以及安貧樂道的思想。

(2) 體會用典故的目的（「黔婁之妻有言」）。

老師補充介紹黔婁的故事。

黔婁是春秋末期的名人隱士，他病故後，孔子的弟子曾子去弔喪，看到黔婁停屍在破窗之下，身著舊絺袍，墊著爛草蓆，蓋的短衾竟不能蔽體，不禁為之心酸，就提議說：「把布斜過來蓋，就可以蓋住黔婁先生全身了。」黔婁妻說：「斜之有餘，不若正之不足。先生生而不斜，死而斜之，這會違背先生的生前意願的。」曾子問黔婁妻：「先生之終，何以為謚？」黔婁妻說：「以康為謚。」曾子大惑不解，問：「先生在時，食不充飢，衣不遮體，死則手足不能覆蓋，棺旁也沒祭祀酒肉，生不得其美，死不得其深，何樂於此而謚為康乎！」黔婁妻回答說：「先生生前，魯國國君要任他為國相，但他辭而不為……齊國君主也屢次要予以報酬，他都辭而不受……他願與天地人間共甘苦，寧願做平民百姓；他不戚戚於貧賤，不汲汲於富貴，這些全是為了仁義。用『康』做謚，誰又能說不合適呢？」曾參聽罷，受到極大的感動，連呼：「唯斯人也，而有斯婦！」

「安貧守賤者，自古有黔婁。」（陶淵明《詠貧士》）

作者借用著名隱士黔婁的典故來比說無名的五柳先生，委婉含蓄地表達了對五柳先生人品的肯定與讚美。

(2) 找出並理解與「贊」中「銜觴賦詩，以樂其志」相照應的語句。

學生討論，明確。

與「贊」中「銜觴賦詩，以樂其志」相照應的語句：

「好讀書，不求甚解；每有會意，便欣然忘食。」、「性嗜酒，家貧不能常得。親舊知其如此，或置酒而招之；造飲輒盡，期在必醉。既醉而退，曾不吝情去留。」、「常著文章自娛，頗示己志。」

[具體分析]

說說「以樂其志」的「樂」在文中的表現。

學生討論、交流，明確。

「樂」的表現有：「好讀書」、「欣然」、「嗜」、「晏如也」、「自娛」。

本文可謂是「自娛，頗示己志」之文。這種快樂的情緒融於整篇文章中。

五柳先生喜歡讀書，讀到與書中有心靈共鳴之處、精神有相通之處便很高興地忘了吃飯，真是廢寢忘食了。他不是一般地喜歡喝酒，而是「嗜」酒，陶淵明在多篇詩文中都提到喝酒之事。家裡窮困不堪，有一餐沒一餐的，可是他「晏如也」，安然自若，一點悲戚之情都沒有，從不為生活窘迫困擾。寫文章也不是為了一官半職、溜鬚拍馬，而是「自娛」，吟詩作文，意在示志娛情。通篇不見哀嘆、悲楚，對自己的那份肯定、讚許成了文字間的主旋律。

說說「以樂其志」的「志」在文中的表現。

學生討論、交流，明確。

五柳先生的「志」在：「不慕榮利」、「好讀書，不求甚解」、「期在必醉」、「常著文章自娛，頗示己志」、「忘懷得失」。

從這些短語中，我們可以看到，五柳先生的「志」概括起來包括四個方面：讀書適意，醉酒陶情，安貧樂道，著文娛志。有這些「志」的人是一個堅守節操、不隨流俗之「高人」、「雅士」。

「何以稱我情，濁酒且自陶。」（陶淵明《己酉歲九月九日》）

[小結]

「銜觴賦詩，以樂其志」這一句，再一次總結了五柳先生簡單而又超然的生活內容，更進一步地表明他的志趣和樂在其中的心態。從「贊」的角度看，這是對前面的傳文做進一步的補充。

(3) 體會末句的作用：「無懷氏之民歟？葛天氏之民歟？」

贊中繼續用典故，說五柳先生是上古帝王時代的民眾。那個時代，人民生活安樂，社會風氣淳厚樸實。此句有影射五柳先生生活的時代社會黑暗之意。言外之意是五柳先生喜歡這樣的安然、恬淡、舒適的生活，也側面表現出與當時社會的格格不入。這是利用「贊」做的進一步的闡發，更加豐富了人物形象。

「常言五六月中，北窗下臥，遇涼風暫至，自謂是羲皇上人。」（陶淵明《與子儼等疏》）

討論：結合所學過的陶淵明的作品來談談他為什麼有這樣的心懷。

《桃花源記》中的相關語句。

「屋舍儼然，有良田美池桑竹之屬」、「阡陌交通，雞犬相聞」、「黃髮垂髫，並怡然自樂」：表現了桃花源中人們安居樂業、恬淡自足的幸福生活。這是陶淵明的理想社會，與當時汙濁黑暗的社會形成鮮明的對比，他希望能生活在這樣的美好境界中。

《歸園田居》中的「但使願無違」中的「願」。

「願」：回歸本我，恢復真我，熱愛田園生活，寄情大自然的這麼一份樸實又超然的願望。

[過渡]

這種與社會的格格不入透過他獨特的表達，含在字裡行間的一種自樂的情緒表現得淋漓盡致。

三、比讀

作為傳記，本文具有獨特的表達：為了表現五柳先生的特點，作者不是正面歌頌，而是多用含「不」字的句子，將五柳先生的獨特個性呈現出來。

討論：比較兩種表達效果，體會作者反彈琵琶的用意，進一步理解人物形象。

[原文]

先生不知何許人也，亦不詳其姓字，宅邊有五柳樹，因以為號焉。閒靜少言，不慕榮利。好讀書，不求甚解；每有會意，便欣然忘食。性嗜酒，家貧不能常得。親舊知其如此，或置酒而招之；造飲輒盡，期在必醉。既醉而退，曾不吝情去留。環堵蕭然，不蔽風日；短褐穿結，簞瓢屢空，晏如也。常著文章自娛，頗示己志。忘懷得失，以此自終。

刪去「不」字句的文段：

宅邊有五柳樹，因以為號焉。閒靜少言。好讀書，每有會意，便欣然忘食。性嗜酒，親舊知其如此，或置酒而招之；造飲輒盡，期在必醉，既醉而退。環堵蕭然；短褐穿結，簞瓢屢空，晏如也。常著文章自娛，頗示己志。忘懷得失，以此自終。

原文中帶「不」的語句有：

「先生不知何許人也，亦不詳其姓字」、「不慕榮利」、「不求甚解」、「家貧不能常得」、「曾不吝情去留」、「不蔽風日」、「不戚戚於貧賤，不汲汲於富貴」。

[討論，分析，明確]

錢鍾書說過，這一篇《五柳先生傳》「『不』字為一篇眼目」。「先生不知何許人也，亦不詳其姓字。」意思是，不知道先生是什麼地方的人，也不知道他的姓和字。錢鍾書先生說：「豈作自傳而並不曉己之姓名籍貫哉？正激於世之賣聲名、誇門第者而破除之爾。」這是一個隱姓埋名、深藏避世

149

的「高人」，與古人重視地望、聲名之風背道而馳，正表現出他不求聞達、追求淡泊之情懷。

與「閒靜少言」這種外在的不尚交往、不喜應酬的表現相比，「不慕榮利」才是五柳先生的真實面貌、最本質的情操，不為榮名利祿動心，所以能守志不阿，高出流俗。

讀書「不求甚解」，乃是因為他讀書不是為了「學成文武藝，貨與帝王家」，他不為名利、祿位而讀書，只是求得心靈的寧靜、思想的共鳴、情感的寄託、精神的享受而已。

「家貧不能常得」、「不蔽風日」寫出了五柳先生的家裡貧寒窘迫之境。

「曾不吝情去留」，這句話是說五柳先生作客時說來就來，說走就走，有酒就喝，不以去留為意，表現了他自然率性、爽快放達的真性情。

[小結]

王夫之《思問錄》評論說：「言無者，激於言有者而破除之也。」正因為世人有種種追名逐利、矯揉造作之事，作者言「不」，正突出了自己與世俗的格格不入，突出了他對高潔志趣和人格的追求，不僅讓讀者對他的與眾不同擊節嘆賞，也使文章筆墨精粹而筆調詼諧，讀來生動活潑，引人入勝。

四、誦讀

這個環節的朗讀，是在全文分析的基礎上的朗讀，應該能夠讀出人物形象，要注意讀出陶淵明對自我性格、志趣的肯定、滿足，讀出他安貧樂道的高潔情懷。第二段尤其要透過兩次問號的升調，讀出一份自我欣賞、揚己傲世的心態。

老師可以先做一兩句的誦讀示範。

五、安排作業

背讀全文。閱讀陶淵明的其他作品，進一步了解陶淵明。

[板書設計]

五柳先生傳

不戚戚於貧賤，不汲汲於富貴

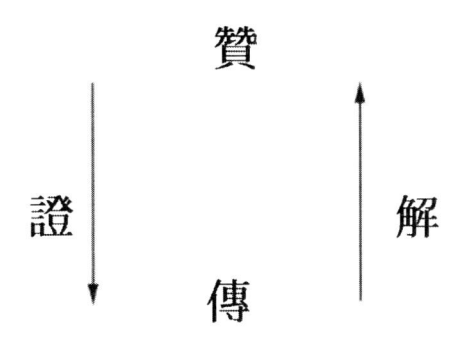

$$\text{證} \downarrow \quad \overset{\text{贊}}{\underset{\text{傳}}{}} \quad \uparrow \text{解}$$

銜觴賦詩，以樂其志

景色奇美　手法豐美——《答謝中書書》教學設計

設計說明

　　文言文教學，手法通常比較單一。在現實的教學中，更多的老師常常簡單地把落實字詞、疏通文義、完成練習作為一篇文言文的教學任務，而忽略對文本的解讀與賞析，不能充分利用文本的文學價值。

　　本設計努力改變簡單化處理文言文的不科學的方式，力圖透過設計精妙的角度，為學生提供賞析文言山水、小品美文的思路和方法；同時，把作者和寫作背景的介紹這一環節置後，也是為了使學生先對文章內容尤其是山水之美有了深度感受之後，再來理解人物的內心世界，這樣順勢而下，更容易更真切地認識作者，這才是文學作品及其教學的真正核心價值：讀懂人！最後的「課文背讀」環節又保證了這一堂課不流於文學性的深度解析。對國中生來說，還是需要有一定的背誦累積量的。

國文教學三部曲：中國課文精選示範
第二部曲 創意設計

綜合起來看，本設計可以做到：用充分的學生活動（多讀、深思、想像、口頭和書面表達、背誦默寫等），來豐厚學生的文言累積，培養文學賞析能力，訓練學生的想像等思維能力。

教學目標

1. 有感情地朗讀、背誦課文。

2. 賞析文中所繪之景的奇美、藝術手法之豐美。

3. 體會作者寄情山水、自得自樂的感情。

教學重點

賞析景色之奇美、手法之豐美。

教學方法

1. 朗讀法。

2. 品讀法。

教學過程

預習：初識課文。

1. 全班齊讀，強調字音：與：ㄩˋ；頹：ㄊㄨㄟˊ（板書）。

2. 同桌譯讀，提出不懂的字詞，師生共同解決。

3. 結構劃分。

先默讀，劃出結構。

交流為什麼這樣劃分。（總引——寫景——抒懷。）

學生齊讀。要求透過有意識的稍長時間的停頓，讀出文章的三段式結構。

山川之美，古來共談。（總引）

高峰入雲，清流見底。（寫景）

兩岸石壁，五色交輝。

青林翠竹，四時俱備。

曉霧將歇，猿鳥亂鳴。

夕日欲頹，沉鱗競躍。

實是欲界之仙都。

自康樂以來，

未復有能與其奇者。（抒懷）

一、觀景

作者說他所看到的景「實是欲界之仙都」，是人間天堂。到底他看到的景色有多美呢？我們一起跟隨他去觀賞美麗的風景。

用自己的語言說說文章所寫的美景。

二、賞文

（這一環節是透過品讀來欣賞文章的美，圍繞兩點展開：本文「宛如一幅清麗的山水畫」、「又像一首流動的山水詩」。）

課文的導讀語說，本文「宛如一幅清麗的山水畫」、「又像一首流動的山水詩」、「語言精練生動」。作者是如何寫出這樣的美景的，用了哪些美妙的手法呢？讓我們從「山水畫」和「山水詩」兩個角度來欣賞這篇文章。

作為一幅畫，是要講究它的構圖、內容、色彩等要素的；作為一首詩，最重要的是它的意境。

請用這樣的句式說話：

「這幅山水畫，美在 ____，我彷彿看到了（聽到了）_____。」

「這首山水詩，美在 ____，我欣賞到了 _____。」

國文教學三部曲：中國課文精選示範
第二部曲 創意設計

提示：可以從內容、結構、句式、視角、手法、語言、情感等多個角度進行賞析。

示範：這首山水詩，美在開頭，我欣賞到了它開頭即點明中心，告訴我們文章內容是寫山水之美的。

學生先獨立思考，再班內交流。

[具體分析]

「這幅山水畫，美在＿＿＿＿。」

(1) 美在俯仰生姿。

高兀的山峰直插雲霄，清澈的流水一直可以見到水底。寫景起筆即大氣恢宏，將讀者的視線由低而高地引向高遠，直達雲端。然後，筆鋒陡轉，把鏡頭一下拉到眼前，拉到水面。這是從俯仰的觀察角度來寫山水之美。從結構上看，自然地承接了文章首句「山川之美」。

(2) 美在色彩斑斕。

這是一幅色彩豐富的山水畫。藍天與白雲、五彩的石壁、蒼青的樹木、翠綠的竹林，還有那正慢慢往地平線一點點靠近的橙紅的夕陽，這一切組合成了眼前美麗而多彩的畫面。

(3) 美在動靜相生。

山峰、溪岸、石壁、林子，都是靜止不動的，給人一種靜謐之感；飄散著的晨霧，漸漸墜落的夕陽，也是悄無聲響的，可是從它們的運動中，我們分明感受到了一種力量，一種帶著我們一起飄飛的力量，那是因為它們給寧靜的山林帶來了活潑和靈動的感覺。與這一番靈動相和諧比襯的還有那來自生命的音樂:猿啼鳥鳴，此起彼伏;歡快的魚兒跳出水面時又分明弄響了水花。

(4) 美在遠近結合。

近處清澈見底的流水，遠處高邈看不見的山峰；近處兩岸五色的石壁，放眼遠望的滿山翠竹；近處競相跳躍的魚兒，遠處正緩緩下落的夕陽，這一切都使這幅畫充滿了層次感。

(5) 美在虛實變幻。

高峰入雲，上不見頂。峰頂被或濃厚或單薄的雲氣遮蔽，縹縹緲緲的；正在漸漸變淡的霧氣，還有那帶著獨特光芒和色彩的太陽餘暉，都給整個原本清澈透明的山中美景帶來了夢幻般的朦朧感。真真假假、虛虛幻幻，那簡直就是天堂了。

(6) 美在晨昏交替。

清晨，濃霧在太陽出來後漸漸消散，籠罩在霧氣中的一切變得愈來愈清晰，猿鳥啼鳴的聲音也更清脆響亮。傍晚，橙紅的太陽又大又圓，顏色由鮮亮而漸漸黯淡，萬物沐浴在霞光中，連水中的魚兒也跳出水面感受著美好的時光。

「這首山水詩，美在 ____ 。」

(1) 結構雅緻。

本文短小精練。雖然呈現的是一個完整的段落，但透過研究文本內容和表達方式，可以清晰地看出文本內在的優美的結構。

前八個字「山川之美，古來共談」，以感慨發端，既點出此文要寫的核心內容——「山川」，又直接表達出作者對「山川」的愉悅評價——「美」。「共談」一詞讓我們不難想像作者寫信給好友時情不自禁地流露出的要與朋友共同分享品味山川之美的那份快樂。

中間的十句則運用多種手法具體描繪了秀美的山川景色。

最後又以感慨收束，那份自豪、得意之情溢於言表。

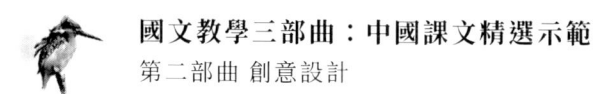

三段式的結構使文章形體豐滿，靈動又平穩。

(2) 駢散結合。

　　文章的語言充滿節奏感，主體部分為工整的四字結構之短語，描繪出山水的奇美；最後以散句形式收束，生動地抒發自己的情懷。整篇短文，朗誦起來猶如在唱一首節奏鮮明、旋律優美的抒情歌曲。

　　短文中運用了形象的比喻、齊整的對偶、生動的借代，使語言富於活潑和靈動，便於詠唱。

(3) 意境豐富。

　　在這樣的一幅山水詩裡，作者精心選擇和安排了這樣的一組內容：高峰、白雲、清流、石岸、樹林、竹子、曉霧、猿鳥、夕陽、魚兒。豐富的內容創造設計了豐富的意境。

[歸納如下]

　　這幅山水畫美在：山水相映，俯仰生姿，色彩斑斕，動靜相生，遠近結合，晨昏交替……

　　這首山水詩美在：駢散結合，結構雅緻，情感率真……

[小結]

　　藉助聯想和想像，我們從內容、結構、視角、手法等多個角度對這篇短文進行了文學欣賞。這確實是一幅清麗的山水畫、一首流動的山水詩。

　　再讀一遍，要讀出欣賞、陶醉之情。

三、讀心

　　在欣賞這樣的山水畫、山水詩時，我們彷彿和主角一起遊山玩水，陶醉於美麗的大自然中。面對這樣的美景，作者生發出怎樣的一番感慨呢？他究竟是一個怎樣的人呢？

能表示作者感慨的語句是：「自康樂以來，未復有能與其奇者。」讓我們透過這句話來讀懂作者的心，理解那一句率真的獨白語。

引導學生藉助以下三個內容去思考。

(1) 解題；

(2) 背景介紹；

(3)「與」字的理解。

[具體分析]

1. 解題（穿插文體說明）。

書，也叫尺牘，信札。「答……書」，即回友人的信。藉助書信的方式寫景、抒情、議論，與友人的交流中表達心跡。

2. 背景介紹。

[關於作者]

陶弘景（456 年～ 536 年），字通明，自號華陽隱居，丹陽秣陵人，南朝齊梁時期的道教思想家，茅山派的創立者。陶弘景博學多識、對陰陽五行、山川地理、醫術本草等都有研究，一生著述宏富，詩文辭采宏麗、意境峻脫，獨具特色。

「山中宰相」

陶弘景曾擔任諸王的侍讀，因看透混濁的俗世，後隱居山林。梁武帝時，禮聘不出，而「國家每有吉凶徵討之事，無不前以諮詢，月中常有數信，時人謂為『山中宰相』」。

3.「與」的理解。

「與」，參與，這裡指欣賞。

作「參與」講，很好。表達作者與天地山水融為一體的感覺。

作「欣賞」講，也可以。表達作者忘懷俗世，有閒時、有閒心、有閒情來欣賞大自然的美。總之，作者的情感是：寄情山水、逍遙其中、自得自樂。

在這一句中，最能表現作者情感的一個詞是「未復有能與其奇者」中的「未復」，不再有的意思。那份自得、自豪、自足之情躍然紙上。作者真可謂謝靈運的知音。

謝靈運的詩句：

「人生誰云樂？貴不屈所志。」

「惜無同懷客，共登青雲梯。」

「持操豈獨古，無悶征在今。」

[小結]

末句的感慨是作者的內心獨白，抒發了他寄情山水、自得自樂之情。

[總結]

我們透過朗讀、譯讀理解了文意，透過品讀欣賞了本文作為山水小品代表作的美，透過抓關鍵詞語理解了作者的情感，可謂收穫巨大。下面我們再爭取把全文背默下來。

四、背讀

在多次的朗讀和深入的品讀之後，訓練學生快速地背誦課文。可採用小組競賽的方式或者大組間的接龍方式。

默寫精彩語句（中間寫景部分）。

[板書設計]

答謝中書書

陶弘景

景色奇美　手法豐美——《答謝中書書》教學設計

流動的山水詩　　寄情山水　自得其樂　　清幽的山水畫

國文教學三部曲：中國課文精選示範
第三部曲 課堂演繹

第三部曲 課堂演繹

像赴美好的約會一樣，每天充滿期待又滿心幸福地走進教室。感恩我的忠誠伴侶——錄音筆，伴隨著、見證著我的每一節課。下課後，我把課堂錄音傳入電腦，不論是成功的課還是失敗的課，我都可以透過聽錄音對自己的課進行分析、反思、整理。每一篇實錄都是我邊聽錄音、邊敲擊成文字而成的。聽錄音、讀實錄，以獨特的方式面對自己最真實的課堂，在分析課堂演繹情景的過程中，提高課堂教學能力，培育現場教學智慧。

錄音打開，「同學們好」，彷彿又回到了師生共同成長的國文課堂。

《散步》之美——《散步》教學實錄片段

師：一篇小小的《散步》，有很多的優點值得我們欣賞。下面我們就來尋找《散步》美在哪裡。

倪潤博：「母親摸摸孫兒的小腦瓜……」這裡可以看出「我」的母親還是很愛「我」的兒子的。有兩處可以看出，第一處，當「我」說走大路後，母親卻說還是走小路吧！她雖然身體不好，但是為了滿足自己的孫子，還是要求走小路了。第二處，她摸著孫子的小腦瓜說，這裡用「摸」這個小動作，表現出母親對孫子的愛。所以，美在奶奶對孫子的愛。

羅綺雪：我想說的是第一段。第一段儘管只有一句話，但是它的表達也是有講究的。「我，我的母親，我的妻子和兒子」，「我」之所以排在第一位，是因為「我」的責任重大，也就是第六段中所寫的：「一霎時，我感到了責任的重大。」美在「我」知道「我」的責任重大。

師：這一句，還美在它的句子很漂亮。「我們在田野散步」，沒有說「我們一家四口在散步」，介紹完散步這件事，也沒有特別強調這四個人。「我們」等於「我們一家四個人」，缺一不可，所以後來有了分歧也沒有拆開一家人。

楊紫癮：我找的是第七段。我覺得這裡面有三個美。一個是「我的母親」對孫子的疼愛之美；另一個是自然風光景色的美；還有一個，為什麼母親後來一定改變主意了要走小路，還是體現了母親和一家人對自然風光美的嚮往。

師：這是欣賞的心態之美。我們歸納一下：第一，奶奶對孫子的疼愛之美，這是人情美；第二，南方初春田野的景色之美，「那裡有金色的菜花……魚塘」，這是自然景色之美；第三，人物對美景欣賞的心態之美。

蔡曉海：美在生命的活力和生機。第四段寫自然景色中春天一片生機盎然的景象，雖然沒有華麗的辭藻，但非常散文化。有靜有動，還寫到了顏色。「大塊小塊的綠色隨意地鋪著」，體現出盎然的生機。「冬水也咕咕地起著水泡」，這是寫動態之美。（師：這是動靜結合之美。）還有，畫面很豐富。寫的綠很有層次：有濃的，有淡的；有樹上的嫩芽之綠，也有田野的新綠。（師：有高處的綠，有低處的綠。）還有，生命之美，作者看起來很隨意地說了一句：「這一切都使人想著一樣東西——生命。」一方面，是為上面這部分文字總結了一下，自然之景具有生命力；另一方面，也是對第五段有啟下的作用。「前面也是媽媽和兒子，後面也是媽媽和兒子」，透過兒子天真活潑的語言說出了生命的延續之美，使散步這件事具有了活力（師：歡快。）之美。

師：這一段文字寫出了田野的生命之美。如果我們往上面看呢？（師深情朗讀第三段。）一個「又」、一個「熬」，有什麼意味？

焦燁泠：母親年紀很大了，身體又很不好，她又熬過了一個嚴冬，和其他老人有個對比。還有一點，作者很慶幸自己又能和母親在一起過一年了。美在生命的延續和頑強。

師：和那些老人相比，母親的生命力是頑強的。所以，「這一切都使人想著一樣東西——生命」，不僅僅是初春田野的生命，更與母親熬過嚴冬，跟我們一起散步、一起享受春天這種生命力之強是相關的。好的，第四段寫出了生命之美。

朱蘊博：我要說的是第六段的最後一句。「我」知道自己的母親年紀大了，想在母親的有生之年多陪陪她，所以要委屈兒子。從這裡我看出了兒子對母親的敬愛和孝順。所以，美在這份敬愛和孝順之心。

沈天茹：我覺得整篇文章流動著一種幸福和歡樂的美。一家人在春天裡散步，本來就很美。小孫子又說：「前面也是媽媽和兒子，後面也是媽媽和兒子」，這傳達出一種歡樂的美。再說，母親挺過了嚴冬，本來作者就很高興。現在又是一家三代人一起散步，就更是一種幸福。

師：整篇文章說的是一家人在一起的幸福，是和和美美的。

孫喻：第七段的寫景，一方面寫出了小路是怎樣有意思的，同時，這裡的景物描寫也寫出了春天的生機勃勃，另一方面也暗示著母親的生命會在這一年煥發出生機。

焦燁泠：「但我和妻子都是慢慢地……整個世界。」我覺得，兒子和母親對於作者來說都是非常重要的，所以，走得很慢很穩，生怕一不小心就有什麼閃失。因此，對作者來說，這個世界上有自己的母親和兒子就是最幸福的。美在他有這種最重要的幸福。

胡逸青：我覺得最後一句話構造出了一個很和諧的家庭畫面。這個家庭平時一定也是很和諧的，這從他們的散步中體現出來，所以，這表現出一種和諧的美。

劉天馳：「整個世界」就是一種責任。這種責任對於「我們」來說，就是對老人的孝順和對自己孩子的教育、關心，這兩個人加在一起就相當於「我」的一切。這是一種責任，更是一種使命。

蔡曉海：我覺得責任是一方面，並不是全部。老人和孩子對於中年人來說是很重要的，因為有父母在，又有了自己的孩子，這是很必要的，這個家庭就比較美滿了。也就是說，三代人加起來才是和諧的、美滿的，作者覺得這就是整個世界。這是對生命的傳承、愛的傳遞的親情。（師：這是對親情的一種讚頌。）「我背上的同她背上的」中「背」應該讀第一聲，作動詞用，背負的意思。

師：做第一聲的背來看，背起來的就不只是媽媽和兒子了，而是背負起了更多的責任：對老人敬養的責任，對孩子撫養的責任，我們共同承擔起來的就是整個世界。一起齊讀體會。

周瀾：從第二段的「她現在很聽我的話」和第六段的「她早已習慣聽從她強壯的兒子」，看得出來，老母親始終是聽兒子的，她很信任兒子。從母親的角度看，這是一個好兒子。所以，體現了信任之美。

師：老了以後，身體不好，對兒女有一種依賴感。這其實就是一種生命間的相互支撐，這也是理解之美。身體不好，相信兒子能照顧好自己，信任之美。人字形的結構就是相互支撐。

陳珈伊：我理解的是第七段的「我走不過去的地方，你就背著我」。她相信兒子會照顧好她，這是母親對兒子的依賴之美。

羅雨昕：最後一句話中，我和妻子代表的是現在的時代，老人代表的是過去的時代、逝去的時代，而孩子代表的是新生的時代和即將到來的時代。我和妻子這樣的中年人，背負的是承前啟後的使命，這句話體現了作者的使命感，又深化了文章的主題。所以，我覺得讀「背」（ㄅㄟ）比「背」（ㄅㄟˋ）好。

吳索拉：我要講的是第八段的第一句。前面已經寫了「她的眼隨小路望去」，寫出了生機，這裡可以說是一語雙關，不光是指散步時向那裡走去，也代表一家人向著希望、向著未來走去。

師：是的，向著希望走去。這裡還有內在的一點呼應感，前面是母親望過去，而現在是我們走到這當中去了，表現了「我們在陽光下」散步。不僅僅是寫實，還寫出了一種很好的情緒、很美的情感。一家人和和樂樂地在一起，往那個方向走去。而那裡是春意、是生命的象徵，我們彼此的關愛，讓這種溫馨幸福之美自然地表現出來。

王博言：「前面也是媽媽和兒子，後面也是媽媽和兒子」，寫出了孩子的天真，這是一種童趣之美。

师：儿子的发现，充满了童趣，也充满了哲学的意味。生命的延续、母子亲情就被这个孩子揭示出来了。

师：这一课透过写一家人散步，展现出南方初春田野的自然之美，写出了其乐融融的家庭之美，家庭成员之间彼此关爱的亲情之美，更让我们懂得了中年人身上的责任和使命，这是一种生命责任之美。以前教学时，我对这篇文章有点忽略，可能是因为我没有读懂作者身上的中年人的责任，年纪愈大，就愈能理解作者了。我希望同学们能理解你们的进入了中年的爸爸妈妈们，他们身上的责任很大，要赡养老人、抚养你们，还有自己的工作事业，一切生存的、发展的责任他们都要去背负。

教學後記

關鍵詞：預設與生成

這是一個預設了話題由學生現場討論生成的精彩的課堂片段。

一次小小的散步，給人帶來美美的感受；一篇短短的《散步》，讀來那麼溫馨、溫暖。不論是散步這件小事，散步中看到的春天的景色，抑或是散步中的「分歧」和「決定」，還是那最後背起的「整個世界」，都給我們豐富的美的體驗和豐厚的生命的感悟。

記得幾年前第一次教學《散步》時，我真的不知道如何處理這篇課文，似乎就是根據《教師用書》的解說走了一遍。這幾年，因為對文本解讀和教學設計愈來愈感興趣，也愈來愈用心，教材中以前被我怠慢的課文也愈來愈多地被我重視，被我利用。我愈來愈覺得，教材待開發的空間實在是太大了，文本可利用的價值也實在是太豐富了。

《散步》中敘述的事情實在是小之又小，然而，細讀文本，會發現，之所以文章顯得厚重，是因為作者讓散步變得有起伏、有波瀾、有情味，更有意味。而這些可能不是學生一下子就能讀出來的東西，這恰恰是課堂上需要老師引領學生深入文本去體會的內容。如何由散步本身引入生命感悟，需要找準切入口。課堂教學中我設計了「尋美」活動，以「《散步》美在……」為話題，啟發學生從多個角度進行文本的解讀和賞析，取得了意想不到的精

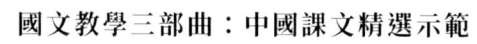

彩。學生們發現的美有：疼愛之美、孝順之美、景色之美、句式之美、淡雅之美、心態之美、童趣之美、生命之美、幸福之美、和諧之美，還有「美在愛的傳遞」、「美在信任依賴」、「美在那份責任」、「美在一家人向著希望、向著未來走去」。

另一節課，我引導學生從「生命的角度」來理解此篇優美文章，學生能夠讀到文章中自然界的生命之美，感受到文中傳達出生命的支撐與眷戀、生命的傳承與迴環、生命的關愛與理解以及對生命的尊重與擔當。

同一篇文章，不同的處理，都能直指文章的核心價值，這帶給我們思考：教學設計必須以深入解讀為前提，有了精深的解讀，獨特的主話題的預設，就一定能看到課堂上精彩生成的美好的世界。

學生的發言中，有一個美妙的插曲，那就是關於最後一句中「背」的讀音問題。「但我和妻子都是慢慢地，穩穩地，走得很仔細，好像我背上的同她背上的加起來，就是整個世界。」學生發言分析：「最後一句話中，我和妻子代表的是現在的時代，老人代表的是過去的時代、逝去的時代，而孩子代表的是新生的時代和即將到來的時代。我和妻子這樣的中年人，背負的是承前啟後的使命，這句話體現了作者的使命感，又深化了文章的主題。所以，我覺得讀『背』（ㄅㄟ）比『背』（ㄅㄟˋ）好。」聯繫文本，闡述理由，這是一種思路，更是一種習慣，學生的分析做到了有理有據；這樣的品味不是空談，而是扣緊文本、抓住字詞分析，實在、充分，自然有說服力。

評點

讓審美的過程更美

——評柳詠梅老師《散步》教學實錄片段

戴季華

透視《散步》教學實錄片段，我們不難發現教學者的別具匠心。正如其在課堂小結中所說：「以前教學時我對這篇文章有點忽略，可能是因為我沒

有讀懂作者身上的中年人的責任，年紀愈大，就愈能理解作者了。」儘管不完美，但可能正是這份理解，讓老師在重教這篇散文時下了一番功夫。

這堂課特徵鮮明，我試從三個方面做一簡單闡述。

三個亮點

活動設計具有穿透性。

我這裡所說的「穿透性」包含三層含義。一是教學指向聚焦為一點，即尋找、體會《散步》的優點。這倒頗像「微課程」之特徵，集中力量解決一個問題；但「微課程」以老師「個人完美」為「旨歸」，這堂課全然不是。二是教學行為「別無旁騖」，師生活動始終指向目的。三是教學追求契合國文課堂的本真。國中國文課程標準中提到：「九年義務教育階段的國文課程，必須面向全體學生，使學生獲得基本的文學素養。」高中國文課程標準亦說：「高中國文課程應進一步提高學生的文學素養，使學生具有較強的文學應用能力，和一定的文學審美能力、探究能力，形成良好的思想道德素質和科學文化素質，為終身學習和有個性的發展奠定基礎。」兩個學段的國文課程標準的關鍵詞都是「文學素養」，而「審美能力」無疑是「文學素養」的重要組成部分。以此觀之，該堂課教學內容的選擇，既符合學生未來的需要，也符合國文課程的目標，是一堂典型的本真的國文課。

教學組織富有靈活性。

「靈活性」主要表現在兩個層面。一是對話的維度多。有學生與文本的對話，學生透過跳著讀課文，能迅速找到各種優點的承載處，並將之進行個性化闡述；有師生的對話，整節課參與對話的學生共十六人次，在學生表達看法的過程中，老師參與了十三次對話，師生對話頻率基本持平；有學生之間的對話，如當劉天馳同學說：「『整個世界』就是一種責任。這種責任對於『我們』來說，就是對老人的孝順和對自己孩子的教育、關心，這兩個人加在一起就相當於『我』的一切。這是一種責任，更是一種使命」時，蔡曉海同學立刻接過其話題，提出了「責任是一方面，並不是全部」的看法，思

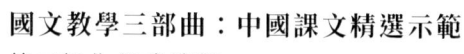

維碰出了火花，對話走向了深層。二是走進文本的方法多。走進文本的方式固然以學生跳讀為主，但其間自然插入了老師對第三段的深情朗讀，全體同學對第八段的齊聲朗讀；手段變化，課堂不會因形式單一而沉悶。

引領感悟頗具涵泳味。

涵泳即沉潛作品中，反覆思索或玩味，以求獲得其中的奧妙或「味外之旨」。為了引導學生體悟文章的優點，這位老師是非常重視讓學生「涵泳」的。如針對第七節「但是母親摸摸孫兒的小腦瓜，變了主意：『還是走小路吧』」一句，倪潤博同學體悟出：「母親還是很愛『我』的兒子的……她雖然身體不好，但是為了滿足自己的孫子，還是要求走小路了……這裡用『摸』這個小動作，表現出母親對孫子的愛。所以，美在奶奶對孫子的愛。」再如當老師深情讀完第三段後，問學生「一個『又』、一個『熬』，有什麼意味？」焦燁泠同學自然領悟：「母親年紀很大了，身體又很不好，她又熬過了一個嚴冬，和其他老人有個對比。還有一點，作者很慶幸自己又能和母親在一起過一年了。」浸潤到語言文字中涵泳感悟，雖然是傳統的教學方法，但它指向了國文的本真，值得每一個國文老師堅守，這位老師為我們做出了榜樣。

兩個遺憾

遺憾之一，師生對散文「優點」的理解沒有統一，導致大家對「美」的理解處於不同一層面，給對話帶來困難。

一般的散文的美主要體現在三個方面：景緻、情感和意境。鑑賞散文時，可以單獨鑑賞「景緻」。這種鑑賞往往包含兩個方面：一是「景」美在何處；二是作者透過哪些表達技巧寫得這麼美的。前者往往指景物的特點，後者往往指修辭手法和描寫這一表達方式派生出的各種寫作方法。這種情況在閱讀寫景散文時頗為多見，如朱自清先生的散文《春》、《荷塘月色》等。也可以單獨鑑賞情感。如劉亮程先生《今生今世的證據》中有這樣一段話：「我真的沐浴過那樣恆久明亮的月光？它一夜一夜地已經照透牆、樹木和道路，把銀白的月輝滲浸到事物的背面。在那時候，那些東西不轉身便正面背面都領受到月光，我不回頭就看見了以往。」這一段最後一句話表達了作者什麼

情感？這是一個挑戰。但如果我們明白了該句以「月光」來喻「故鄉的以往」，那就可豁然開朗了：這句表達了作者與故鄉以往的一切水乳交融、親密無間的情感。如果當情感和寫景句相互融合、催生，合二為一，那就生成了意境（境界），鑑賞往往從三個層面進行，如寫了什麼樣的景，融入了什麼樣的情，生成了什麼樣的畫面，這裡的畫面就是意境。

　　有鑒於此，我們來審視這堂課。一開始，老師說：「一篇小小的《散步》，有很多的優點值得我們欣賞。下面我們就來尋找《散步》美在哪裡。」這個「美」到底指什麼？老師沒說，學生沒問，直接導致了下面學生的闡述的多層面。梳理一下，學生們關於「優點」的說法有這樣一些：「美在奶奶對孫子的愛」、「美在『我』知道『我』的責任大」、「美在母親和一家人對自然風光的嚮往」、「美在動態」、「美在生命」、「美在生命的延續和頑強」、「美在這份敬愛和孝順之心」、「美在他有這種最重要的幸福」、「美在信任」、「美在依賴」、「美在童趣」；而老師在對話中也有一些闡述：「美在句子漂亮」、「美在心態」、「美在動靜結合」、「美在歡快」、「美在和和美美」、「美在理解」等等。把師生的說法放在一起觀察，很顯然，這些說法不在同一層面。就學生的知識與能力的建構而言，會因為維度的不同，建構難度加大；就聽課者而言，會感到凌亂。

　　遺憾之二，對教學流程中學生的生成，點撥、引導不夠，無形之中浪費了時間。

　　在同學們尋找、賞析「優點」時，劉天馳、蔡曉海兩個同學的發言，似乎與教學目標產生了距離，他們兩個探討的是「整個世界」的內涵，而且蔡曉海同學還在發言的末尾提出「背」的讀音。在這種情況下，老師有一段評述，「做第一聲的背來看，背起來的就不只是媽媽和兒子了，而是背負起了更多的責任：對老人敬養的責任，對孩子撫養的責任，我們共同承擔起來的就是整個世界。一起齊讀體會」。對這一個環節，竊以為有些突兀，與整個教學過程不是很協調。類似的環節還有後面兩個同學的發言。羅雨昕的「最後一句話中，我和妻子代表的是現在的時代，老人代表的是過去的時代、逝去的時代，而孩子代表的是新生的時代和即將到來的時代。我和妻子這樣的

中年人，背負的是承前啟後的使命，這句話體現了作者的使命感，又深化了文章的主題。所以，我覺得讀背（ㄅㄟ）比背（ㄅㄟˋ）好」。吳索拉的「我要講的是第八段的第一句。前面已經寫了『她的眼隨小路望去』，寫出了生機，這裡可以說是一語雙關，不光是指散步時向那裡走去，也代表一家人向著希望、向著未來走去」。她們的發言與教學目標基本無關，對這些發言的調控，老師還顯得有些被動。

一個建議

以散文為載體，培養學生的審美能力，再將能力化為文學素養，這是國文教學必須堅守的方向，但要警惕審美過程中的「泛化」現象。

前文，我們對師生關於「優點」的闡述已做了梳理。有一些說法很有道理，如「美在奶奶對孫子的愛」、「美在『我』知道『我』的責任大」等，這些都屬於情感類，前者是「美在親情」，後者是「美在責任感」；再如「美在生命」，屬於景緻類，是富有生命力的景物產生的美感；又如「美在童趣」「美在和和美美」，屬於意境類，是語言、散步情景和周圍景物相互創生的。可有一些，就不是很準確，如「美在句子漂亮」、「美在動靜結合」等，固然「句子」本身也有美感，但它們和「動靜結合」等，更多的時候應該是「美的原因」！

（戴繼華，南通天星湖中學校長辦公室主任，江蘇省國文特級老師，全國優秀科學研究老師，江蘇省「333 工程」培養對象，獲南通市政府園丁獎等三十多項榮譽。）

▌這個星球有你──《傾聽與複述》研究課實錄

時間：2012 年 5 月 14 日。

地點：南京外國語學校。（南京市首屆國中國文優秀青年培訓班示範課，王榮生教授評課）

（課前要求，第一、三排的學生用印發的記錄提綱記錄，第二、四排的學生不看記錄提綱，在提綱紙的背面記錄。）

師：上課。同學們好！

生：老師好！

師：請端詳一下你身邊的同學（生相互端詳）。再端詳另一邊的同學（生相互端詳）。你說，他身上有故事嗎？

生（七嘴八舌）：有，當然有啦！

師：有個廣告說得好，「我們都是有故事的人」。不同的人有不同的故事，不同的故事反映不同的人生。這節課，就讓我們透過分享他人的人生故事，來學會更好地傾聽與複述（螢幕顯示：傾聽與複述），同時譜寫我們自己國文學習的精彩故事。我們的第一個活動是：專注傾聽，捕捉資訊。

（螢幕顯示）

訓練活動一：專注傾聽，捕捉資訊。

師：老師讀一個故事，只讀一遍。請大家在聽的時候注意記錄你認為很重要的資訊，一會兒要用這些資訊複述故事給同學聽。拿到記錄提綱的同學要把提綱填滿，當然也可以記錄提綱上沒有的內容。其他的同學自己決定記錄的內容。我可以讀故事了嗎？

生：可以了。

（師讀故事《這個星球有你》，生邊聽邊記錄。約六分鐘。）

師：同桌先交流一下。

（生交流。）

師：第一排和第三排的同學轉過身來，把你們的記錄提綱給後面的同學看一下，看看老師給你們什麼任務了。

（生互相了解記錄情況。）

師：下面來檢測一下同學們的記錄情況，重點檢測沒有用記錄提綱的同學。我們透過回答記錄提綱上的問題來檢測。好，下面開始。第一位同學，請聽題：故事的標題是──

生1：這個星球有你。

師：第二位同學，「我」被彭先生邀去做的事情是——

生2：講座。

師：講座，給誰講座呀？

生2：給學生講座。

師：是給學生講座嗎？這位同學你覺得呢？

生3：是去西部偏遠地區給那些貧困的學生講座。

師：有同學認為他說的講座對象有問題的嗎？

生4：好像是給西部老師啊！是西部老師培訓會上的講座。

師：很清楚，是給西部老師培訓會做講座。剛剛說成給學生做講座的同學，趕快調整一下啊！第三題，「我」搜彭先生的背景資料是為了——

生5：尋找推辭會議的理由。

師：是推掉會議嗎？

生5：哦，不，是講座。尋找推掉講座的理由。

師：好的。下一個題目，彭先生原來的工作是——

生6：天津的一家公司做軟體設計的。

師：很好。是天津的——

生（齊答）：一家軟體公司做軟體企劃的。

師：請你旁邊的同學回答下一題，彭先生評價修車母女的生活用的詞是——

生7：苦難。

師：很好。旁邊的同學回答：看到這一切，彭先生的心——

生8：被揪疼了。

師：很好。下一位同學請回答：烤馬鈴薯的女孩輟學的時間和原因分別是——

生9：四年級，貧困。

師：不錯。請裡面的一位女同學回答：彭先生為黃羊川中學帶來的兩個改變是——

生10：第一個是，每週學生都能吃上一次肉。第二個是，連上了網並有了自己的網頁。

師：很好。下一位同學請回答：彭先生在西部所做的一切都是因為他看到了這樣的事實——

生11：有一天，彭先生發現自行車車胎沒氣了，就推去修，修車的是一位婦女。他發現一個女孩對母親說自己很口渴……（此處學生複述了兩分鐘，不是答案。其他學生表現出不認可，老師耐心傾聽。）這件事成了導火線，把事情提前了。

師：你剛才說的是他去西部的導火線，並且把這個導火線詳細地複述了。我的題目是，請再聽一遍：彭先生在西部所做的一切都是因為他看到了這樣的事實——（其他學生已紛紛揚揚說出答案）好的。大家一起說。

生（齊答）：愈窮愈不重視教育，愈不重視教育愈窮。

師：同學們的回答和你的回答不一樣，問題在哪裡呢？坐下來思考思考吧！下一個問題，有個廣告說——

生（齊答）：我們都是有故事的人。

師：最後一個問題，「我」發給彭先生的簡訊內容是什麼？齊說。

生（齊說）：這個星球有你，我多了一個微笑的理由。

師：很好。這十一個問題我們都做了解答。再來交流一下，我們在聽故事的時候，尤其是沒有看到提綱的同學，你剛才記錄的是什麼方面的資訊啊？

生12：關於人物的基本訊資訊

生 13：故事的主要情節，彭先生的心情。

生 14：人物的對話，主要事情，作者對事情的觀點，還有一些特別的詞語。

師：故事梗概；別緻的詞，比如說：「彭先生的心被揪疼了」，這個「揪」字，表現人物心情，抒發作者感慨。好的，謝謝！透過聽故事、記錄資訊，我們知道，聽故事時要注意把握故事的主要內容、關鍵資訊，尤其是在複雜的故事中，表示故事推進的節點、新出場的人物，我們都要捕捉下來。怎樣才能捕捉下來，最重要的是傾聽，要集中注意力地聽，在此過程中培養自己快速、準確的記憶力。下面我們來做第二件事情。

師：在生活中，我們聽了一個故事後，常常會說給身邊的人聽，或者分享故事的美好或者感慨故事的傷悲。如果我們把這個故事分享給他人，我們會怎麼說呢？我們來做一個說話訓練。

（螢幕顯示）

訓練活動二：改編故事，情境複述。

師：改編故事，情境複述。通常我們複述故事，是需要一定的角度的。就這篇故事來說，我們可以從人物的角度，也可以從時間的角度。人物的角度，如從黃羊川的學生角度複述他們生活的改變；這個故事裡，有插敘的手法，我們可以按照時間的角度，按照先後的時間順序，從彭先生大學一畢業開始說故事。

（螢幕顯示）

複述角度

1. 人物的角度：

「我」、彭先生、那對母女、黃羊川的學生、辭職的朋友……

2. 時間的角度：

順敘、插敘、倒敘……

師：今天我們不從這兩個角度複述。老師給了情境，我們根據這幾個情境來複述。想一想，在這種情境下，你需要把《這個星球有你》的故事說給別人聽，你會怎樣說呢？

（螢幕顯示）

1. 修車婦女當天晚餐時跟家人說；

2. 小女孩第二天跟鄰居小夥伴說；

3. 黃羊川的學生打電話給南京的親戚；

4. 彭先生後來接受記者採訪；

5. 辭職的朋友跟他現在的學生們說；

6.「我」講座前對培訓老師說。

師：下面我們根據情境來準備，想想，在那種情境下該怎樣說話。我們來做前四個活動吧！同學們配合著完成。

（生自由配合準備，師巡視點撥。約三分鐘。）

師：下面我們來用對話展示故事。

（一對男女生演示第一個情境：修車婦女當天晚餐時跟家人說。）

生15：你今天出了什麼事啊？你修車時來了一個人啊？（眾笑）

生16：是的，有個人在我下午修車時來了。

生15：這個人有什麼特別的啊？（眾笑）

生16：這個人的車胎突然出問題了，就推過來修車。那時候，我女兒不太聽話，我又忙著修車，就沒去管她。她後來要去喝那個髒水盆的水，我還沒來得及處理，那個好心人就去超市買了兩瓶牛奶。當時我就很感謝他，我覺得他能這樣體諒我們真是很不容易的事情。

國文教學三部曲：中國課文精選示範
第三部曲 課堂演繹

生 15：哦，看來現在社會上還是好心人比較多。像我們黃羊川這樣窮的地方（眾生喧譁，指出發言同學的錯誤），來了這樣的好心人，能夠體諒同情我們，我們應該好好感謝他們。你當時是怎麼做的？

生 16：我當時很感謝他。女兒當時不太懂事，我帶著她一起謝謝那個人。我要給他錢，他說不用。他說他生活的條件比較好，也應該幫助我們。

生 15：看來我們的社會還是很美好的，還是好人比壞人多啊！（眾笑）

師：謝謝二位同學的合作。我們來評價他們兩個人複述的故事，哪些做得好，哪些做得不好，好嗎？剛剛我聽到有同學在下面說：「好假。」（眾生笑）這個「假」首先可能是指複述的內容和原故事的內容有不符的地方。聽出來了嗎？好，請你說說。

生 17：他說「我們黃羊川」，不是在黃羊川。

師：一定不是啊！到底在哪裡呀？（生齊答：天津）

生 17：第二，這個情境是晚餐聊天，不應該會扯到很多的社會問題的，還有那麼多的感慨。

師：這個我倒不大贊同你。在家聊天也可以聊天下大事啊！但是他開頭就那麼一句。（眾笑）

生 17：他一開始就是聊聊天，可到最後就成了這個社會上是好人多，還是壞人多的討論了。

師：話題變成了評論社會了。好的，請坐。這位同學複述時，有些細節與故事有出入，修車的不是在黃羊川，而是在天津。在複述時，有一定的想像，如「我帶著女兒感謝他」，這就有了情境，同時，人物的身分進行了轉化。但是，晚餐時突然來一句：「你下午遇到了一個人啊？」（眾笑）這不像吧？你可以說：「你今天是不是很累，很辛苦啊？」聊一聊，再進入複述。

（此時學生表現得有點亢奮。老師做如下的巧妙提示。）

師：同學們，剛才有沒有注意到老師聽他們複述時的姿態表情啊？

生：沒有。

師：是的。你們在聽他們的複述會有什麼問題，邊聽還邊議論。我是側過來聽，細心地聽，我的眼睛也一直望著他們。這就是「傾聽」的意思。老師給大家補充一個知識吧！外國人最崇拜的一個漢字的繁體字是怎麼寫的，知道嗎？聽的繁體字會寫嗎？（生七嘴八舌：不會）所以，大家聽得不到位啊！每一個同學都在記錄紙上跟我一起寫一遍。漢字是音形意三位一體的、世界上最美的也是最會說話的文字。這個「聽」字，外國人是這樣解釋（邊板書「聽」邊解釋）：耳朵拉得長長的，把說話的人當作寶玉，斜王旁都和寶玉有關的哦，打起十足的精神，眼睛專注地望著對方，記住這裡不是扁「四」啊！一心一意地做這樣的事情，這個行為叫做「聽」。傾聽，更加專注地聽，側過身來聽。希望後面同學發言的時候，大家更加專注地聽。明白吧？下面請第二組同學。

（兩個男生演示第四個情境：彭先生後來接受記者採訪。）

生18：彭先生啊！我想問一下，請問你去黃羊川偏鄉教學前是從事什麼工作的呢？

生19：去偏鄉教學前，我是在天津的一個軟體公司做軟體設計工作的。

生18：哦，這個工作很有前途啊！那是什麼促使你去黃羊川的呢？

生19：確實，這個工作比黃羊川偏鄉教學有更多的報酬和更好的前景，但是……有一次我去修車，看到一對苦難的母女。那個母親幫我修車，她女兒口很渴要想喝水，但是她媽媽實在太忙，沒有辦法顧及她。她居然走到髒水盆邊問媽媽可不可以喝那水，媽媽還沒回答，小女孩就把頭伸過去要喝水了。這個場景給我很深的感觸。儘管我在一個很好的公司，但是距離公司不到五百公尺遠的地方就有一個這樣苦難的家庭，這件事情給了我巨大的衝擊。這使我產生了想去黃羊川偏鄉教學的想法。

生18：也就是說，這件事是你產生了去黃羊川偏鄉教學想法的關鍵。請問，有朋友或者其他人和你一起去黃羊川嗎？

生 19：起初是我一個人去的。後來一些朋友，他們了解了我的情況，認為這是一個很有意義的選擇，就加入這個行動當中。我有一個在氣象局工作的朋友，他也辭掉了原來的工作，到黃羊川來教書了。

生 18：請問你在黃羊川看到一些怎樣的情況呢？比如那邊的生活情況，一些家長對教育的態度等。

生 19：黃羊川確實是一個貧窮的地方，很多人家很窮。我見到一個四年級就輟學的女生，她輟學的原因就是貧困，我去她家時她專門為我烤了馬鈴薯，這確實讓我落淚了。

生 18：也就是說，你在黃羊川偏鄉教學的時候，落了很多的淚，是嗎？（眾笑）

生 19：確實。工作時間長了，你就會有這樣的心境和感受的。

生 18：現在我們了解到，黃羊川的情況比原來好了很多。比如說，每個學生一個星期可以吃到一次肉了，這是以前辦不到的；學校還連上了網並有了自己的網頁。請問，幫助他們做了這麼多，你是為了希望得到報酬，還是為了什麼呢？是為了幫助他人，還是，怎麼說呢，還是為了炒作呢？（眾笑）

生 19：現在黃羊川的情況真的好了很多。不是為了炒作、為了出名，就是為了幫助這些人。我從社會上的一些報導中看到了很多，所以我才決定到這邊來偏鄉教學，幫助這裡的人。

生 18：那你後悔嗎？

生 19：其實，這沒什麼後悔不後悔的。在這裡工作比在軟體園裡當一個普通的設計師更有挑戰性，這一點使我更快樂、更充實。

生 18：謝謝！

師：好的。謝謝二位同學！（持續的掌聲）

師：這一次他們對話後我聽到的第一個評價不是「好假哦」，而是「好」。剛才叫「好」的同學來評價一下。

生20：我覺得他們問話的方式非常好，前後的兩個問題連接得非常緊密，而且回答問題也很忠實於文章內容，沒有自己的空穴來風。所以我覺得非常好。

師：我可以打斷一下，提出我的一個疑惑嗎？

生20：可以。

師：你剛才說，「前後的兩個問題連接得非常緊密」，我不大清楚你所說的「前後的兩個問題」是什麼？

生20：就是彭先生回答以後，記者的提問是基於他的回答的。後一個問題跟前面的回答連接得比較好。

師：我明白了。他的第一個問題問完以後，根據被採訪者回答的內容進行了第二個問題的追問，連接得很自然。好的。謝謝你！請這位同學評價一下。

生15：我覺得他們這一次的對話講得很自然，並沒有刻意。比我做得好很多。（眾生笑）我一開始就很不自然。他們做得很好，就真的像一個記者採訪另一個人。彭先生的這次講話就是真情的流露，所以答得流暢自然，而記者也抓住了彭先生話語中的重點進行追問。我覺得這一次採訪是很成功的。

師：是的，他們倆進入情境比較快，比較自然。你剛才可能只是想怎麼把故事像背書一樣地說出來而已。得向他們學習。但是，採訪完了以後，你們知道這個記者是哪個單位的嗎？（學生議論紛紛）他是哪個單位的我們都不知道，也許他真的是抱著炒作的心理。首先，你要告訴被採訪者你的單位和身分吧！然後對方才可以愉快地接受並配合你的採訪。還有，透過他們的採訪，我們明確記者此次採訪的目的了嗎？請問，記者同志，你是哪個單位的？（眾笑）

生18（笑答）：剛剛忘講了。

師：下回要注意了。你們的採訪完了。我剛才一邊聽一邊記錄，有近十個問題。請問，提了這些問題，你要實現什麼樣的採訪目的呢？

生18：寫一篇文章，報導一下他的事跡，讚揚一下他的精神品質。讓社會上更多的人參與到這種幫助他人的行列中來。

師：是的。如果你開頭就說這段話，或者採訪結束後說完你的目的，那就更好了。是不是？請坐。採訪的目的是，希望愈來愈多的人能夠關注西部教育，希望愈來愈多的人能夠像彭先生這樣盡自己所能幫助西部教育。這樣的目的，不妨先說，「我聽說您怎樣怎樣，今天特地來採訪您」。記得，一定要報上你是誰。彭先生的表現非常自然，很好。其他情境呢？第二排的同學你們推薦的是誰？（眾人推薦其中兩人）好的。就你們倆。

（學生哄鬧起來。師提醒：注意聽啊！現在的發言者是寶貝。有學生叫道：「寶貝。」）

（一對男女生演示第二個情境：小女孩第二天跟鄰居小夥伴說。）

生21：現在你有空嗎？我們出去玩啊？（眾笑）

生22：我這會兒有事，不能跟你一塊出去玩兒了。

生21：你昨天就有事，怎麼今天還有事啊？（眾笑）

生22：昨天和媽媽一起去她的車鋪，做了很多事。

生21：那你還有什麼事情呀？

生22：媽媽太忙了。昨天在車鋪的時候，我覺得很口渴，她沒有時間理我。我想找水喝，她都顧不上我。我想那我就自己找吧！當時，正好有一個大哥哥路過，我看到旁邊有盆水，想喝，我想那個水喝了也應該沒問題。那個大哥哥看到之後去旁邊的商店給我買了一瓶牛奶。

生21：那個水是什麼樣子的？

生22：有點髒吧！

生21：給我描述一下那水。

師：這裡可以不用「描述」了。五歲的孩子不懂什麼叫「描述」的。

生22：那個大哥哥好像是附近公司的一個企劃吧！（其他學生質疑）

生21：那個大哥哥是個好心人啊！

師：好的，謝謝！我們來評價這一對小朋友之間的對話。小女孩的朋友來約她，開頭很自然地就引出了這件事情。好，我們請同學發言評點，這一對小朋友的對話，哪些合適，哪些需要改改呢？

生23：我覺得演小夥伴的，總體蠻好的，就是有沒話找話的感覺。（眾生笑）

師：舉個例子說。

生23：他讓她描述昨天的那個水。

師：是啊，五歲的孩子知道「描述」這個詞嗎？

生23：我就覺得平時小夥伴之間不會這樣說話。

師：如果，他真的想知道那盆水的情況，他會怎麼問？用五歲左右的孩子的口吻來說。

生23：那水到底能不能喝？是什麼水？

師：是啊！可以問，那水髒不髒啊？剛才的那位女同學，可能把文中的女孩就當作她自己現在這樣的年紀了。對一個已經工作好幾年的先生，她喊他叫大哥哥。我總覺得不太合適。稱呼這樣年紀的人，一般來說，我們稱（生齊答）叔叔比較合適。就這一點看，在人物稱呼上不夠到位。另外，細節上與故事也有不太符合的，如他只給小女孩買了一瓶牛奶嗎？

生（齊）：兩瓶。

師：兩瓶嗎？

生（齊）：三瓶。

師（笑）：不是啊！是幾瓶？（眾笑）這個同學總想把故事複述出來，開頭不錯。「你昨天就有事，怎麼今天還有事啊」，故事一下子就切入，「昨天和媽媽一起去她的車鋪，做了很多事」，生活中我們常常就這樣帶出故事來。這三組故事複述時都是邊聽邊問，很好。

師：我們來總結一下，複述故事，要對故事進行改造，有時要轉換人稱，有時要對文章的內容進行篩選，甚至於大調整。關鍵還是表達要清楚，內容與原文比較符合。這節課，我們透過傾聽故事、複述故事，其實是透過故事來學會在生活當中如何更好地傾聽與口頭表達。我們聽的是故事，學的是人生。剛才「彭先生」的回答就很讓我暖心。生活處處有文學，文學點滴是人生。

師：記得故事中有這麼一句話嗎？作者說：「要把新出版的書贈予那些與我今生有約的同行。」

如果講座後，作者簽名贈書，文章裡的哪句話最能代表作者的心思，最適合寫在扉頁上作贈言呢？

（螢幕顯示）

「要把新出版的書贈予那些與我今生有約的同行。」

扉頁贈言：＿＿＿＿＿＿＿＿＿＿＿＿＿＿＿＿＿＿

生（齊答）：這個星球有你，我多了一個微笑的理由。

（螢幕顯示圖片）

這個星球有你

我多了一個微笑的理由

師：希望大家一起努力，讓我們自己成為別人微笑的理由！下課。謝謝同學們！

生：老師再見！

附：

這個星球有你

張麗鈞

彭先生打來電話，邀我去西部老師培訓會上講座。儘管與他僅有一面之交，但我還是愉快地應允了。

掛了電話，翻一下工作安排，發現居然與一個會議「撞期」了。連忙打電話向主持會議的人請假。對方沉吟了片刻，半開玩笑地扔過來一句：「去兼差？」問得人火往頭上拱，又不便發作，賠著笑說：「跟商業不沾邊。組織者提供交通、食宿費用，不安排旅遊。我的講座是零報酬。」對方聽了，用洞悉一切的口吻說：「零報酬？那——不是他們太不仗義就是你太仗義了吧？——來這個會還是去那個會，你自己決定吧！」

我好難決定！

我跟自己說：「何苦來？背著一口黑鍋去搞什麼鬼講座！」可是，答應的事又怎好反悔？我需要尋覓一個推掉講座的充分理由。

我上網搜尋了彭先生的背景資料。

彭先生本是名牌大學的高材生，畢業後到天津市某家知名軟體公司做軟體企劃。朝陽的年紀，做著一份朝陽的工作，惹來許多人羨慕。但是，突然有一天，他毅然辭去工作，做了一名自願「流放」西部的資訊人。

促使彭先生下決心去西部的，是一對苦難的母女。

冬季的傍晚，彭先生從公司下班回家，發現車胎沒氣了，便把車推到一個修車攤去修理。三九天氣，風像刀子一樣刮得人臉生疼。為他補胎的是一個進城打工的女人。女人身邊，是她五六歲的女兒。小女孩渴了，一直纏著媽媽要水喝。但媽媽忙著補胎，騰不出手來給女兒弄水。小女孩見媽媽實在顧不上自己，便趴在試漏的水盆前，小聲地問媽媽：「媽媽，這盆裡的水能喝嗎？」沒等媽媽回答，渴極了的小女孩居然把頭伸向了已有浮冰的髒水盆……這一切發生得那麼突然，彭先生的心被揪疼了。他趕忙跑到最近的一家商店，買了幾瓶牛奶，以最快的速度跑回來交到小女孩手中……

第二天上班後，整個上午，彭先生全身都在發抖。他事後說：「在離我們公司不到五百公尺遠的地方，竟有如此苦難的事情發生！而我卻坐在有空調、有暖氣的辦公室裡……這件事是一個導火線，它把我幾年來想好的事情一下子提前了；或者說，好比是一個朋友打來電話，讓我趕緊去做更應該做的事。我再不能等下去了！」

他於是去了那個叫黃羊川的地方。志願擔任偏鄉教師，分文不取。

當他坐在一戶姓王人家的炕頭，吃著讀到四年級就因貧困而輟學的女孩所烤的馬鈴薯時，他哭了。

當他在另一戶人家，聽到一個做了母親的人說因為沒唸完書而一直後悔著、怨恨著時，他哭了。

經過一番努力，他讓黃羊川的中學生每週吃上了一次肉。

經過一番努力，他讓黃羊川連上了網並擁有了自己的網頁。

因為看到了這樣一個事實：愈窮愈不重視教育，愈不重視教育愈窮。他決心用教育拯救這片土地……

在他的影響下，一位在中央氣象局工作的同學毅然辭職，來到黃羊川，做了一名長期固定老師。

……

我原本尋覓疏離緣由的心，此刻卻被親近的熱望塞得滿滿。在這些故事面前，一口「黑鍋」顯得多麼微不足道！被誤解的痛，幻化成一條細到可以忽略不計的蛛絲，隨手抹掉或者交付風兒，都可以微笑著接受。

孫紅雷有個廣告說：「我們都是有故事的人。」這句話多麼適合彭先生！這年頭，有故事的人很多；但是，彭先生的故事卻堪稱高品味。有故事的人沒有親口講述自己的故事，幸運地分享了這故事的人一直在心中說著孔子那句話：「雖不能至，心嚮往之。」

──我決意充當那個可有可無的會議的叛逃者。

──我決意把多年淘得的教育真金悉數獻給西部。

──我決意將新出版的書贈予那些與我今生有約的同行。

我發給彭先生的簡訊是：「這個星球有你，我多了一個微笑的理由。」

教學後記

關鍵詞：高強度綜合訓練

在課堂上聽故事、記故事、評說故事，是我日常國文教學中一項常規的訓練內容。從我 2001 年進入國中國文課堂開始，「聽記故事」訓練就成為一道深受歷屆學生熱愛的精神大餐。具體的操作是：每天，由值日的同學提供一篇文章，國文課前，把自己的姓名、學號以及文章的題目、作者、文中人物姓名等重要資訊抄寫在黑板上。其他同學把這些資訊抄寫在專門的聽記本上。值日的同學背誦文章，其他同學一邊聽，一邊記錄文章梗概；待背誦結束時，學生的筆記本上差不多已經記下了文章的大部分內容了。給學生兩三分鐘時間，讓學生寫完故事梗概並寫上自己的想法。師生交流聽後感時，學生還可以把老師和其他同學的不同觀點記在筆記本上。日積月累，一個學期下來每個學生就可以累積數十篇的故事。往屆的學生回校來看我，都會問我聽記故事的活動是否還在繼續。

不少國文老師的課堂上也都有幾分鐘的訓練活動，如三分鐘演講、讀書交流、成語故事等，形式可謂豐富，但是，效果就很難說了。因為，在絕大部分有課前訓練的課堂上，絕大部分的學生僅僅是聽聽而已，至多再發表幾句評點。一天天的課前活動並沒有成為很好的素材累積和能力訓練的重要資源。可以說，是浪費了課前寶貴的幾分鐘了。

我的聽記故事的訓練活動，充分利用課前的時間，訓練所有的學生，聽說讀寫幾種方式共同進行。對每一個學生來說，都是在接受高強度、高密度的訓練。學生需要邊聽故事邊記錄故事梗概，要有一定的速度還要有較快的文字轉換和組織能力；交流時訓練的是口頭表達能力、傾聽能力和即時應對能力。對老師而言，這也是一種訓練，要有與不同學生即時對話的能力。有時，我會根據文章的具體情況，從寫作的角度對文章提出修改意見，或者即興編考試題，讓學生更充分地感受一篇文章的各種價值。

這節課，是我參加南京市優秀青年培訓班學習期間開的一節公開課。當時，我的學生在學校分部的國三校區，所以，借用了國二的學生上課。上課

前師生沒有見過面，但這並不影響課堂上交流對話的順暢，這一點也許是和本節課的內容有關。

　　這節課的教學形式是學生以前從沒有經歷過的，又是聽故事，所以，學生表現得比較興奮。從課堂效果看，學生的參與熱情高，氣氛熱烈。但是，與我自己的班級相比，還是能夠看出一些問題的，如學生的傾聽習慣不好，不夠專注；邊聽邊記錄故事內容完成得不太好，絕大部分學生只能挑著記一些關鍵詞，不能如我的學生那樣一邊聽，一邊就能根據故事內容寫出通順的語句，聽完後就能成篇。從兩組學生記錄的對比看，有記錄提綱的學生基本能夠完成相關題目的資訊記錄，沒有記錄提綱的學生則不知該記些什麼。總的看來，這節課上，學生能夠在老師的提示下用心地傾聽、正確地表達，基本上實現了課堂的預設目標。

　　生活中，我們常常需要一邊傾聽一邊記住重要資訊，還要即時發表想法，聽記故事這樣的訓練對學生的口語傳播素養的提高無疑是幫助很大的。另一方面，因為記錄下了這麼多的故事，而每一個故事都可以帶給我們不同的思考，聽記本上的故事和感想就成了非常鮮活的素材庫。我以前的學生到了高中以後，經常會翻閱這個聽記本，找尋合適的寫作素材。

　　上海師範大學的王榮生教授聽課並做了評課。王教授說，他在全國各地聽過無數的課，可是還沒有聽過一節口語傳播教學的課。王教授對我開這種課程的勇氣給予了褒揚，肯定了我的教學探索。

　　後來，我又讀了《口語交際教例剖析與教案研製》一書，對口語傳播活動及教學有了新的認識，日常生活中的口語傳播活動和組織中的口語傳播活動是有不同的，在教學中要想處理得更科學還真是要再下一番功夫的。

評點

　　在言語現場中完成「傾聽」與「複述」
　　——評柳詠梅老師《傾聽與複述》研究課
　　王益民

這個星球有你——《傾聽與複述》研究課實錄

2012年的那次活動我是現場「傾聽」了詠梅老師的這節課的,再次學習文字實錄,感觸還是蠻多的。還是讓我先來「複述」一下這節課的流程。柳老師先是讀了張麗鈞老師的一篇散文《這個星球有你》,要求學生「專注傾聽,捕捉資訊」,聽完後,回答關於這篇文章的幾個問題,然後「改編故事,情境複述」。學生選擇了三個話題,進行故事改編。

這節成功的口語傳播課程實例至少給了我這樣的幾點啟示。

一、教學內容選擇上,柳老師將「傾聽」與「複述」兩個動作相關聯,完整地展示了兩者之間的因果關係,也豐富了教學內容。「口語傳播」的課程目標是培養學生「具有日常口語傳播的基本能力,學會傾聽、表達與交流,初步學會運用口頭語言文明地進行人際溝通和社會交往」。口語傳播中的傾聽是指,憑助聽覺器官接受言語資訊,進而透過思維活動達到認知、理解的全過程。而複述是以言語重複剛識記的資料,以鞏固記憶的心理操作過程。兩者分開訓練可不可以,自然也行,但放在一起,能讓學生體會到準確的複述是來自於認真的傾聽。

這裡有兩個細節特別具有匠心:一是,柳老師課前要求第一、三排的學生用印發的記錄提綱記錄,第二、四排的學生不看記錄提綱,在提綱紙的背面記錄。然後前後交流傾聽後所記錄的資訊。二是,讓第二、四排(自主記錄的兩排)回答問題。尤其是第二個細節,學生透過回答問題明白了「傾聽」是需要掌握要領的。從整節課來看,回答問題又是一次「傾聽」的補充訓練。

二、在言語的實踐中達成口語傳播的目標,讓口語傳播有了現場感臨場感。課程標準說,「口語傳播是聽與說雙方的互動過程。教學活動主要應在具體的交際情境中進行,不宜採用大量講授口語傳播原則、要領的方式。應努力選擇貼近生活的話題,採用靈活的形式組織教學」。柳老師這節課從大致上看,有兩次國文實踐活動,第一次以傾聽為主,第二次以複述為主,我們說「為主」,是因為你中有我,我中有你。第一次活動中,回答問題就是一次複述的訓練,關於複述的準確性的訓練。

師:第二位同學,「我」被彭先生邀去做的事情是——

生 2：講座。

師：講座，給誰講座呀？

生 2：給學生講座。

師：是給學生講座嗎？這位同學你覺得呢？

生 3：是去西部偏遠地區給那些貧困的學生講座。

師：有同學認為他說的講座對象有問題的嗎？

生 4：好像是給西部老師啊！是西部老師培訓會上的講座。

師：很清楚，是給西部老師培訓會做講座。剛剛說成給學生做講座的同學，趕快調整一下啊！

第二次實踐活動更具有情境性，下面還會講到。口語傳播是一種教學策略和方式，是聽話、說話能力在實際交往中的應用。聽話、說話是口語傳播的重要組成部分，但我們不能把口語傳播簡單地等同於聽話、說話。聽話、說話不包括交際過程中分析、綜合、判斷、推理、概括、歸納等思維能力，也不包括分析問題和解決問題、實際操作、創造等能力。在口語傳播訓練中只有讓學生多種感官都參與到活動中來，才能切實提高學生的口語表達能力。

三、創造性的複述訓練，讓複述演變成更為高級的思維訓練。複述可以分成保持性複述和整合性複述兩種形式。前者亦稱簡單複述或機械複述，是對短時記憶中的資訊只進行重複性的、簡單的心理操作，使記憶痕跡得到加強，但不一定能進入長時記憶。後者亦稱精細複述，是透過複述使短時記憶中的資訊得到進一步的加工和組織，使之與預存資訊建立聯繫，從而有助於向長時記憶的轉移。精細複述的加工水準較高，具有主動性。柳老師給了學生六個話題，最後學生選擇了其中三個話題進行精細複述：修車婦女當天晚餐時跟家人說；小女孩第二天跟鄰居小夥伴說；彭先生後來接受記者採訪。我們來看一下其中的細節。

師：我可以打斷一下，提出我的一個疑惑嗎？

生 20：可以。

師：你剛才說，「前後的兩個問題連接得非常緊密」，我不大清楚你所說的「前後的兩個問題」是什麼？

生20：就是彭先生回答以後，記者的提問是基於他的回答的。後一個問題跟前面的回答連接得比較好。

師：我明白了。他的第一個問題問完以後，根據被採訪者回答的內容進行了第二個問題的追問，連接得很自然。好的。謝謝你！請這位同學評價一下。

生15：我覺得他們這一次的對話講得很自然，並沒有刻意。比我做得好很多。（眾生笑）我一開始就很不自然。他們做得很好，就真的像一個記者採訪另一個人。彭先生的這次講話就是真情的流露，所以答得流暢自然，而記者也抓住了彭先生話語中的重點進行追問。我覺得這一次採訪是很成功的。

那天，學生在「交際」的時候，柳老師是捧著一個筆記本在認真記錄的，這是「學會傾聽」的一個示範。她向學生提出「一個疑惑」，說明她不僅認真傾聽了，還能提出「疑惑」，包括柳老師的言語方式，都是「表述」的典範。在「典範」下，「生15」的「評價」十分精準，成為那節課至今難忘的亮點。

當然，口語傳播這樣的課大家都在探索中，「傾聽」與「複述」是兩項基本功，相關的知識不是一節課所能傳授的，但，如果能將「如何傾聽」、「如何複述」略加知識化，或許能夠體現「授之以漁」的教學原則。還有在創造性複述的環節中，又涉及如如何採訪等內容，這樣就容易遮蔽「複述」的本來面目。

（王益民，鎮江外國語學校高級老師，全國中國語言學會特聘專家，鎮江市國文學科帶頭人，著有《論語說文評課》、《語文好課真相》等六部專著。）

▍言語無法形容──《就英法聯軍遠征中國給巴特勒上尉的信》課堂紀實

「今天的國文課好精彩！」我笑著道。孩子們笑著點頭，掌聲四起！

國文教學三部曲：中國課文精選示範
第三部曲 課堂演繹

「啊，真精彩！不可預設的精彩！」到了辦公室，我還是興奮地重複著。

是的，這一節課，只能用「精彩」二字來形容，不，也許如這篇課文中所說的，是「言語無法形容」！

讀題目，解題意，圖片呈現，在這個過程中，讓學生對這篇文章的寫作背景有個基本的了解。

雨果的介紹，我扣住學生提問中的「什麼是人道主義」稍做展開，強調他的「以愛制惡」的主張。

課文不長，有必要通讀一遍。

讀課文前，我提示學生思考，這封書信是否讓巴特勒上尉滿意，是否達成了雨果的目的。

學生們齊讀課文。

第三段寫圓明園的那一部分文字讀得比較陌生。從第四段之後，也許是和文字的風格有關，也許是被作者的態度感染，學生們讀得情緒飽滿，鏗鏘有力。我相信，不需過多講解，他們已經能夠解答我之前的提問了。

我出示課文：「文中有一個詞可以用來評價圓明園、英法聯軍的行為、作者。請找出並證明之。」

然後，學生靜靜地默讀文章思考。我提示學生，把文中能作證明的內容勾畫出來。

學生們各自認真地閱讀、圈點、批畫著。

五分鐘後，我讓學生們前後左右地交流討論。

教室裡一下子就熱鬧起來了。在如此沸騰的氛圍中走動，是一種獨特的享受。

後排的男生居然爭吵起來，似乎誰也說服不了誰。我提示他們用課文中的內容來證明自己的觀點並說服對方。

幾分鐘後，全班交流。

好幾隻手高高地舉起。

我請最後一排的一個男生發言。

他找的詞是「奇蹟」（這個和我預設的答案是完全一致的。）他用數學證明題的思路，證明用這個詞是合適的：已知條件是什麼，推理過程具體展開，所以，得出這個結論。他說出「已證」、「等量代換」這些數學專業詞彙時，全班笑成一團。我一邊聽他的發言，一邊想：怎麼這麼巧呢？第一個答案就和我預設的答案一樣？我可是希望有其他的答案的，這樣就可以碰撞起來了。

我對他的回答做了補充和提升。

他回答後，還有很多隻手高高地舉著。

一個孩子說：「我覺得用『文明』來證明是合適的。」「文明」這個詞是超出我的預設的，我很想聽聽他是如何證明的。

「第三段的最後一句說這是『亞洲文明的剪影』，圓明園是幻想的藝術，文明的傑作。第六段中，作者用反語來說英法聯軍劫掠圓明園『就是文明對野蠻所幹的事情』，這是『文明』的行為，這裡用的是反語，實際上是相當的不文明。」、「是啊！他們這是典型的偽文明。」我推進了一句，他接著說：「作者是真正的文明人。他從人道主義（用上了我前面的作者介紹）的高度來評價這場行為。」、「從人類文明的高度來表達他的立場。」我補充道。

下一個學生對第一個學生的回答進行了補充：圓明園是「奇蹟」；而英法聯軍的行為使圓明園沒有了。列算式就是「英法聯軍的行為減去圓明園等於零」，所以，英法聯軍的行為就等於「奇蹟」，當然，這是反語的手法。

有點起鬨的性質，但是似乎也沒有不妥。

「把被稱作世界奇蹟的圓明園給毀了，真的是人類歷史的一大奇蹟。只是這樣的奇蹟也實在太惡劣了。英法聯軍的行為可以說是一個非常齷齪的奇蹟。」

下一個學生答的是「傑作」。理由是：圓明園是東方藝術的傑作，英法聯軍的行為毀壞了這個「傑作」，當我們批判他們的行為時可以用反語來說「圓明園慘遭破壞是你們的傑作」。作者寫出了這封信，全世界很多人都知道這封膾炙人口的信，這封信是「傑作」，寫出這封信的作者更是人類歷史上的一個「傑作」。

　　有學生認為還是「奇蹟」最合適。他補充闡釋到：有很多的東西都可以稱為「傑作」，然而像帕德嫩神殿和圓明園這兩個「奇蹟」是由眾多個「傑作」構造成的，「奇蹟」要比「傑作」更有份量。而且，這兩個「奇蹟」在世界上是鮮有的，而「傑作」不一定是少有的。

　　另一個學生認為「幻想」很合適。

　　聽了他的發言，我以為這個詞不太能夠肩負起評價三方的作用，給他做了補充和修正。

　　前面都是男生在「證明」。

　　這時候，一個女生舉手。

　　「我覺得用『驚駭』這個詞很合適。」她的這個「驚駭」倒是出乎我和許多學生的意料。她繼續闡述到：「第三段中說這是『一座言語無法形容的建築』，圓明園是令人驚駭的作品。而英法聯軍所幹的事情也是令世人驚駭的，已經超越了道德底線。而作者作為法國人，不像一般人會用讚美的口氣而是以諷刺的語言對英法聯軍的行為做了批評，他的這個行為是令人驚駭的。」

　　「這個角度很特別，不是用名詞而是用形容詞，從人們的心理角度、從效果的角度來評價三方。」

　　後面的交流中，還出現過「出色」、「震撼」、「典範」、「獨一無二」、「了不起」、「結晶」等詞語。

　　每一個詞、每一個理由都是如此恰當。

言語無法形容——《就英法聯軍遠征中國給巴特勒上尉的信》課堂紀實

　　學生的發言一個接著一個，每一個證明都是非常有理、有力的，幾乎不用我穿插、補充、提升。其他學生聽得很專注。我偶爾補充一兩句：

　　「有人說，雨果是聖人。在他心目中，這座建築物是為了各國人民而建的，因為，歲月創造的一切都是屬於人類的。這是他的人道主義情懷、聖人情懷。」

　　下課的鈴聲在此刻不合時宜地響起。居然下課了？我和學生們都覺得很驚詫。

　　廣播操的音樂也響起來了。

　　幾隻手依然高舉著。

　　「難道我們要拖堂嗎？」拖堂從不是我的作風，我問學生。

　　「要！」學生們異口同聲叫道。

　　窗戶邊的一隻手高舉著。沒有等我點他的名字，他幾乎是跳起來就喊：

　　「老師，我可以用六個字反駁所有的觀點！」

　　「哪六個字？」

　　「言語無法形容。」

　　時間似乎停止了一兩秒鐘，接著是如雷般的掌聲，久久地蕩漾著，伴著外面的廣播操的音樂。這是我教這個班以來，學生在課堂上爆發的最長久的一次掌聲。

　　「這個答案真漂亮！」我接著說：「抱歉啊！看來我們不得不拖堂了。拖堂的時間我會還給你們的！一定的！」

　　他有板有眼地闡述著、「證明著」。其他學生一邊聽一邊頻頻點頭。

　　我做了小結後，情不自禁地感嘆了一聲：「今天這節課真精彩！」學生紛紛喊道：「也是言語無法形容！」掌聲又一次響起！

國文教學三部曲：中國課文精選示範

第三部曲 課堂演繹

我即興安排作業：「用隨筆的方式記錄這節課，既可以寫你的證明，也可以從任何一個角度來記述、呈現這節課。就這個證明話題，你可以繼續解讀這篇文章、這節課。要記得給文章起一個合適的題目。」

錄音筆上顯示：整個課用時 39：30。我們在這節課上收穫了太多太多的精彩。這些精彩是學生創造的，是扣住文本、深入解讀、積極思考、踴躍發言、相互推動創造出來的。

第二天，學生上交來的隨筆也像這節課一樣有滋有味，精彩紛呈。

教學後記

關鍵詞：證明法

雨果先生的《就英法聯軍遠征中國給巴特勒上尉的信》是一篇獨特的文章。這是學生第一次在教材上接觸雨果先生的文字。雨果在這封應邀而寫的書信裡，對圓明園的讚美、對英法聯軍的譴責表達得淋漓盡致。與課文相關的歷史背景學生已經在歷史課中學過。如何從活動充分、訓練有力的角度設計這篇課文的教學還是頗有難度的。

文章由前後完全不同的兩個大段落組成，書寫內容、語言風格、寄寓情感等都完全不同，雖然在教學中可以根據文章的特點設計為「欣賞圓明園之美」與「譴責英法聯軍之惡」兩大部分，但是這樣硬生生的兩塊內容並不能表現出老師對文本的深入解讀與巧妙整合。備課中，我從文末的「讚譽」入手解讀文本，發現這是一個可以串起全篇內容的關鍵詞：作者對圓明園之美充滿讚譽並高度評價了它在歷史、藝術上的地位；作者以反語的手法強烈譴責了英法聯軍這「兩個強盜」的惡劣行徑；對站在人道主義高度來評價歷史的雨果先生，我們是心懷崇敬的，他值得所有人讚譽。但是，這樣的解讀，需要學生自己去完成。

再讀課文，我發現除了「讚譽」，還有「奇蹟」一詞也可以用來評價圓明園、英法聯軍和雨果。當然，如「讚譽」一樣，「奇蹟」用於評價英法聯軍也是用的反語手法。「找一個詞（短語）評價三方，並且結合具體內容來

證明這個詞是合適的」,這個念頭在我腦中出現。於是教學鋪墊之後,我直接呈現了這個「證明題」。

真可謂「一石激起千層浪」,這個主話題一出,全班便譁然了。

從課堂現場看,學生能夠緊緊扣住內容,觀照文本,深入分析。證明法,在這節課的教學中得到了充分的體現,取得了意想不到的優良效果。這給我們一個新的啟迪:教學有法而無定法;法在心中,法在學生中,法在研究中,法在創意中。

我的教學預設僅僅準備了兩個詞語,而學生們的答案卻是豐富多彩的。除了一兩個詞有點牽強,其他的都能在文中找到依據進行證明。這倒是讓我大開眼界了。學生們的智慧推動著我的課堂,鞭策著我要更加深入地研讀教材。

如今說起一年前的這節課,學生和我依然覺得熱血沸騰!這是一節被學生們稱為「言語無法形容」的好課!

在課後的隨筆裡,又有學生提出「言語無法形容」固然合適,但是文章裡本就有「不可名狀」這個詞,簡潔凝鍊,比六個字的短語更好。她的證明也非常到位。這個發現也是非常有角度和力度的。

再一次解讀這篇文章,更加認識到:我原來的預設真是太狹窄了。不得不佩服學生們的發現。我的課堂因為學生而更精彩!所以,對學生,我要永懷感恩之心!

評點

精彩可預約,妙手偶得之

——評點《就英法聯軍遠征中國給巴特勒上尉的信》課堂紀實

梁增紅

這一節課的特點是,讓學生在找詞並證明的過程中,感受圓明園以前的輝煌、英法聯軍的罪惡、雨果偉大的人道主義精神。或者說,這一個活動,

國文教學三部曲：中國課文精選示範
第三部曲 課堂演繹

實現了把握文意、理解作者、分析歷史、培育情感等多種功能。從課堂實錄來看，學生所表現出來的言語生命，更加令人動容。

柳老師認為這節課是「言語無法形容」的，我更傾向於另一種形式的表述：不曾預約的精彩！

精彩來自教者的「國文本體」意識。柳老師本節課，似乎只是做了一件事：「文中有一個詞可以用來評價圓明園、英法聯軍的行為。請找出並證明之。」以一個主問題提挈全課，牽一髮而動全身，師生的活動，有了明確指向，並能循之「向青草更青處漫溯」。學生和柳老師在互動之中，始終圍繞那一塊「田地」深耕細讀，否則，學生的認知就會是一盤散沙，收穫的只是一堆七零八碎的東西。借鑑於理科思維的「證明」，不過是一種抵達教學目標的路徑。誰說國文只有輕浮的情感泛濫呢？課堂上，柳老師和學生一起徜徉於語言文字之間，審問、慎思、明辨，言之有理、言之有據、言之有力，無不閃現著理性思考的光芒。學國文，有時就是一種發表。海德格爾說：「語言是存在之家。」潘新和先生認為，國文就是一種表現與存在。且不說「聽說讀寫」是國文學習的基本素養，從言語生命的角度而言，國文學習的一個重要意義就是讓學生在獲得語言的過程中，提升人生境界，具有更完美的人生。學生在閱讀文本後，所獲得的體驗中，表述的詞語就有「奇蹟」、「傑作」、「幻想」、「文明」、「驚駭」、「出色」、「震撼」、「典範」、「獨一無二」、「了不起」、「結晶」等十多個。當然，最精彩的還是最後一個孩子的「言語無法形容」。形式上是在品讀文字，潛移默化中，學生的精神已經獲得滋養。從這個意義上說，沒有建立在語言文字基礎上的國文課，是無「根」的浮萍，是斷線的風箏，是迷失航向的小船。

精彩來自教者的「牧羊意識」。在柳老師的課上，我們欣賞這樣的細節：在學生熱烈討論時，「其他學生聽得很專注，我偶爾補充一兩句」；一個學生認為「幻想」很合適時，「我」以為這個詞不太能夠肩負起評價三方的作用，給他做了「補充和修正」；當一個學生說出「驚駭」一詞，出乎老師和許多學生的意料時，柳老師在傾聽學生的表達後，肯定了學生的思維方式，「這個角度很特別，不是用名詞而是用形容詞，從人們的心理角度、從效果的角

度來評價三方」，而不是一味地表揚、膚淺地應和、廉價地讚歎。國文課上，儘管要給學生更多的發表，但是老師的「專業引領」作用不可忽視，也就是說要像《麥田裡的守望者》中所描述的那樣，「做一個高明的牧羊人」。切不可從一個極端走向另一個極端，由過去「老師牽著學生的鼻子走」，轉而為「老師被學生牽著鼻子走」。自由不是放任，把課堂還給學生，不是老師不作為不負責任的自我託詞。令人欣喜的是，我們可以隨時看到柳老師作為學生學習的合作者、指導者、幫助者、促進者的姿態。當一個學生說用「文明」這個詞來證明是合適的時候，柳老師覺得「是超出我的預設的」，是「很想聽聽他是如何證明的」。傾聽，構成了對話的前提；在學生自主學習活動之前適當地「提示他們用課文中的內容來證明自己的觀點並說服對方」。在這裡，教者的提示非常及時，以免學生過分「旁逸斜出」，拋開文本而自說自話。思維具有發散性，也有聚合性。在學生「你說，我說，他說」後，老師該有何作為？柳老師給出的答案是，穿針引線、引導守護。

　　精彩來自教者營造的發表氛圍。「他回答後，還有很多隻手高高地舉著」；課堂快要結束時，柳老師情不自禁地感嘆了一聲「今天這節課真精彩」，給予學生莫大的鼓舞……整節課上，我們時時處處可以感受到師生之間的那種和諧、民主、彼此不設防的氛圍。可以想見，柳老師的課堂上，屬於學生的時間和空間是真實而自然存在的，學生願說、樂說、會說。否則，學生在獲悉老師的標準答案後戛然而止、思維停滯，陷入「老師講學生聽，老師說學生記」的狀態中，那對於國文學習真是萬劫不復的災難。那樣的課堂，是為老師表演而準備的舞台，而不是為學生學習國文而準備的課堂。「教室裡一下子就熱鬧起來了。在如此沸騰的氛圍中走動，是一種獨特的享受。」這是一種多麼令人豔羨的美好境界啊！

　　這難道不是許多陷入生命困局中的國文老師夢寐以求的理想國文課堂嗎？

　　行文至此，忽然覺得「不曾預約的精彩」多有不妥。觀柳老師的課，可謂「精彩可預約，妙手偶得之」。

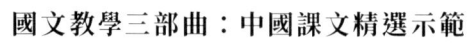

國文教學三部曲：中國課文精選示範
第三部曲 課堂演繹

（梁增紅，常州市第二十四中學高級教師，常州市「骨幹教師」，常州市國中國文兼職教學研究員，出版個人專著《簡潔文學》、《追尋教育的本真》。）

品文學，學寫作——國中作文指導課堂實錄

時間：2013 年 7 月 12 日。

地點：黑龍江雞西市樹梁中學。

師：這是我第一次到東北的黑土地上，也是第一次到雞西，到樹梁中學。從南京到這裡一路上真是不容易呀！因為北京大雨，航班取消，於是被迫改由上海直接飛到齊齊哈爾，然後又破紀錄地坐了十五個小時的火車，到達了這裡。因為心中充滿著嚮往，因為我是去做我熱愛的文學工作，去向文學的前輩們學習，與文學的同輩們交流，與學國文的孩子們相會，所以覺得有種夢在推著自己往前走。這是我第一次一個人在三天之內經歷了這麼長的旅途，來到一個這麼遙遠又可愛的地方。這樣的第一次在我生命當中一定是意義非凡的。我想，每個人的生命中都有很多的第一次，或者是快樂的，或者是傷感的，但正是這些第一次組成了我們的生命。

下面，請大家也說說你的第一次，說說令你難忘的第一次的經歷。

（螢幕顯示）

說一說。

說說你印象深刻的第一次經歷。

（生思考）

師：請與大家分享一下，你印象深刻的第一次經歷。

生1：我記得第一次踏進小學校園時，我很激動。我在想會發生什麼有趣的事情，我的老師和同學會是什麼樣子呢？我很期待。我坐到了自己的座位上，聽老師的自我介紹，聽老師講的每一個要求、對我們的約束，都令我記憶猶新。

師：當小學生了，再也不像幼稚園小朋友那樣懵懵懂懂了。為自己成長中的這個第一次而開心。

生2：大約是在2006年吧！那是我第一次到動植物園滑雪。但到了那兒，家裡突然有點事，就沒有時間多滑一次了。當時，我好像就是反（犯）二，憑著一股勁就跑到了山頂上。之前沒有任何滑雪經歷，我就直接滑下來了。摔了幾次，臉上也是積雪，但當時就感覺：雪在臉上化了也是一種溫暖，很高興。

師：滿足的那種感覺。請教一下，剛才你說了一個詞「反二」。

生2：犯二。（眾笑）

師：我猜一下，「犯二」，這大概是東北的一個方言詞，就是當時的一股倔勁上來了？

生2：就是一股奔勁。就是當時不明白為什麼要那樣做，但是要做。

師：好的，謝謝！我大概明白了。「犯二」，就是我不能理解，但我偏要把這件事情給做了。是嗎？回去我要學著用用。這當然是要用在做積極方面的事情上。（眾笑）好的，其他同學繼續說。

生3：我第一次做闌尾炎手術。我爸爸是一名醫生，我媽媽是一名護士，他們告訴我，這個手術非做不可。我做了很久很久的心理掙扎，最後我才答應。其實打了麻藥之後，一點都不疼。反正，那次經歷特別難忘。

師：難忘的是身上開了一刀，還是爸爸媽媽都陪著你，讓你順利地度過了這次手術呢？

生3：我難忘的是特別有勇氣克服了這種緊張。

師：為第一次自己克服了這樣的緊張心理而高興，這也是一種成長，而且是有爸爸媽媽相伴的成長。

生4：我印象最深刻的是一次演講，是小學三年級的一次英語演講。之前從來沒有上過這麼大的場合，就感覺非常非常緊張。老師幫我選好了一篇課文，我在家一直練習。上台之後，腿一直不停地哆嗦。好在我有勇氣把那

篇小課文給講完了。最後我得了三等獎，這是我第一次得獎。我非常非常開心。

師：真不簡單，而且還是用英語演講。當然難忘！

師：剛才你在說你腿哆嗦的時候，你後面的那位女老師就刻意看我腿是不是在哆嗦。（眾笑）我想，對一個孩子來說，演講是他的成長經歷；對於我來說，上課也是一種成長經歷。也許，我以前教課腿哆嗦過，現在一般來說不會哆嗦了。謝謝那位老師的關心！（眾笑）

生5：我記得2007年的時候，第一次踏上火車去了北京，親眼看到了雄偉的長城。那一次，我和我奶奶堅持走到了結束——長城最高峰。給我的第一個感受是：我們的先輩真的很偉大，建造出這麼雄偉的長城。還有一個收穫就是，堅持總會勝利的。

師：為我們民族的這種偉大精神震撼了，長城就是標幟。登上長城，是好漢了，為自己得到的這份鼓舞感到高興。

生6：有一次我去大連的動物園，參加了一項體驗活動。有一條蟒蛇，雖然牙齒被拔了，但還是蠻嚇人的。體驗是要把蟒蛇放到肩膀上，持續一分鐘的時間。那條蟒蛇有碗口那麼粗，渾身非常涼，當時我雖然很害怕，可心裡還是想試試。試的時候真是心驚膽顫，下了平台後我還心有餘悸。後來我總結了，以後遇到困難，還是要多試幾下。這個第一次讓我真是受益匪淺。

師：你的發言很精彩，事情說得很完整，讓我們有身臨其境的感覺；你的成語用得豐富又恰切；最後還有對這件事情的評論。你剛才其實就完成了一篇優雅的小作文。你知道嗎？

生6：謝謝！

師：不用謝謝我。你得謝謝那條蟒蛇，給你這樣獨特的經歷和感受。（眾笑）

師：其實我們很多同學都有很多豐富的體驗，第一次的體驗。如果我們把它寫出來，怎麼寫得雅緻、優美呢？我們來藉助學過的課文《第一次真好》

裡面的手法來幫助我們提高作文水準。請大家看資料的第一頁，《第一次真好》這篇文章。

（螢幕顯示）

讀一讀

師：這篇文章重點寫了兩個第一次。請兩位同學分別概述一下。

生7：第一次看到果實如此豐碩的柚子樹。

師：很好，語言簡潔。第一次看到了果實纍纍的柚子樹。

生8：第一次看到了一隻鳥寶寶，剛孵化出來的。

師：這樣概述貼切嗎？

生8：我自認為是貼切的，但是同學們如果有不同意見的話，可以來反駁我。（眾笑）

師：不用「反駁」這麼硬鏘鏘的詞，我們一起來討論交流。這樣概述第四節中的事情貼切嗎？

生9：應該是家中第一次養了一籠十姊妹。

師（對生8）：你覺得他的回答和你的回答的區別在哪兒？

生8：如果沒有一籠十姊妹的話，就沒有鳥寶寶。

師：他剛剛說的那一句話能概括你說的那件事情嗎？

生8（略思考）：能。

師：當然除了這隻鳥寶寶，還寫了其他的內容，如寫了「我」和孩子們，還寫到鳥長大了等等。所以，他的概括比你的更全面、更確實。是不是？這不叫反駁，這叫討論。

師：我們來讀課文。看第一、二段。這兩段寫了一件事情，作者主要運用了兩種表達方式，一種是敘述，敘述一件事情；一種是議論，表達一下感受。

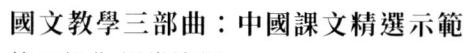

國文教學三部曲：中國課文精選示範

第三部曲 課堂演繹

文段中，有這樣的句子。請大家看，哪些是敘述，哪些是議論，然後我們來讀一讀。

（生默讀課文，思考。）

師：準備好沒有？我們來請男生讀敘述的部分，女生讀議論的部分。看看我們同學配合得怎麼樣。男生哪兒該停，女生在哪兒該接，看好了。「路過人家的牆下」開始——

（男生讀課文第一段。）

（男生後來聲音漸低，不齊整。）

生（七嘴八舌）：讀過了。

師：讀過了。我觀察到一個細節，這位同學在讀「這景色」時，他的同桌用手臂搗了他一下。我也感覺到了男生的聲音愈來愈小，但是女生卻也沒有接上去。你們說「讀過了」，那麼哪兒該停下由女同學接著讀呀？女同學，開始——

女生（齊讀）：這景色不見得很美，卻是一幅秋日風情畫。

師：請一位女生說，為什麼這句是這個段落的一個小議論。

生10：「這景色」就是對前文景色的概括。「卻是一幅秋日風情畫」，這是對這景色的感覺，用比喻的手法來議論。

師：這可以說是一種感覺、一種判斷、一種評價，就是一種議論。

師：第二段也有敘述和議論。我相信，讀第二段大家會配合得很默契。一起讀。

（男生讀第二段前兩句。女生讀第二段末句。）

師：非常好。默契就是這樣練出來的。為什麼呀？我們的心思進入文本了。「今天」這一句是對這一次事件的議論。大家不要抱著膀子，適當地用筆記一下。從第一次看到柚子樹這個事件來看，最能夠表達對這件事議論的是哪一句呢？我們來齊讀這個句子。

生（齊讀）：今天第一次看到這棵果實如此豐碩的柚子樹，霎時間，心頭充滿了喜悅與新奇。

師：好的。糾正一下，「果實纍纍」的「纍纍」讀第二聲，「沉甸甸」的「甸甸」讀第一聲。請標注。我們來概括一下，第一件事，路過人家牆下見到了一棵柚子樹。寫了這件事之後，再寫我的感覺。這是用典型的敘述加議論的方式來寫一件事情。敘議結合，先敘後議。我看到了同學們的變化，都在動筆記錄了，這才叫好的學習狀態。表揚！

師：文中的第二個詳寫的第一次，還是用敘議結合的方式嗎？我們來看第四段。這一段裡有兩個層次，請你找出來，說一說你判斷的依據。

（生思考，劃分層次。約二分鐘。師巡視。）

師：有同學從段落平衡的角度去切分，有同學從小鳥的角度去切分。還可以從什麼角度呢？從敘述故事的角度來講，這個故事有兩層。

生11：我覺得第一層到「我和孩子們都眼巴巴地等候小鳥孵出來」。因為這之前寫母鳥生下了玲瓏剔透的鳥蛋，而後面是小鳥孵出來之後的情景。

師：第一層鳥蛋，第二層小鳥孵出來了。後面不還有小鳥長大了嗎？

生12：第一層到「吃不下飯」，這是不喜歡鳥；後面是第二層，喜歡小鳥。從厭煩到喜歡的過程。

師：你的依據是，「我」對鳥的情感態度的變化。

生13：第一層到「兩只黑黑的眼睛卻奇大」。這是寫鳥孵出來，鳥的外貌。第二層是寫作者看到鳥的情況和總結，說出看到雛鳥的感受。

師：看到雛鳥，包括雛鳥漸漸長大，其實都是他們家的一件事情啊！不論是寫小鳥也好，還是寫「我們」的心理也好，都是詳寫了。其實作者已經告訴我們這件事情了。你們的眼神也黑黑亮亮的了。這位同學的眼睛在向我說話呢！

生14：這件事情就是幾年前家中養了十籠十姊妹。

師：十籠啊？（眾笑）

生14：是「一籠十姊妹」。這是對這一段的總說，後面具體寫孵卵、長大的情況。

師：這些都是圍繞第一句話的什麼來寫？

生14：養。

師：你剛才的表情很讓我感動，你急切地希望老師別把答案說出來。好，我們在這裡分析一下，看能否接受這個觀點。第一層概述了這件事情，大家一起讀。（生讀：幾年前，家中第一次養了一籠十姊妹。）第二層次，具體展開，詳細寫了這件事情。這一段的表達，給我們的借鑑是：先概寫一筆，再細寫幾筆。（學生筆記）我把段落這樣編排，看起來就更清楚了。

（螢幕顯示分成兩段排列的第四段內容。）

師：這兩個段落，是這篇文章重點寫的第一次。段落呈現方式不一樣。第一個，先敘後議，敘議結合。第二個，概寫一筆，細寫幾筆。都是寫第一次，但方式發生了變化。下面請大家選擇其中的一種方式，寫一短篇優美文章。題目是「第一次真⋯⋯」，後面的內容自己補寫。第一次真難忘、真快樂、真激動⋯⋯都可以。可以在你們帶來的作文稿紙上寫，也可以在我所發資料的空白處寫。

（生寫作，師巡視。約十二分鐘。）

（螢幕顯示）

短篇優美文章寫作：《第一次真⋯⋯》

(1) 先敘後議，敘議結合。

(2) 概寫一筆，細寫幾筆。

師：很多同學寫的是「真難忘」。是的，因為難忘，你才會選它做素材。我們來請這位女同學與大家分享。

生 15：第一次真傷心。和往常一樣，那是一個和煦的下午，我和夥伴們一起上公園玩耍，突然間狂風大作，天下起了暴雨。我和夥伴們正要找個地方避一避，這時，我口袋裡的手機響了，媽媽告訴我，太爺爺因腦溢血正送往醫院，要我馬上趕過去。我顧不得什麼天氣，冒著大雨奔向醫院。雨水和淚水混合在一起，泥濺在我的衣服上。然而，我顧不得那麼多，心中只有一個想法：太爺爺你不能有事。然而，當我到達醫院時，已經晚了。這是我第一次失去親人，第一次經歷了生離死別。也許，只有經歷過才會懂得堅強，我會一直一直走下去。

師：謝謝！讓我們分享了這篇文章，這篇讓你再一次回憶起傷心的故事的文章。從文章來看，直接寫一件事情，然後寫這件事的意義和自己在這件事中的成長。這篇文章的格式屬於——

生（齊答）：先敘後議，敘議結合。

師：在這篇微型文章裡，有景物描寫，有心情描寫，都很好。文中有一句話，非常樸實，卻很抓人心，「太爺爺你不能有事」。這就是一個曾孫女對太爺爺的牽掛和祝福：你不能有事！對不起，讓你想起傷心的事情了。

生 16：第一次真美好。記得幾年前，我與父親去興凱湖旅遊。也許那兒的景色並不算美，但那是我第一次旅遊所看到的景色。那天，我們不遠萬里乘車來到興凱湖，馬上就要到目的地了，我笑得合不攏嘴。我急切地想到湖邊玩耍。走進沙灘，細細的沙石被陽光照得特別溫暖，湖水也反射出粼粼波光。此刻的興凱湖在我眼中變得十分美好，我不禁陶醉在這美景中。第一次旅遊的感覺真美好。

師：真好！你的這篇文章也很美好。開頭概述：那一次和父親去興凱湖旅遊。接著是細寫幾筆，展開來寫。如何才能細寫呢？生動地描寫。最後，還加上了一小段收束，是一篇完整的文章了。好的，謝謝你的分享！

生 17：第一次真愜意。往事如風，雲游在我夢中。悉數令我感到愜意的事，便是種種第一次。最難忘的是第一次看海。幾年前，第一次見到了澎湃的海。映入我眼簾的是墨藍色的海水和幾艘正在遠處捕魚的船隻。幾塊裸露

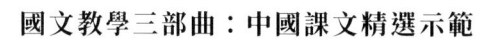

的礁石上面生長著苔蘚，海浪不斷湧起，拍打著沉靜的沙灘。浪大時，會捲走不少細沙。海風腥鹹，濕潤地輕撫我的鼻尖。低頭看下，是經海水雕琢的幾塊精美的鵝卵石。抬頭望向天空，都是深沉。海的朝氣，在一次次沉浮中令我百般愜意。第一次，真愜意。

師：真愜意！聽你的文章，也很愜意。美好的文字，給我們帶來了海的涼風。謝謝！細緻的描寫、精美的語言，要感謝你的國文老師對你的栽培，感謝你自己的練筆，寫得那麼好！

生18：第一次真驚險。還記得幾年前的一個秋日，我們舉家出遊，想一覽興凱湖的風貌。秋葉在天上飄蕩，候鳥成群高飛，一時間，天似湖，湖似天，天湖共成一面。我們都沉浸在這般秋景畫中，被這寧和的景色沖蕩出陣陣嚮往。於是，不懂水性的我也不顧家人的勸告，趁著他們忙於欣賞此刻的美景，便偷偷溜進了湖水中，乘著微波往裡走，剛走上沒幾步，腳不小心踩上了一顆光滑的石頭，一下子倒進了水中，連嗆了幾口湖水。撲通撲通拍了好幾下水，之後才被趕來的家人救起。第一次未必都是美好，但總給人難忘與……後面還沒寫好。（眾笑）

師：我們正沉浸在你給我們帶來的美好刺激與驚險當中。你突然覺得這結尾和你的題目以及前面的內容不太和諧，是不是？抓緊改一下吧！我們來請同桌評一下。這篇文章用的是什麼寫作方式呢？

生19：這篇文章是概寫一筆，細寫幾筆。

師：是的。但從整篇文章看，也是一種敘議結合，只是議論部分還沒有寫完。再請一位同學。

生20：我認為，山路雖說崎嶇，總要比門前的林蔭、馬路好得多。遊人們的雙腳親自開拓，總要多一分神祕和刺激。特別是第一次在不平的山路上向山頂前進，更多了一份平時少有的感受。白雪掩著的彎曲小徑上，僅有我們孤單的行蹤。偶爾閃現的幾個腳印，也是我們唯一的伴侶。向著山頂挺進，這是一種獨特的感受。我想，爬山的美不僅僅在爬山，而是在於作為開拓者的快感。

師：謝謝！很深刻，語言也很優美。我一開始聽的時候，有點吃力。因為把議論放前面了，後面也沒有像我們一般的寫作那樣，先做什麼，後做什麼。但是，我們聽得出來，後面寫了一件怎樣的事情？

生（齊答）：爬山。

師：爬山這件事與我們對人生這座山的感悟交融到一起了。這是非常成熟的一種手法。謝謝你！還有嗎？請分享！

生21：第一次真難忘。今天，一位遠道而來的老師給我們上了一節令我難忘的國文課。老師大概有三十歲吧！她給我的第一印象是：這位老師氣度非凡。老師問了一個問題，當她把麥克風拿到我面前時，我愣住了。從沒有見過這麼大的場面，說錯了可丟臉了，接過了麥克風，說了幾句，自以為良好卻笑料百出，那一剎那，我覺得我是一個「壞人」。第一次好，第一次或許令你傷心，也可能使你痛苦，但只要你嘗試了，你便是「最佳」。細細想來，那個問題並不難，為何要貶低自己呢？我比別的同學更大膽些，我有勇氣站起來，並回答了這個問題，我就是最棒的！難忘的第一次，你令我永遠難忘，令我回味無窮。生命中的第一次愈多，生命就愈精彩。人人都應該有理由珍重第一次，難忘第一次。我愛你！

師：我愛你！好讓我感動。我一邊聽，一邊想到，教育的傷害隨時都可能發生啊！（眾笑）真的！當然，對一個孩子來說，對一個老師來說，只要相逢在一起，彼此都是在成長。我只想真誠地對你說：剛才這樣的交流，沒有傷害你吧？（生：沒有）因為我聽到，你在作文裡流露出來的是對自己的鼓舞。沒有什麼，答錯了又能怎麼樣呢？是不是？如果錯了，後來在與老師和同學的交流中覺得這樣的答案更好，那我就成長了呀！可是，你如果不舉手的話，你就沒有把自己的錯誤亮出來的機會和修正的機會，印象當然不深刻。還有，你前面對我的評價，讓我有點發慌。（眾笑）我最欣賞這位同學這麼一點：選材。當我們提到「第一次難忘」的時候，我們的視線和思緒飄到了過去，而這位同學就抓住了當下。寫作素材隨時都有，寫作活動時常發生。謝謝你帶給我的啟示！

師：還有同學願意交流嗎？時間問題，挺遺憾的，我們只能再交流一位了。

生22：第一次真美好。從生下來開始，就有第一次的發生。第一次呼吸，第一次哭泣，第一次爬行，第一次走路……雖然它們在如今的我看來，有些微不足道。但它們都會成為在我短暫的生命長河中劃過閃閃發光的星辰，照亮並影響著我今後的生活。幼稚園時，我接到了園長奶奶的通知：在兩天後的聯歡會上用英語做主持。本來主持節目對我來說，沒有太大的困難，但是「用英語」這三個字瞬間難倒了我。在那兩天之內，我做了我現在都不敢想像的事情：背完了滿滿五頁的演講稿，並且在聯歡會的當天，在各單位主管的注視下，完成了我的第一次英語主持。當我背完最後一個句子，嘴裡發完最後一個字音，看到台下黑壓壓的人群發出熱烈的掌聲時，我知道，我成功了。那第一次至今還深深地印在我的腦海裡，化作一顆小小的星辰，在我記憶的長河裡閃著光，告訴我那個第一次真的非常非常美好。

師：真的真的，永遠閃亮。謝謝你！這是一篇完整的文章。議論開始，敘述展開，再議論結束。這是一個圓環形的結構完美的文章。時間問題，非常遺憾，不能在課上分享其他同學的作品了。還有願意的嗎？我實在不忍心停止你們的分享。

師：《第一次真好》這篇文章，除了兩件事情敘述故事的表達方式有所不同以外，我們還可以學習它的巧妙的過渡。我看到一些同學很機智地在資料上做筆記了，真好！「巧妙的過渡」在第幾段？（生齊答：第三段）它還不是一般的陳述句過渡，而是運用了問句的方式，把讀者不知不覺地帶去作者家看一籠十姊妹鳥了。文中的「第一次」一共有八個。另外的六個「第一次」怎麼辦呢？

生（齊答）：略寫。

師：對，略寫。第五段和前四段的關係現在看出來了吧？詳略處理。還有最後一段的功能是什麼呀？

生（齊答）：總結全文。

師：昇華主旨。用的是卒章顯旨的手法。這些手法我們在這節課上都無法再練習了。但我給大家的資料都可以用來練習第三段、第五段、第六段的作用。好，我們來總結一下這節課。

（螢幕顯示）

生活中有無數的素材。

利用課文，學寫作文。

寫好作文，真的不難！

師：很多很多的第一次，過去的、當下的，告訴我們一個真理：第一，生活中有不竭的素材；第二，有好素材了我們怎麼把作文寫得好看呢？最好的參考資料和範文就是課文；第三，寫好作文，真的不難。這節課就到這裡，下課。

生：老師再見！

師：同學們再見！

附：

第一次真好

周素珊

路過人家牆下，偶一抬頭，看見一棵結實纍纍的柚子樹。一顆顆碩大的黃綠色的柚子，沉甸甸垂吊在枝頭。這景色不見得很美，卻是一幅秋日風情畫。

我是個生長在都市，從來不曾享受過田園生活的俗子。除了木瓜樹以外，所有結實纍纍的果樹，都只能夠在圖畫、照片、電視和電影中看到。今天第一次看到這棵果實如此豐碩的柚子樹，霎時間，心頭充滿了喜悅與新奇。

第一次真好，第一次的感覺真奇妙。細細回想：在你的生命中，有多少「第一次」值得你低頭品味？有多少「第一次」給你留下不可磨滅的印象？

國文教學三部曲：中國課文精選示範

第三部曲 課堂演繹

　　幾年前，家中第一次養了一籠十姊妹。當母鳥第一次生下了幾顆玲瓏剔透，比小指頭還小的鳥蛋以後，我和孩子們便眼巴巴地等候小鳥孵出來。有一天，我們正在吃午飯，孩子忽然大叫：「小鳥孵出來了。」我驚喜地走到鳥籠邊一看，在鳥巢裡面的所謂小鳥，只是兩團小小的粉紅色肉球，僅僅具有鳥的雛形，身上只有稀疏的幾根毛，兩只黑黑的眼睛卻奇大。第一次看到剛孵出來的雛鳥，但覺它們的樣子很難看，竟因此而吃不下飯。可是，等到它們漸漸長大，羽毛漸豐，一切都具體而微以後，我喜愛它們又甚於那些老鳥。

　　第一次的感覺真奇妙。第一次去露營，第一次動手做飯，第一次坐火車，第一次坐飛機，第一次看見雪，第一次看到自己的作品用鉛字印出來……第一次的經驗不一定愉快，但新鮮而刺激，使人回味無窮。

　　生命中的第一次愈多，生命也就愈益多姿多彩。願你珍重第一次。

教學後記

　　關鍵詞：我愛你！

　　這是一節上得很舒展的課。

　　利用教材中的優美文章，指導學生作文，實現真正的讀寫結合。充分挖掘教材文本的價值，利用文本，提升寫作能力，只要方法得當，學生很快就會有看得見的收穫。這是我在研究多篇課文的寫作價值與進行讀寫共生訓練後獲得的真切感受。

　　課一結束，恩師余映潮老師就走上來連聲誇讚：「太好了，太好了」。

　　分析文本，提取寫法，寫作操練，一步步地推進。學生由閱讀而寫作，課堂氛圍由熱鬧到沉靜到再熱鬧，課堂節奏也由快到慢到再快，課堂呈現出起伏的線條美。最重要的是，所有學生都當堂完成了一篇微文，實現了集體訓練當堂見效。

　　對於這節課，我比較滿意的是教學評點語。學生發言後，我的評點不是簡單重複，而是有所提煉、有所提升、有所超越的，是在對話的基礎上進行

引導。可以說，這是我對自己教學上的一個新要求，我努力地訓練自己課堂上對話語言的面貌，在這節課上進步還是比較明顯的。

在雞西的這一節課上，我聽到了一聲「我愛你」，這麼多天的辛勞一下子煙消雲散。為了這樣的相遇，為了這聲「我愛你」，我要更加用心用情教國文，陪孩子們學國文。

課堂上，在分析完例文《第一次真好》的寫作方法後，我讓學生也寫一篇《第一次真……》。

孩子們動起筆來，沉浸在寫作的世界裡，似乎那些文字都急迫地要從他們的腦海裡蹦跳出來。我巡視著。我看到第二排的一個男孩子的作文紙上，剛剛寫了兩行。「遠道而來」這個詞躍入我的眼睛。難道他要寫我？這是一個多麼別緻的選材啊！他見我在旁邊停留，便不自在地用手捂住了。我低低地說：「放開來寫吧！我不看了。」

孩子們的發言很積極，我認真聆聽，即興評點。

我請了那個男孩分享他的作文。（見課堂實錄的生 21 的發言及我的評點）

他的一句「我愛你」讓我心底裡湧出一陣暖意。

我現在還想說的話：孩子，你知道你們對老師的幫助有多大嗎？沒有成長中的你們，哪有我的成長？所以，我一直以感恩之心對待我的學生們，我的孩子們。每一次相遇都是緣分，都是幸福，更何況我們是因為文學這美好的事業而相遇呢？和你，和你們這些可愛、優秀的孩子共同享有的這節課，這個特殊的第一次也是令我終生難忘的。知道嗎，你讀作文的時候，我的心隨著你的語調，你的文字忽而緊張，忽而釋然。然而，我心裡始終放不下的是，我有沒有因為追問你以及讓另一個同學來發表與你不同的說法而對你有傷害，哪怕是一點點的傷害呢？如果有，請原諒這個還不夠細膩的老師！如果沒有，擁抱一下！我想，也只有更加真正地用心，更細緻地愛孩子，才可能避免傷害事故的發生了。無論如何，我都很感謝你，讓我更加深切又真切地感受到：一個老師對學生的成長影響太大了！

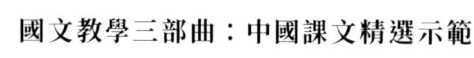

國文教學三部曲：中國課文精選示範

第三部曲 課堂演繹

因為一句「我愛你」，讓我總是回味這節課，讓我總是感受到身上的責任。

評點

美課：用優美文章催生優美作品

——評點柳詠梅老師的《品美文，學寫作》課堂

劉恩樵

《品美文，學寫作》是一節比較成功的作文指導課程案例。認真地研讀課程案例，我覺得，這是一節「三美」融合的課程案例，用優美文章催生優美作品，從而成就了一節美課。

模仿是一種策略

學生如何學習寫作文呢？自古以來，學寫作文的方法林林總總，確實很多。但是，只要我們用心地做些甄別與篩選，就不難發現，模仿就是一種最基本、最有效的方法，更是寫作指導的一種策略。

模仿是有心理學基礎的。模仿就是個體自覺或不自覺地重複他人行為的過程。模仿是一種普遍存在的公眾心理。在達爾文看來，模仿是人的本能之一，也是人類社會化的主要手段。尤其是兒童，兒童的動作、語言、技能以及行為習慣、品質等的形成和發展都離不開模仿。作文是一種技能，作為技能就有模仿的可能。

學書法需要先臨帖，學繪畫需要先寫生。學習作文也是可以從「模仿」入手。美學大師朱光潛在其《談作文》（《給青年的十二封信·八》）中寫道：「許多第一流作者起初都經過模仿的階段。莎士比亞起初模仿英國舊戲劇作者；布朗寧起初模仿雪萊；陀思妥耶夫斯基和許多俄國小說家都模仿雨果。」

作文指導課程案例《品文學，學寫作》，正是以模仿作為基本的教學心理基礎，以作家周素珊的《第一次真好》作為模仿藍本，以《第一次真》為題，以「先敘後議，敘議結合」與「概寫一筆，細寫幾筆」作為模仿的內容而展

開的。從學生的課堂表現來看，這樣的模仿是有成效的。這樣的模仿屬於有意模仿，是在老師指導下的、有豐富實踐的模仿。

證實模仿在寫作指導中的意義與作用，這是作文指導課程案例《品美文，學寫作》給我們的主要啟迪。

活動是一種保障

模仿作為一種策略，那麼，如何讓模仿獲得更大的成效呢？作文指導課程案例《品文學，學寫作》也給了我們一些啟迪。不必說柳老師對課堂情境的創造設計，也不必說模仿文本的恰當選擇，單是柳老師在本節課上所設置的練習活動（課堂模仿實踐），就足以保證模仿寫作的效果。

作文指導課程案例《品文學，學寫作》的模仿策略，是按照「寫什麼」與「怎麼寫」來構思的。在「寫什麼」的環節，柳老師巧妙地以自己第一次踏上東北黑土地，第一次走進雞西樹梁中學的感受導入，給學生提供了一個「模仿」的情景。這是第一個模仿實踐活動。在這個活動中，有六位同學關於「第一次」的情景模仿都是很成功的。可以猜想，即使其他學生沒有站起來講述，但是，在他們的心裡，還是有了「東西」的，對「寫什麼」還是有了一些新的認識的。這個課堂模擬實踐活動，本身就給了學生一個寫作層面的啟迪：原來，這些都是可以寫出來的。

第二個模仿實踐活動是本節課的主體，就是「怎麼寫」。如何指導學生將「第一次」很好地寫出來呢？柳老師選擇了周素珊的《第一次真好》作為模仿的對象。這個活動可以拆分成如下幾個主要環節。首先，柳老師引導學生概括事件：「第一次看到果實如此豐碩的柚子樹」；「第一次養了一籠十姊妹」。然後，又引導學生分析《第一次真好》的寫法：「先敘後議，敘議結合」與「概寫一筆，細寫幾筆」。這樣的模仿指導很有針對性與目的性。最後，就是學生的模仿實踐。有八位同學在短短的時間裡寫作了「微作文」，而且都能「模仿」到位、「模仿」出神。

模仿的重要特徵就是實踐性。柳老師的作文指導課切切實實地將模仿落實在學生的學習活動中，因而是有效的。

點評是一種智慧

　　作為課堂教學，如何發揮老師的主導作用，這是老師駕馭課堂能力的重要體現。柳老師在課堂的主導作用，不僅表現在確定模仿的寫作教學策略，以及將模仿落實在學生的學習實踐中，還表現在她面對學生的表達能夠做到及時、精當、幽默的點評上，讓我們感受了課堂的語言藝術。

　　我們不妨列舉幾個典型的例子，且做簡要的評析。

　　點評生1：為自己的成長中的這個第一次而開心。

　　【簡評：概述學生表達的核心內容。】

　　點評生2：請教一下，剛才你說了一個詞「反二」。

　　【簡評：與學生平等交流。】

　　點評生3：難忘的是身上開了一刀，還是爸爸媽媽都陪著你，讓你順利地度過了這次手術呢？

　　【簡評：引導學生表達清楚。】

　　點評生4：剛才你在說你腿哆嗦的時候，你後面的那位女老師就刻意看我腿是不是在哆嗦。（眾笑）我想，對一個孩子來說，演講是他的成長經歷；對於我來說，上課也是一種成長經歷。也許，我以前教課腿哆嗦過，現在一般來說不會哆嗦了。謝謝那位老師的關心！（眾笑）

　　【簡評：表現出教學現場的機智與幽默。】

　　點評生6：你的發言很精彩，事情說得很完整，讓我們有身臨其境的感覺；你的成語用得豐富又恰切；最後還有對這件事情的評論。你剛才其實就完成了一篇優雅的小作文。你知道嗎？

　　【簡評：讚揚學生的表達。】

　　點評生8：這不叫反駁，這叫討論。

　　【簡評：幫助學生提升認識。】

點評生 11：第一層鳥蛋，第二層小鳥孵出來了。後面不還有小鳥長大了嗎？

【簡評：透過追問，啟迪學生思考。】

點評生 15：從文章來看，直接寫一件事情，然後寫這件事的意義和自己在這件事中的成長。這篇文章的格式屬於——生（齊答）：先敘後議，敘議結合。

【簡評：幫助學生強化學習要點。】

不用再列舉了，柳老師在課堂上的遊刃有餘、機智靈活、互動自然可見一斑。

當然，閱讀這個課程案例，我也有一個想法：同樣是讀《第一次真好》來模仿作文，我還會有怎樣處理呢？首先，我會刪去讓學生「說說你印象深刻的第一次經歷」這個環節，直接進入「品美文，學寫作」的環節。因為，這樣做的目的在於突出本課訓練的重點，節約教學時間用於下面這個環節。其次，我會將整體模仿《第一次真好》的寫作作為重點，因為，《第一次真好》一文簡短，而且構思的方法突出明顯，適宜整體模仿，而不僅僅是「先敘後議，敘議結合」與「概寫一筆，細寫幾筆」。事實上，本課程案例也涉及《第一次真好》的其他手法，比如巧妙過渡、詳略得當、結尾昇華的寫法，而這些，其實都是可以在一節課上、一篇文章裡完美體現的。總之，我會扣住《第一次真好》的構思特點，讓學生理清《第一次真好》在構思上有哪些方法，然後讓學生發現與領會，最後再讓學生去模仿並評析，是完全可以達到良好效果的。況且，訓練的文題，也不一定是《第一次真_____》這樣的與模仿文一致的題目，還可以是《我喜歡吃的菜》、《我的愛好》、《我為什麼不選他》等等。總之，我會將模仿《第一次真好》的構思作為本節課的重點。再說，依我看，「先敘後議，敘議結合」與「概寫一筆，細寫幾筆」在《第一次真好》一文中並不能說是典型的。

國文教學三部曲：中國課文精選示範

第三部曲 課堂演繹

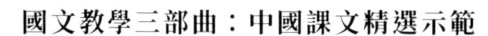

（劉恩樵，蘇州市崑山國際學校高級老師，江蘇省國文特級老師，江蘇省中小學優秀德育工作者，出版《一個人的教育史》、《新文學敘論》等多部專著。）

人物「像他」更「是他」——寫人作文評講課堂實錄

時間：2005年5月19日。

地點：南京外國語學校。（南京市級公共課）

教學目標

1. 學習運用外貌描寫手法來描寫人物。

2. 學會選擇和運用典型事例來刻畫人物性格品質的特徵。

教學過程

師生問好。

師：在我們平常的作文中，經常會寫到人物。如何才能讓筆下的人物「活」起來呢？今天，我們就透過評講期中考試的作文，來探討這個問題。

（PPT呈現標題：讓筆下的人物「活」起來）

師：大家還記得這次期中考試的作文要求嗎？

生（七嘴八舌）：寫一個人。

師：寫一個人？寫一個人的哪些方面呢？

我們來回顧一下考卷上的要求（PPT呈現）：

題目：我們班數他最＿＿＿＿＿＿＿

1. 在橫線上填入適當的詞或短語，將題目補充完整。

2. 要有具體的人物描寫。

3. 不少於 500 字。

4. 字跡清楚工整。

師：面對這樣的作文要求，我們應該怎樣去把握呢？

生 1：首先要選一個最能表現這個人的詞。

生 2：我覺得首先要找準一個特點鮮明的人，然後把他的特點寫出來。

生 3：我覺得第二點要求很重要，有具體描寫。

師：同學們說的都很有道理。面對這樣的作文要求，我們首先要確定寫哪一個自己所熟悉的人。然後明確要寫他的哪一個特點，認真選詞，所填充的詞或短語一定要能揭示人物典型的性格特徵，如天真、調皮、認真、勤奮、寬容、善良等。這是前提。最後，在文中要有具體的人物描寫。抓住了這兩點，我們就能把這篇寫人的文章寫好了。

師：作文的要求中，有一條「要有具體的人物描寫」。那麼，怎樣才算有具體的人物描寫呢？人物描寫有哪些方法呢？

（學生按座位順序回答人物描寫的具體方法。）

生 4：有外貌描寫、心理描寫。

生 5：語言描寫、動作描寫。

生 6：正面描寫、側面描寫。

生 7：還有側面襯托法。

師：同學們從不同角度概括了寫人的手法。我們可以歸納如下：人物描寫手法有正面描寫、側面描寫。正面描寫包括外貌、語言、動作、心理等描寫；側面描寫，如環境、景物、影響等。（PPT 呈現）

人物描寫的方法

正面描寫

外貌描寫　　心理描寫　　語言描寫　　動作描寫

側面描寫

環境　　景物　　影響

師：在這些描寫中，哪一種描寫方法能讓我們最直觀地感覺到你寫的像他呢？

生齊答：外貌描寫。

（板書：外貌描寫。）

師：下面請同學們看兩個例子。（PPT呈現外貌描寫示例1）

師：請一位同學讀一下示例。

生8：讀示例1。

他個子不高，不戴眼鏡。眼睛雖然小了一點兒，但留心觀察，不難發現那是一雙炯炯有神的眼睛。

他個子不高，胖乎乎的，圓圓的臉，眼睛比較大，戴著一副眼鏡，他的嘴角右邊有一顆黑痣。

師：這兩段中哪一段更好？好在哪？為什麼好？

生9：我覺得第二段好。因為根據第一段一下子猜不出寫的是誰，而第二段這個人的特徵很明顯。

師：正如這位同學所說，第二段簡明扼要地勾出了人物的外貌上的突出特徵：嘴角右邊有一顆黑痣。因此，即便只是幾筆勾勒也要突出人物的外形特點。

人物「像他」更「是他」——寫人作文評講課堂實錄

（PPT 呈現魯迅肖像）

師：看這一幅魯迅的肖像圖，他的面部給你印象最深的是什麼？試著把它用最簡潔的語言表達出來。

（學生邊看圖邊試著寫出魯迅的面部特點。二分鐘。）

（學生交流，略。）

師：下面看一下別人對他的描繪。（PPT 呈現）

頭髮約莫兩、三公分長，顯然好久沒剪了，卻一根根精神抖擻地直豎著。鬍鬚很搶眼，好像濃墨寫的隸體「一」字。

簡單的語句勾勒出了魯迅先生的精神氣質。

師：我們再來看兩個語段。（PPT 呈現）

他，臉上一道深深的疤痕，看上去好像歷經滄桑，一臉智者的模樣。那凌亂的頭髮，讓他看起來好像一個潛心鑽研的學者。那經常緊縮的眉頭，好像總在思考著一個多深奧的問題，其實，他在想：鑰匙怎麼會不見了呢？作業沒帶怎麼辦？

她，淡淡的眉毛下有一雙水靈靈的大眼睛，一個大小適中的鼻子下有一張經常合不攏的嘴，這些零碎的五官拼在一張小小的鵝蛋臉上，盡顯機靈與活潑，自信與外向。

請兩位同學分別讀示例。

219

國文教學三部曲：中國課文精選示範
第三部曲 課堂演繹

猜猜看，第一段寫的是誰？為什麼能猜得出來？

（全班學生幾乎一邊看一邊就大笑起來，此起彼落地喊著「湯祺舜」、「湯祺舜」。）

師：大家很開心啊！真是英雄所見啊！第一段寫的確實是湯祺舜同學。看來，群眾的眼睛是雪亮的。（學生笑）說說你們判斷的依據是什麼？

生10：第一段寫的是湯祺舜，因為寫出了他最具個性的外在特點：臉上一道深深的疤痕，凌亂的頭髮，經常緊縮的眉頭。還寫出了他有丟三落四的毛病。他確實就是這麼一個人。

師：說得很有道理。第二段寫的是本班哪一位同學呢？

生（眾學生邊看邊搖頭）：猜不出來。

師：我根據文章的後半段猜出是誰了，可是單單根據這個外貌描寫我也沒猜出來是誰。為什麼猜不出來呢？

生11：這一段對她的五官都進行了描繪，從這個介紹可以看出她長得滿標致的（學生笑），但是沒有個性。所以猜不出來了。

師：正如剛剛這位同學所說，第二段的人物描寫是具體的，然而，儘管有外在特徵，但是外形特點不明顯。

可見，不管是簡筆勾勒，還是細緻描摹，如果沒有抓住人物典型的外在特徵，人物的描寫也是不成功的。這裡的特徵，就是區別於其他人的、個人獨有的地方。因此，要抓住人物的外在特徵來描寫。

（板書：抓特徵。）

師：下面的語段請大家仔細讀兩遍。（PPT呈現）

他，小小的個子，大大的眼睛，鼻梁上架著一副銀邊眼鏡，高高的額頭，笑起來會露出兩顆引人注目的大門牙。

師：你覺得這個語段對人物的外貌描寫具體嗎？寫出了人物的外在特點了嗎？有沒有需要改動的地方？

生12：我覺得這一段寫得挺好的。特徵很明顯，寫的是陳哲夫同學。他的外號就叫「大牙」。（學生笑）

生13：寫的確實是「大牙」。但我讀起來總覺得有一點彆扭。

師：彆扭在哪兒呢？同學們慢慢地再讀一遍。你們一邊讀我一邊根據內容用手勢表示所寫內容。

（學生齊聲慢速讀。老師做手勢。）

（學生笑。不少學生做恍然大悟狀。）

生14：我讀出來了，作者介紹得有點亂。先說個子沒錯。問題出在眼睛——眼鏡——額頭——門牙的順序上。應該先寫額頭，再寫眼睛，然後聚焦在門牙上。

師：你的思路很清晰，得借給作者用一用。（學生笑）

從這個例子可以看出，人物的外貌描寫除了要做到抓住特徵以外，還要按照一定的順序來進行，邏輯要清晰，不要雜亂，要符合人物的日常習慣。

（板書：應有序。）

師：根據同學們這次作文的實際情況看，在對人物進行外貌描寫時，要努力做到抓住人物外貌特徵、按照一定的順序來寫，這樣就能使你文章裡的人物像現實中的人了。

（板書：像他。）

師：外貌描寫成功，外形上像他了，這篇文章就成功一半了。那麼，你寫的是不是他，是否寫出了他的特點，文章是否能表現出題目裡補充的那個詞或短語，還需要注意做到什麼呢？

生15：要注意透過事情寫人。

師：讓人物的特點透過事情表現出來，不錯。什麼樣的事情才有表現力呢？

生16：我覺得事情應該有代表性，應該要經典。

師：非常好，說到了點上。要用經典事例表現人物。

（板書：經典事例。）

師：怎樣才能算是經典事例呢？我們來看兩個例子。（PPT呈現）

「安靜！三，二，一，開始記違紀！」每次在班級裡人聲鼎沸的時候，都會聽到她的這一聲「河東獅吼」。

唉，寶寶到底是寶寶，自理能力真是差到了極點。來，瞧瞧他的校服。嘖嘖……這兒一小塊油漬，那兒一大塊汙點，還有數不清的黑筆印子。天哪，這哪是他的衣服啊！打開他的書包，真是要多亂有多亂，筆、書、簿子顯得亂七八糟，書包就跟垃圾箱一樣，感覺跟貝多芬那雜亂無章的房間差不多。

透過這兩段文字，你能猜出寫的分別是誰嗎？這兩段分別反映出了人物的什麼特點？

（學生邊看邊喊出了有關的兩位同學的名字，氣氛熱烈。）

生17：第一段寫的是我們班的石悅同學，一看就知道。她是我們班的紀檢委。用她提醒我們安靜的經典事例，寫出她工作的潑辣作風。

生18：第二段寫的是湯祺舜同學。這一段太真實了，他的亂在我們班是出了名的。

師：我們說事例要典型，首先要做到它能很好地揭示出人物的性格特點、內在品質。

（板書：表現性格。）

師：下面請大家閱讀所發文件的資料1。（PPT呈現）

1. 試根據資料1概括出人物的性格特點。

2. 猜猜原文的題目。

資料1

的確，她是個極其外向的人，在她的人生字典裡應該找不到自卑、內斂這樣的詞語吧！她是個敢作敢為的人，她勇於接受自己所犯下錯誤的相應懲罰。這一點，也是我最佩服的。她和我一樣，都是多愁善感之人，曾經我們倆還經常一起哭呢！

她不是完人，當然也會有缺點。機靈的她也有很迷糊的時候，按她的原話來說，她是個什麼都丟過的人。她的條理很亂，有時會急躁。她最大的缺點就是粗心，其實前面的缺點都是粗心的附屬項，她的粗心常出現在考試、作業和平時的生活中，這也成了她的特點之一。

在我看來，她是一個很容易相處的人，雖然有點自負，但是她從來不會毫無理由不理別人。也許，在你看來，她可能有些刁蠻，甚至有些任性，但當你真正了解她的時候，你會發現，她是一個相當可愛的女生。

師：請大家根據這三段概括出人物的性格特點。

猜猜看，原文的題目可能是什麼？你為什麼會做出這樣的推測呢？

生19：這三段介紹了她的不少性格特點，有外向、多愁善感、粗心、任性、自負、刁蠻、可愛。不知道作者要寫她的哪一方面。

生20：有對人物性格的介紹，但是性格特點羅列太多，也沒有典型事例。只是浮於表面的概括、介紹，沒有具體事例。我猜不出他的題目會是什麼。

師：（故作玄虛狀）我告訴大家吧！這篇文章的題目叫「我們班數她最外向」。（語音強調「外向」）

（「啊——」學生驚呼，「不會吧！」、「不可能吧！」、「怎麼這樣寫啊？」）

師：正如大家所說，根據資料，概括不出文章題目裡的「外向」這一特點。因為這裡所反映的人物的性格太多，沒有典型性格。更主要的是，文章沒有扣緊題目裡的「外向」兩個字來寫，沒有典型的事例支撐。因此，透過這則資料我們可以歸納出，事例必須要符合題意，緊扣中心。對於那些不能表現文章中心的，即使事件本身再大、再有影響力，也要捨得去掉。

（板書：緊扣中心。）

師：只有能揭示中心的，並能很好地表現人物性格特點、思想品格的事例才是經典事例。沒有經典事例來支撐，一般很難寫活人物形象。

師：下面我們再看兩段文字。（PPT 呈現）

她之所以學習那麼好，是因為她每節課都認真聽講、善於思考，作業做得認真。下課時，她喜歡與別人一起討論國文課本中的問題。

她不是完人，當然也會有缺點。機靈的她也有很迷糊的時候，按她的原話來說，她是個什麼都丟過的人。她的條理很亂，有時會急躁。她最大的缺點就是粗心，她的粗心常出現在考試、作業和平時的生活中，這也成了她的特點之一。

師：這兩個語段中的人物的性格特點是什麼？

生 21：我猜第一段應該是陳奕豐同學。因為她的最大特點是認真，確實喜歡討論國文課本上的問題。第二段這個人的特點是粗心。

師：兩段文字介紹了人物的典型性格，但是寫得都不夠成功。請大家動筆改一改。圍繞人物的品質「認真」、「粗心」的特點來寫，使人物的形象生動起來。就在所發資料的空白處改寫。

（學生動筆在所發資料的空白處修改以上語段。時間五分鐘左右。）

（教師巡視，提醒：「你能讓別人相信你寫的就是那位同學，你就成功了！」）

師：先寫好的，同桌互相欣賞一下，看看誰改得成功。

（90%差不多都寫好了。）

師：下面我們請幾位同學讀一下修改後的作品。

（三位同學交流。每位讀完都獲得一片掌聲。）

師：大家改得很成功。雖然老師沒有告訴大家怎麼才能改好，但是各位的作品都有這樣的特點：事例寫得詳細具體，都運用了一些描寫手法，如語

言描寫、動作描寫等，這就可以使我們記述的事情典型，人物性格特點突出、形象豐滿了。

下面我們來看兩段從同學們的作文裡挑選出來的語言描寫、動作描寫成功的例子。（PPT 呈現）

一次，某位愛惹事的女生去惹他。惹一次，惹不動；兩次，還惹不動，就這樣惹了四、五次，牛兒依然不動。某女生大驚曰：「汝不過一頭牛而已，玩什麼矜持？」牛兒緩緩答曰：「謝您誇獎，牛兒受之不起！」真的，從開學到現在，還沒見過他生氣呢！

師：這一段語言描寫揭示了人物的什麼性格特點？

生22：寫出了人物的老牛般的脾氣溫和的特點。裡面的「他」是我們班盛況同學，他平時就是這樣不急不慢、沒脾氣的。（PPT 呈現）

記得一天下午，本班有兩位同學扭打在一起。在這火燒眉毛的關頭，只見石悅像離弦的箭一般，立刻以最快的速度衝上前去進行制止。她的兩眼散發出怒光，給人以不可抗拒的力量，大喝一聲：「嘿，住手！退一步海闊天空！」說完，只見那兩人雖心存不甘但還是停止了戰爭。

他最愛做的事，就是跳到講台前用麥克風高歌一曲。每次設備股長來趕他的時候，他總會和設備股長捉迷藏，等把設備股長弄得暈頭轉向以後，他又會撲向講台，拿起麥克風繼續以他那足以震碎玻璃的高音演唱。他通常是被一個身強力壯的人「拋」出教室。

師：這兩個語段哪些動詞很好地寫出了人物的特點？分別寫出了人物的什麼性格特點？

（生齊聲讀出有關的動詞。）

生23：我覺得第一段寫出了石悅作為風紀股長的嚴厲、正直。第二段寫出了小方同學調皮的特點。

師：概括得非常準確。我們小結一下，透過典型事例來刻畫人物，我們應該注意做到以下幾點：事例要能表現人物的最突出的性格特點；符合題意，

緊扣中心；寫事要具體，適當運用生動的描寫手法，這樣你寫的人物才「是他」，人物形象才能給人立體的感覺，人物才能「活」起來。

（板書：是他，「活」。）

師：請大家看黑板，根據板書，把如何寫好人物，自己大聲說一遍。

師：在人物的外貌描寫以及典型事例的表達上，有幾位同學做得很好。下面就請趙樂頔同學讀一下她的作文《我們班數他最可愛》。

（趙樂頔同學上台讀自己的作文。學生們認真地聽，時而發出笑聲。）

師：請幾位同學評議一下趙樂頔同學的作文。

生24：首先，她的外貌描寫非常成功。幾筆就把湯祺舜的外貌特點畫出來了。其次，她所舉的例子都能圍繞「可愛」這個特點，而且寫出了他的可愛。

生25：我覺得人物的動作和語言、神態描寫都很逼真，聽的時候感覺在看紀實片似的，像得不得了。

生26：雖然是寫實，但是不乏幽默，很生動。

師：大家的看法都很正確。這是一篇成功的寫人文章。下面我們請趙樂頔自己談談她是如何寫好這篇文章的。

趙樂頔：我一看到作文要求，我就想我們班最有特點的應該就是湯祺舜了，他的單純、可愛甚至於自理能力差都堪稱全班第一。聯想到他的一些事情，我確定寫他的「可愛」這個特點。幾個例子，大家都是知道的，我處理時注意了詳略，盡量用生動的語言寫出來。因為湯祺舜本人確實太可愛了，所以寫他還是容易寫好的。

師：陳哲夫同學也寫了湯祺舜，寫得也比較成功。大家課下可以仔細閱讀閱讀，比較一下這兩篇文章的異同點。

師：下面是本次作文的總體情況總結。

有不少同學寫得也挺好，被大家推薦的有以下一些同學。（PPT呈現）

（學生大聲念名字，並伴以鼓掌。）

榜上有名

汪瑞雪　崔夢冉　梁夢琳　顧界侖　於松琪　李慧群　張君豪

陳齊越　陳奕豐　王亦辰　秦天凡　趙樂頓　游彧涵　孫曉卉

師：在我批改的過程中，發現還有幾篇文章也很優秀。大家課下傳閱傳閱，互相學習學習。（PPT 呈現）

（學生大聲念名字，並伴以鼓掌。）

優秀作品

陳哲夫　謝世豪　楊馥榕　王菁　王煜

師：今天的作業是修改原文，重點：是外貌描寫、典型事例。在期中考卷上先改，然後抄寫在作文本上。

教學後記

關鍵詞：高效評講

作文評講課，要針對學生當次的作文情況確定評講重點。既要有全班作文情況的總體反饋，也要有對突出問題的處理方法。作文評講與指導在這種課程中應該是巧妙融合的。評講的是寫成的作文情況，但是也是對今後作文的指導。所以，確定評講的重點，是決定這節課能否有效，或者成功的重要因素。

想把人物寫活，有很多辦法，但是否所有辦法都有效、都容易學，就很難說了。從我所改的兩個班的學生作文的具體情況來看，有些學生寫的人物沒有一點個性，甚至從所描寫的外貌和所舉事例看，都沒有表現出被描寫對象的特點。對於國一的孩子來說，寫人記事類的作文，目標不要過於寬泛，要貼近學生作文實際，定位要準，讓學生容易掌握；一次作文，可以訓練一兩個重點。寫人物，抓住「像他」、「是他」很重要。因此，我把教學目標定位在兩點：「像他」——學習運用外貌描寫手法來描寫人物；「是他」——

國文教學三部曲：中國課文精選示範
第三部曲 課堂演繹

學會選擇和運用典型事例來刻畫人物性格品質的特徵。開口小，台階低，從教學效果看，這個定位是準確的。

作文批改後進行評講課的備課時，我重點設計總體思路和板塊，至於學生的回答、教學單元的連接等，我都只是隨課堂具體的教學情境而動態生成的，這反而讓我上課的時候能輕鬆自如、機智生成。作文評講課，不大可能像閱讀課那樣可以事先進行多次借班試教，但這反而便於課堂上的動態生成。沒有試教，全憑課堂上教師的調控和應對能力。作文評講課最重要的是，評講資料的選擇和運用。要根據教學目標，從學生的作文中選擇相關的文章或片段，進行整合。充分利用和發揮學生作文的作用，這是作文評講課的一個突出特點。

這節作文課，正如我所預料的那樣，因為目標集中，選取的作文片段有代表性，在分析完資料後很自然地歸納出寫法和技巧，因而自然流暢、水到渠成。

本次作文的題目是《我們班數他最_____》，要求寫的對象就是當下的這個班級裡的同學，所以，不論是寫別人的還是被別人寫的，學生們都心懷嚮往地期待著自己的作品能夠被評點到。短短的四十分鐘的課上，十幾位學生的作文片段被選用，近二十位學生被表揚，這大大激發了學生的上課熱情和作文熱情。從這一點看，這樣的評講方式、評講力度、評講寬度使得作文評講課更具有針對性，也更高效。

從實錄上不難看出，我平時作文評講的一些鮮明的特點，如「榜上有名」、「優秀作品」等專欄的設計，就是為了多表揚學生。其他的專欄還有「閃閃發光」、「批閱楷模」、「妙語佳言」、「語句門診」、「優秀評論家」、「說長道短」、「洗耳恭聽」等。有的學生作文的整體水準不佳，但是有一兩個語句很精彩，那麼「妙語佳言」專欄裡就會列出他的精彩語句供全班評點欣賞；有的學生給別的學生的作文評語寫得恰當，那麼他就被評為「優秀評論家」，他的評語也會進入「說長道短」專欄供全班學習。從一個句子、一次評語這些看起來很細微的地方，發現學生作文中的亮點，並放大其亮點，在作文評講時進行表揚，會大大刺激學生對作文評講的期待，進而培育學生

對寫作的好感。漸漸地，學生們整體上對作文的興趣提升了，水準自然也會提高的。

另外，結合課上的教學目標，在評講結束後，要求學生根據「像他」與「是他」兩個要求修改原文，讓學生即學即用、趁熱打鐵，可以很好地掌握這類作文的寫法。同時，可以保證實現作文評講的功能，使學生作文練寫一篇就寫好一篇，切實提高作文教學的效率。

評點

基於學情注重過程一課一得

——評點柳詠梅老師《人物「像他」更「是他」》作文評講課

陳劍鋒

細讀柳老師的課堂實錄，感覺到她的教學設計理念新，教學方法得當，課堂效果好。主要體現以下幾點。

一、基於學情，以最近發展區為教學目標

認知心理學告訴我們：知識的掌握，不僅是保持而且是要經過認知結構的改組和重建，達到簡約與減輕記憶負擔的目的。為了防止知識的混淆和有用觀念的遺忘，在教學中應採取的策略是：促進學生認知結構的縱向上不斷分化和橫向上綜合貫通。

我們得到的啟示是：寫作教學必須結合學生的認知結構和認知特點，根據寫作能力構成的內在邏輯順序，分解為不同的訓練階段，採用集中而循環的訓練策略，幫助學生在「一課一得，得得相聯」的實踐累積中，逐步培養基本的寫作能力。因此，柳老師執教的本課的教學目標 1 和 2 的確定、教學重點的明晰符合國一學生的認知特徵和認知水準。

二、重視活動過程，體現學生主體

寫作教學過程應當是，一個在教師有效指導下的學生寫作的實踐過程。在教學的過程中，教師應從指導過程來設計寫作教學，必須從構成作文知識

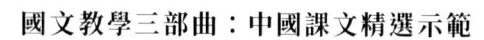

和能力要素來入手，透過分項訓練提高寫作能力；這每一項的訓練不只是提出要求，而是落實指導的過程。如本節課柳老師在指導學生進行人物描寫訓練時，不僅僅讓學生知道「描寫要具體、描寫要生動」這些所謂的「重點」，而是幫助學生掌握如何做到具體生動地進行描寫。這個「怎樣」的訓練需要教師進行一系列的過程指導，要充分體現學生為主體的教學原則，將寫作訓練設計為學生能夠做的、願意做的一系列活動，並讓學生在這一系列的活動過程中獲得寫作的知識和技能。在本課中，柳老師很好地體現了這一點。

三、強調方法指導，做到「一課一得」

學生寫作能力的形成也是一個線性的發展過程。所以，我們必須對整個學段的作文課堂教學有一個合理的整體規劃、設計，具體到每一節課，小步達成。即要按照寫作能力養成的內在邏輯，分成一個個訓練點進行有重點的強化訓練，使整個國中階段的寫作教學過程呈現出一種循序漸進、螺旋式上升的過程。同時，在教學過程中，要降低難度，將教學內容相對集中於一點或幾點。因此，在探究出了寫作方法（即「怎樣寫」）之後，必須有一次針對性較強的強化訓練，使之能及時轉化成學生的寫作能力。本節課從人物描寫「像他」到更「是他」，從指導學生「抓住特徵、按照順序」到「選取經典事例，表現人物性格」，做到了一步一腳印，這樣的教學，因為目標集中，要求適中，方法容易掌握，任務容易完成。

（陳劍峰，南通市第一初級中學高級教師，江蘇省國文特級教師，江蘇師範大學兼職碩導，南通大學兼職教授，著有《問題群教學模式研究》《語文美學散步》。）

▌巧用意外作憑藉──當窗外傳來鞭炮聲

國三下學期，開學第一天的國文課我準備跟學生大概地談談我的教學計畫和這個學期的國文學習特點與要求，不準備上新課。

我對學生說：「面對大考複習，最重要的是一種心態，不能把最後考高中當作我們國中國文學習的最終的、唯一的目的。」剛說到這，教學樓外面突然傳來了一陣響亮的鞭炮聲。

不少同學不由自主地向外看。原來，是與教學樓僅隔十公尺的居民樓上的一戶人家在陽台上放鞭炮。高度正好與教室差不多。我們能清晰地看到擱在陽台架子上的鞭炮。隨著響亮的、刺耳的聲音，還能看到明亮的火光。

我想，這可是一個誰也沒有預料到的意外，此刻將課繼續下去顯然是不合適的。

於是，我乾脆停下講課。

有的學生很好奇，而有的學生則對這響亮的鞭炮聲音的反應不是很大，他們好像和我一樣只是被動地在等待。

腦子裡突然冒出一個念頭：讓他們觀察！

於是，我說：「請大家趕快看外面。」

學生中產生了一陣騷動。於是伸頭、側目、欠身、下座位……

還沒等大家都看清，鞭炮聲卻戛然而止了。

我說：「下面請大家做一個練習，請用自己的語言把剛才聽到的聲音描述出來。」我刻意強調「描述」二字。

學生七嘴八舌地說了「啪啪」、「劈哩啪啦」、「嘭嘭」等幾個像聲詞後，似乎就沒有可以說的了。

我把思路引向教材。

「我們學過哪些有描摹聲音的文章？」

學生邊回憶邊說出這樣的一些課文：《口技》、《安塞腰鼓》、《吆喝》等。

這些課文裡確實都有直接的描摹聲音的內容。

國文教學三部曲：中國課文精選示範

第三部曲 課堂演繹

問學生們還能想起其他文章嗎？他們有點木木的，似乎僅能說出這些課文了。我知道，他們只記得聲音本身，忘了其他的內容尤其是寫法了。

我於是啟發他們回憶有寫聲音的課文。

《童趣》，「夏蚊成雷」，用了誇張的手法，寫出了蚊子聲音的大，側面寫出蚊子的多。

《山中訪友》，文章用擬人的手法，寫出了自然界中的許多「友人」。裡面有不少寫山林中聲音的句子。如：寫雷陣雨「像有一千個俠客在天上吼叫，又像有一千個醉酒的詩人在雲頭吟詠」。那瀑布是「天生的金嗓子，雄渾的男高音多麼有氣勢」。還有雲雀，「嘰嘰喳喳的」，作者猜想它們「津津樂道的是飛行中看到的好風景」。後來「雨停了，幽谷裡傳出幾聲犬吠，雲嶺上掠過一群歸鳥」。這一課正面寫了多種聲音，運用了多種修辭手法。

《雲南的歌會》中山路漫歌這一段很有意思。如走在山路上能聽到「各種山鳥呼朋喚侶」。戴勝鳥「好像對於唱歌也發生了興趣」、「歡喜坐在人家屋脊上，『郭公郭公』反覆叫個不停」。雲雀「扶搖盤旋而上，一面不住唱歌」。而它的夥伴，那些「伏在草叢中的雲雀群，卻帶點鼓勵意思相互應和」。這裡寫聲音的手法比較特別，「山鳥呼朋喚侶」、「不住唱歌」、「相互應和」，生動地寫出了雲雀的聲音，讓我們彷彿有在山林中聆聽到小鳥的歡快叫聲的身臨其境之感。

學生們的思維已經被這些美妙的「聲音」激發了。

於是，從雲雀我們又很自然地聯想到《從百草園到三味書屋》這篇文章。在百草園裡，「輕捷的叫天子（雲雀）忽然從草間直竄向雲霄裡去了」、「油蛉在這裡低唱，蟋蟀們在這裡彈琴」，還有後面寫三味書屋裡的讀書情況的語句，也是描述聲音的。「於是大家放開喉嚨讀一陣書，真是人聲鼎沸。」、「後來，我們的聲音便低下去，靜下去，只有他還大聲朗讀著。」

按照教材的順序，我們又想到了好幾篇文章。

《大雁歸來》裡的大雁們低語、集會、討論的聲音我們可能還記得。用了許多的擬人手法寫出大雁的鳴叫聲。

上個學期我們學過的那篇小說《孤獨之旅》裡，有很多描寫聲音的語句。大家都能回憶起這樣的內容：小船行進在水面上，「嘩嘩——嘩嘩——」的聲音更加襯托了杜小康的孤獨、寂寞。

學生們七嘴八舌地又說起了學過的課文裡的許多描寫聲音的語句。

從現代文，學生的思路又行進到了文言文。

確實，在我們學過的不少文言文裡，也有對聲音的描摹。如一些寫景文章，動靜結合寫景色，就有對聲音的描摹，《與朱元思書》、《答謝中書書》、《三峽》等文章裡都有寫聲音的語句。

學生幾乎是同時背出「泉水激石，泠泠作響；好鳥相鳴，嚶嚶成韻。蟬則千轉不窮，猿則百叫無絕」。

此時的課堂氣氛熱烈、快樂。學生們也沒想到他們能在這麼短的時間內篩出那麼多與聲音有關的語句來。

我歸納到，回憶了這些文章，我們可以有這樣的認識：有的聲音本身就是文章要寫的主要內容，有的聲音是為了造成襯托、渲染的作用，但不論它為何而存在，要把聲音寫好，都不能簡單地、純粹地用擬聲詞來寫。我們可以用一些手法，如豐富的修辭手法、多種表現手法，多角度地展示聲音。

然後，我讓學生努力用語言或文字描述出剛才聽到的鞭炮聲音。

學生沉思。

發言交流。

下面這段文字是一位學生的發言：

最開始的那聲「啪」彷彿在靜悄悄的教室裡形成了一股無形的巨大引力，把我們的目光和心硬生生地拽了過去，緊接著的「劈哩啪啦」以每秒340響的速度迅速地震盪著我們的耳膜，超過了吳道一和周文杰吵架時的聲響，達到了在這個教室裡史無前例的分貝，彷彿在一個塞滿跳跳糖的嘴巴前面放了一個超大的擴音喇叭。（趙書恆）

國文教學三部曲：中國課文精選示範
第三部曲 課堂演繹

我帶著學生對這一段話進行了手法分析。

用豐富、生動的比喻和對比修辭手法把鞭炮的聲響以及給我們的聽覺的效果恰如其分地表現出來。

「一股無形的巨大引力，把我們的目光和心硬生生地拽了過去」，這句話貼切地表達出這一聲突然的「啪」給正在進行中的課堂教學帶來的震動。「硬生生」和「拽」兩個詞太有表現力了，生動地寫出了那聲音的強大磁力。雖然不想去聽這樣的響聲，但是此時已經是無可奈何、迫不得已了，不聽也不行啊。把你「拽」去，還能不聽？

跳跳糖在嘴巴裡會邊跳邊發出「呲呲」的聲音，如果嘴巴塞滿了跳跳糖，那聲音一定是不小的。把這樣的聲音透過面前的「超大的擴音喇叭」傳出去，想像一下，就應該是耳邊的這陣鞭炮聲了。

另外，誇張、作比較手法的運用也使這一段描摹的聲音變得讓人更容易感覺到它的具體情況。

透過這一語言片段的分析，學生對描摹聲音的手法有了一定的認識。

於是，趁熱打鐵，我要求學生用筆描述剛才的鞭炮聲。

下面是學生的幾則練筆。

一陣炸響打破了教室的莊重氣氛。同學們開始騷動起來。經過樓房的反射，鞭炮聲聽起來略有些沉悶，就像是從深巷中傳出來的一樣，但絲毫不影響那喜慶的爆炸、翻騰、上升。劈哩啪啦的聲音刺激著我們的耳膜，隱隱生痛，讓人情不自禁地捂起耳朵。爆炸聲盤旋向上，飛向空中。（孫樾）

一聲巨響，像是衝破了我們的血管，讓我們體內每一滴血液跳動著，心臟也難過地掙扎著。爆竹的聲響漫天旋舞，跳躍著我們的神經，讓我們聽到那未散開的喜慶。一聲一聲，如掌聲一般竭力，讓我們嗅到那快樂的年味。紅色的身體、彩色的聲音，就這樣和著風中土裡的祥和喜慶沁入了每個人的心澗，化為永遠奔流的紅色血液。（張夢華）

「劈，啪，劈哩，啪啦……」一陣鞭炮聲炸醒了我的神經。教室裡一下子喧鬧起來。坐在窗邊的我向窗外望去，一串鞭炮正掛在對面陽台上。紅色的爆竹紙上下翻飛。鞭炮周圍煙霧繚繞……坐在教室裡的我彷彿聞到了硫黃的味道。（甘中沁）

教學後記

關鍵詞：教學憑藉

一節課，因為突然而至的鞭炮聲，把教學的方向轉向了對已學課文的整合性的梳理，可以說這既是一節特殊形態、特殊內容的課內閱讀複習課；同時，學生在歸納和總結寫聲音的方法後又進行了現場的說話、寫話活動，因此也可以說這又是一節語言活動課、片段寫作訓練課。教師巧妙地利用教學中意外的突發「事故」——課上傳來鞭炮聲，把它作為一個非常好的「教學憑藉」，展開了一舉兩得的讀寫結合活動。這種應急狀態下的教師行為是由教學智慧決定的。

黃厚江老師認為，「教學憑藉，是支撐和推進教學過程和學習活動的教學環節。它可能是動態的，也可能是靜態的」。從這個定義來看，教學憑藉，是一種教學環節，似乎有點令人費解。教學憑藉，實則是指課堂上起著媒介作用的諸多形式的資源。這些資源為著教學服務，推進教學的展開。

國文課堂教學中設計和運用「教學憑藉」有著較為豐富的意義，一般說來，教學憑藉能造成推動教學過程、激活學生思維、深化文本理解、搭建學習平台、突破教學瓶頸、引發教學生成、豐富教學內涵、形成探究性學習等諸多作用。在現實的課堂中，有多種形式的教學憑藉，可以是與文本有關的背景資料、影音資料、實體材料，也可以是教材不同版本的注釋、名家的相關研究成果或者是學生即時的提問及語言活動等。絕大部分的教學憑藉是可以預設的，如引用的各種資料等，有些是不能預設然而又是一般課堂上常見的具有普適性的現象，如學生的提問等。當然也有完全不能預設、事先也想不到的，然而也可以作為教學憑藉的，如上面課堂上傳來的鞭炮聲等。

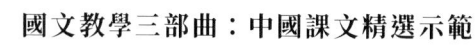

國文教學三部曲：中國課文精選示範
第三部曲 課堂演繹

「教學是主體的、能動的、活躍的人的活動。」教學的確定性與不確定性往往能夠造就出師生共同參與、共同創造的新空間。課堂是一個真實的、始終處於運動過程中的特殊的場，與場相關的因素很多，且處於變化之中。影響課堂場效應的，有場內因素更有場外因素。如在這一節課中，師生原本都是在正常的教學情境中，教學場處於和諧的自然的運動狀態，保持著一種場平衡，教學自然平穩地向前推進。然而，突然傳來的鞭炮聲，作為一個很大的場外因素，破壞了這樣一種平衡，影響了正常的教學狀態。這樣的一場意外，突發的一個事故，也正是考驗教師是否有教學機智和應變能力的最佳時機。教師不能束手無策，而要憑藉自身的素質，及時把教學現場中人的、物的、精神的諸多因素有機地結合起來，巧妙而又靈活地調控並利用這些「意外」、「事故」，把它們作為新的教學憑藉，參與到教學中並創造出新的價值。利用這場意外，教師很機智地將平時的閱讀教學與寫作訓練緊密關聯，順勢而為，對學生進行了一次以現場觀察、感受為前提的寫作訓練。如果沒有教學智慧，一定會浪費這一次極好的訓練機會的。

「教學憑藉」這一概念，提示我們：只要用心，我們可以事先預設好對教學有推進作用的「教學憑藉」，也可以利用我們的教學智慧在課堂上巧用意外生成「教學憑藉」，使課堂呈現出意外的精彩。

評點

把「事故」變成「故事」

——評點柳詠梅課堂實錄《巧用意外作憑藉》

謝雲

看柳詠梅老師這篇課堂實錄，一直想著「預設」與「生成」。伴隨課程改革而被凸顯的這兩個新詞，其實並非新生事物，而只是對「備課」與「教學」兩個傳統環節的「重述」。但是，正如列奧·施皮澤所說「詞的變化就是文化的變化和靈魂的變化」，以這組新詞「重述」課堂，其實意味著新課程對教學設計和教學情境、事先規劃和過程建構的雙向關注。隨著課程改革的推進

和深入,「充分預設」與「動態生成」的互聯、互動、互助關係,也日益被廣大教師看重,並在教學實際中得到了充分體現和大力探索。

但是我們知道,計畫沒有變化快。事前的預測和構想再豐富、再充分,相對於過程中的生成和建構,都是非常有限的。真正的教學,總是一個動態生成的過程,不斷發展、充滿變化的過程。這裡面,既有教師與學生的數量懸殊和思維差異,又涉及教學時空的流轉與變遷,同時還包含著思想、觀念交流碰撞時不斷「裂變」所引發的種種「可能」。簡單說,再周密的設計、再精確的流程,都可能因某些「突發事件」而被打亂、被中斷。節外生枝,枝上開花——至於能否順利結果,既要看教師的現場調度,也要看所生成「枝節」的質地。

柳詠梅老師這堂課,就遇到了這樣的「突發事件」——教學樓外「響亮的鞭炮聲」,打亂了她的計畫,學生被突如其來的「事故」吸引和影響,既定的教學流程顯然難以推進。在此情形下,一般有兩種選擇:一是強調紀律,一切「按既定方針辦」;二是暫停教學,待鞭炮放完再繼續進度。效果如何,相信很多老師都有類似的經歷和感受,不必多說。

柳老師的處理,充分體現出一個成熟教師的教育機智(按馬克斯·范梅南的意思,它所指稱的正是教師面對「突發事件」時隨機應變的「臨場智慧」)。

柳老師不僅處亂不驚,而且靈機一動,因勢利導,將干擾教學的「異響」作為難得的資源,引入動態的課堂裡,使之成為「新生」的教學環節的核心要素——先是「觀察」,再是「描述」,接著「溫故」,再接著「創新」:在複習有關「聲音」描寫文段的基礎上,以影響教學流程的「鞭炮聲」為對象,現場表達,課後練筆。

看完實錄,可以想像當時的課堂情形:無論是結構,還是效果,或者師生的交流與投入,不僅沒有受到明顯的影響和干擾,反倒有變「壞事」為「好事」、化「事故」為「故事」的機趣,溫故與知新相結合,閱讀與寫作相結合,既切合「開學第一天」的特定場景,又體現出特色鮮明的「文學味」,恍若古人說的「文章本天成,妙手偶得之」。這堂純然「天成」的國文課,充分印證了科勒斯涅克所說的「文學學習的延伸與生活的延伸相等」。柳教師極

富機智的藝術處理也告訴我們，只要老師真是「有心人」，所有的生活資源，都可以成為國文的教學資源，為我們的課堂激趣生智，增光添彩。

一直覺得，教育不只是傳授知識，也不只是培養能力。教育最重要的意義和價值，是師生的共同經歷和體驗，以及在經歷和體驗過程中形成的識見和智慧。這樣的過程，有時，需要別具匠心的「預設」；有時，也會面對突如其來的「生成」，甚至是「變故」──如何應對這種「變故」，把「事故」變成「故事」，既需要教師的智慧，更需要教師的用心。因為，教育不是按部就班的機械操作，而是充滿機趣的靈性創造。

（謝雲，中學高級教師，四川省綿陽市涪城區教師進修校副校長，國文教學研究員，四川省優秀教師，出版《春天正被眾手相傳》、《跟禪師學做教師》等多部著作。）

▍因為有了第四段──巴金《短文兩篇》課堂實錄

時間：2011年3月31日。

地點：南京外國語學校報告廳。（市級公開課）

師：今天我們一起學習巴金先生的短文兩篇《日》和《月》。請把書打開，讓我們一起讀課文前的導讀。

（螢幕顯示）巴金短文兩篇《日》、《月》

生（齊讀）：「無數人詠嘆過太陽和月亮，留下了美好的詩篇。作者在特殊的年代裡，對著這永恆的星球發出了自己的感嘆。在《日》中，作者顯然在飛蛾撲火、夸父逐日中寄託著深意；而寒夜裡面對如鏡的涼月，想起了嫦娥奔月，又是一種別樣的心情。」

師：這一段文字中，你覺得有哪幾個短語可以幫助我們更好地去理解這兩篇短文？

生1：我覺得首先有「特殊的年代」。這應該是巴金先生寫這兩篇文字的時代背景。

生2：第二個是「別樣的心情」，告訴我們作者的情思是什麼。

生3：還有第四行的「寄託著深意」。

師：「特殊的年代」裡，作者在文字當中「寄託著」怎樣的「深意」，表達他的一份怎樣的「心情」呢？請把這三個短語畫出來：「特殊的年代」、「寄託著深意」、「別樣的心情」。記住啊！這三個短語是我們學習這兩篇短文的鑰匙。

師：面對同一個事物，不同的人有不同的想法。同樣是月亮，巴金先生憑欄望月時，會想些什麼，要表達什麼呢？我們先學習《月》。和巴金先生一起望月，去體會他那份「別樣的心情」。

（螢幕顯示）

望月

「別樣的心情」

師：請同學們齊讀《月》。

（生齊讀《月》。）

師：語速快了一點，所以味道還差一些。再快速地看一下課文，結合有關的短語或句子，說一說這篇文章裡的月給你怎樣的印象。

生4：我從第三段的「面對涼月」中的「涼」，看出月光的冷。正如後面所說的「月的光是死的光」，是沒有生氣的光，讓我覺得地上有厚厚的一層霜了。

師：「涼月」一詞給人以冷的感覺。好的，簡要地說。

生5：「圓月有如一面明鏡」中的「明鏡」給人的印象是月亮是明亮的。

師：月亮可能是明亮的，而不是朦朧不清的。

生6：「覺得自己衣服上也積了很厚的霜似的。」這樣的月光是冷的，是讓人心生寒意的。

師：霜一般冰冷的、令人心生寒意的月。

生7：「我望著明月，總感到寒光冷氣侵入我的身子。」這一句可以看出：月的光是冷光。而且也看得出，巴金先生對月的評價不像古人對月亮評價的那樣是讚美的。

師：不是讚美，也不謳歌。我們總體來看，這篇《月》給我們的總印象是——

生（七嘴八舌）：冷、寒、淒、清。

師：面對這樣一個月亮，巴金也有「這感覺」。第三段中說「我也有這感覺」，「這感覺」到底是怎樣的，作者透過第四段呈現了出來。聽老師讀第四段，用心體會這一段月給你的感覺。

（師示範朗讀第四段：在海上、山間、園內、街中，有時在靜夜裡一個人立在都市的高高露台上，我望著明月，總感到寒光冷氣侵入我的身子。冬季的深夜，立在小小庭院中望見落了霜的地上的月色，覺得自己衣服上也積了很厚的霜似的。）

師：因為有了第四段，文章就怎樣了？展開討論。

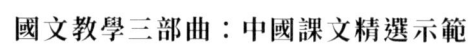

（螢幕顯示）

話題研討：「因為有了第四段，……」

（可從內容、結構、情感、語言等角度討論。）

（學生討論。教師巡視。）

師：我們來一起交流，「因為有了第四段……」

生8：我是從語言的角度來思考「因為有了第四段」的。這段話裡「侵入」這個詞用得很好，「侵入」生動形象地寫出了寒氣逼人的動態感，「侵入」也給人一種很有力度的感覺，更強化了月光給人的淒清寒冷的感覺。

師：楊紫癀同學選取的角度是語言，「侵」字寫出一種動感，表現出一種力度。

生9：我覺得「因為有了第四段，就有了畫面感」。最後一句話，「覺得自己衣服上也積了很厚的霜似的」，這句話生動形象，將「月」與地上的霜巧妙地結合起來，所以更有畫面感。

師：「覺得自己衣服上也積了很厚的霜似的」這句話重點是寫畫面嗎？

生9：寫的是心情。

師：是寫心情。哪裡是僅僅衣服上結霜啊！是心裡都結霜了呀！那麼，畫面感在這一段有體現嗎？

生9：有的。「有時在靜夜裡一個人立在都市的高高露台上。」

師：是啊！這就是一個獨立的畫面。

生10：我跟著蔡曉海的思路往下說。地上落了霜，心裡便也落了霜。我覺得也許是巴金先生心裡先落的霜，然後心裡的霜就漫開去、漫開去，漫到衣服上，漫到地面上，漫得到處都是了吧！然後月上也結了霜似的，轉朱閣，低綺戶，照無眠。

師：很精彩！哪裡是地上先結了霜呢？地上的月色是因為「我」心裡結霜了，「我」才有這樣的感受。一個無眠的夜晚。繼續。

生11：因為有了第四段，我們就可以更好地理解作者別樣的心情了。透過讀第四段，我發現，作者似乎是漸漸地感到心涼，而彷彿覺得自己衣服上也積了很厚的霜。這讓我們更可以理解作者不喜歡這個世界，作者的心好像在等待著什麼，作者的心裡有一絲無奈和絕望，但是作者的心終究是向著光和熱的。裹在心外面的一層冰終會有融化的一天。但那結冰的心是無法跳動的，於是不得不靜靜地等待著，等待著光和熱灑向世界的每一個角落，融化每一顆冰凍的心。

師：非常好！你是從情景交融的角度來理解作者那顆已經被冰凍的心。還有其他的角度嗎？

生12：因為有了第四段，作者的情感得到了更好的表現。第四段的最後一句，「覺得自己衣服上也積了很厚的霜似的」。我們知道，霜是水蒸氣經

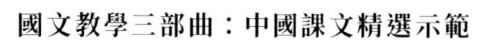

過凝華形成的（生笑），需要有很冷的溫度，所以，這樣就寫出了月亮給作者的感覺是非常寒冷的；而且，人往往在心情很不好的時候，才會覺得更寒冷。這樣更好地體現出作者的心情。

師：從科學的角度來分析霜是怎麼形成的，可見多麼寒冷！再來看看，我們所感受到的難道就只是像作者所說的「積霜」嗎？

生13：我還從「靜夜裡一個人」中讀出了作者的情感。因為這麼多人的都市裡，就作者「一個人在露台上」，旁邊都落滿了霜，我想這一定是一個孤單的人，一個孤獨的人，但他也渴望能有人陪伴著他。

師：一個孤獨者的形象，但是，是渴望有人陪伴的孤獨者。

生14：我從「積滿了霜」讀出來，可能當時那個年代、那個世界也是很寒冷的，也是積滿了霜的，所以才讓巴金先生感到很寒冷。這就是導讀中所說的「特殊的年代」。

師：你是在做一種推測，不僅僅是作者，整個社會都是這樣。從哪些地方可以看出整個社會都有霜了呢？

生15：第四段的第一句話，「海上、山間、園內、街中」，這四個是地點，看得出月亮的清冷寒氣遍布世界的每個角落。月光灑在地球上，作者透過這四個短語，表現出整個地球已經被寒冷的死光給覆蓋了。

師：整個世界被死光給籠罩了。可能不是四個地方，還有一個地方吧？

眾生：露台上。

師：海上、山間、園內、街中，露台上。

生16：因為有了第四段，我認為全文的結構就比較巧妙了。我們可以從第三段看，「面對涼月，我也有這感覺」。他到底有什麼感覺，在第四段就展開了具體的描寫。再看第五段的前面，「的確，月光冷得很」。回應了前面的第四段。所以，有了這第四段，全文就非常順。題目雖然叫「月」，但是這裡的第四段，並沒有直接講月到底是什麼樣子，月又像什麼，而是透過作者的感受，來反映月亮，從而更好地突出中心。

師：張鈺博很有發現的眼光。他抓住了「我也有這感覺」，到底有什麼感覺呢？第四段說了；第五段說「的確，月光冷得很」。只有別人說的和你的一樣的情況下，你才會說：「對。是這樣的，這樣的。」是怎樣的呢？就是第四段的內容了。

師：還有一個細節可能大家沒有發現。這一段一共就兩句話。第一句話寫的大概是什麼季節呢？

生（七嘴八舌）：冬，秋，一年四季。

師：寫作的時間是7月，可是卻讓人感覺是冬天。看得出來，不光是冬天，其他季節月亮給人的感覺可能也是這樣的寒冷。好，我們來歸納一下第四段。齊讀一下。

（螢幕顯示）

因為有了第四段，第三段中「我」的「這感覺」得以展開描述。

因為有了第四段，我們從「海上」、「山間」、「園內」、「街中」、「露台上」這五個地點的變化看到，地點的轉移、視野的改變由大而小、由遠而近，讓我們感受到空間上寒氣的無處不在。

因為有了第四段，我們看到明明是盛夏，卻給「我」嚴冬的感覺，「我」想起「冬季的深夜」，又體會到「衣服上也積了很厚的霜似的」寒冷，讓我們感受到時間上寒氣的無時不有。

因為有了第四段，我們感受到了「總」與「侵」二字傳神地表現出這股「寒光冷氣」的威力和不可抗拒。

因為有了第四段，使文章意境由空遠轉而貼近生活，由簡單的望月轉而感悟現實，立意厚重起來。

因為有了第四段，第五段中「的確，月光冷得很」的感慨便有了支撐。

師：是的，這一段情景交融，表現了作者在那樣特定的年代、特殊月夜裡的一番感慨。我們也來寫一段情景交融的文字，表現月下淒清、孤獨、寂

窵的這種情緒。這個作業我們當作預習安排了。下面和前後左右的同學傳閱一下作業本，欣賞其他同學是怎樣來寫情景交融的。

（生交換作業本，相互閱讀、欣賞。）

師：我們來推薦一下。你覺得同學寫得好的，你就推薦一下，讀一讀。夏蘇瑤，你推薦誰的？

生 17：我推薦王亦功的。

生 18：老師，我自己來讀。月光是白的，煞白的。月，這顆已死的星球，似乎有一種神奇的力量，在夜晚便鋪下它那天羅地網，所有的事物皆逃不出這魔障，大到參天古木，小到微蟲細物，皆是慘白。返景入深林，復照青苔上，並不是這樣的。不，月不是柔情的，不是。像那厚厚的霜一樣，月是冰冷的。

師：月不是柔情的。

生 19：我推薦馮子芯同學寫的。她寫的比較長，我就選其中的一個句子：「半圓形的月亮就像一張弓，絲絲雲絮就是箭，那箭直直地射進她的心裡，她忍不住就嗚咽起來。」這裡，她寫的應該是一個望月思念的女孩，我覺得這一段很有意境的美，而且情景交融。

師：月光像箭一樣，比喻奇特。這是一個新的解讀。

生 20：我推薦孫喻。但是她想自己讀（眾生笑）。

生 21：孤身與冷月相伴，冷情、冷月、冷人。是的，月的光華無論多美，都只是死的光，不能給人溫暖和勇氣，帶來的只能是痛徹骨髓的冰冷感覺。

師：冷情、冷月、冷人。如此冰涼啊！寒氣徹骨。

生 22：我推薦羅雨昕的作品，我覺得很好。

生 23：我來自己讀。月的光是冷的光，是死的光，月的光是柔軟而又瑣碎的。推開窗子，月光像是一串珠子綴在窗櫺上，有些溫暖而輕細的聲響。身上便像是穿了白綢似的，涼絲絲的，不冷，但是徹骨。我喜歡在夏夜，不拉窗簾，睡在飄窗上。石板很冷，月光很冷。頭髮是長、黑而且直的，極滑，

像綢緞一樣，我就把頭髮散下來，頭髮流在石板上。月光有了這樣的視線承接，應該不會有碎了一地的傷了吧？於是，月光流淌，無以言說。

師：無以言說的流淌著的月光。這是有人物在其中的一段內心獨白了。謝謝！

生24：「小時不識月，呼作白玉盤。」關於月的觀賞與幻想，好像總是在遙遠的幼年。那時的天真填滿了寂寥的月球上那一個個環形山，那時候的稚氣包裹著月外的一圈皎潔的光。有時，我在寧靜的黑夜望著明月，她也靜靜地望著身下的一切，雪白的光遮住了星星，灑進無邊無際的黑暗中，這樣寧靜的對望讓我快樂，彷彿自己的心飛翔在月光中，滿足地享受著那「白玉盤」裡飄來的清香。我會想像那香氣是源於嫦娥孤單的桂樹，透過夜晚的月光與地上的人們問候。當我又抬起頭時，那白玉盤一樣的月卻仍一片空白，讓我去想像。哦！「小時不識月，呼作白玉盤。」

師：小時候的一種憧憬一種想像，非常美。你所想像的、感覺到的那股香氣是從嫦娥那兒飄過來的。但是，在嫦娥的眼裡，月有那麼美嗎？「月的光是死的光。」我們來齊讀第六段，體會一下：嫦娥啊！嫦娥，你為什麼要奔月呢？你到底看到了誰呢？

（生齊讀第六段。）

師：是啊！巴金認為「月的光是死的光」，是冷的，寂的。嫦娥也這麼認為嗎？嫦娥到底在明鏡中看見了什麼人的影子呢？做一番猜測吧！

（生七嘴八舌。）

師：看到了后羿？還有呢？結合文本來猜猜吧！

（學生思考、討論。）

師：作者用了一個問句，難道嫦娥的目的是這樣嗎？是使已死的星球再生嗎？哦，看來不是啊！她看到了什麼呢？

生25：我想，作者看到了嫦娥，嫦娥也可能看到了作者。

師：可能看到了作者，這是很真實的。我們看第一段啊！「每次對著長空的一輪皓月，我會想：在這時候某某人也在憑欄望月嗎」？首先呈現的就是作者憑欄望月，但當時作者想的是可能另外一個地方也有人在憑欄望月，他所想的還不是嫦娥，當時作者想的可能是誰呢？

生 26：我覺得這個地方的某某人也許作者也不知道他是誰，我們簡稱他為「某某人」吧！也許，作者生活在某某人生活的城市，作者坐在某某人曾經坐過的位置上喝著同一杯咖啡，可能在同一個餐館裡逗過前一天那個某某人逗過的某一個小孩子，可能在某某人剛剛路過的街角踟躕一會兒。也許他就是活在這個某某人生活的城市，雖然不能夠遇見，但是心靈是相通的。也許嫦娥看到的面影是這個某某人，也許作者所看到的面影也是這個某某人。

師：這麼一個某某人，總之，他們的心是相通的。羅雨昕的生活總是充滿了浪漫氣息。即便如此的死光照著，還是很浪漫。「我」看到的是和「我」的心靈相通的一個人。

生 27：我覺得這裡的「某某人的面影」可能就是嫦娥自己。第二段中說，「圓月猶如一面明鏡」，而在這明鏡中嫦娥看到的不正是她自己嗎？她自己正隻身一人飛向那遙遠的月亮，沒有生機的月亮。而這嫦娥更像巴金，他也是一個人孤單地生活在這世界上。

師：所以，嫦娥看到的可能是自己，可能是巴金，還有和巴金有同樣心思的人。這是怎樣的一種心思？死的光，冷的光，給「我」的感覺是積霜的，「我」其實想改變這樣的一種感覺。這是有怎樣心思的人？

生 28：我覺得巴金應該是一個人生活在這裡，感覺非常孤獨。

生 29：第六段中說，「難道那個服了不死之藥的美女便可以使這已死的星球再生嗎」？我覺得並不是嫦娥過去了，使這個已死的星球再生的，而是想要使已死的星球再次復生的一些人。我覺得某某人指的就是這些人。

師：你補充了一下剛剛她所說的心相通的人。可能不光是心相通，更是道相同的人，是同道之人，想改變這個死的局面的一種人。那麼，如何才能改變這個死的局面？月的光是死的光，它本身不會發出熱力。也許它要照到

能發出熱力的東西才可能給我們以溫暖感，所以，必須要去照亮……（有學生舉手）季威廷，你還有補充嗎？

生30：剛才哪位同學說的，嫦娥在月亮裡看到想改變月亮死的氣息的人們，我想，巴金生活的年代是戰爭的年代，侵略者在瘋狂地攻擊我們，巴金也許在月亮裡看見了那些致力於反抗侵略者的英烈們的面孔，才寫下這篇文章，也寄託了作者希望戰勝侵略者的決心。

師：好漂亮！你是回扣到了「特殊的年代」了。巴金也許是看到了一些英雄們。總之，這些英雄是為大家的未來、大家的幸福生活而奮力拚搏的人，他們想改變目前死的、冷的狀況，那只有帶來太陽般的溫暖才可以。所以，這裡的面影是想帶來光和熱的人。可能其中就有一個他吧？（學生低語：夸父）是啊！也許就有夸父啊！（學生恍然大悟）

師：好的，我們去和夸父一起逐日。體會一下作者在這篇短文裡所「寄託著的深意」到底是什麼。這篇文章的風格和《月》不一樣，而且很不一樣，所以在朗讀的時候要注意語氣基調。齊讀一下。

（螢幕顯示）

逐日

感悟「寄託著深意」

（生齊讀《日》。）

師：結合具體句子來說一說作者寄託的深意。

（生思考。）

生31：我要說的是第二節，「我懷念上古的夸父，他追趕日影，渴死在暘谷」。我們來看一下書中的第一個注解，還有飛蛾的不自量力，以前是作為貶義來說的。這裡，巴金先生讚美他們追求光和熱，永不停息、勇往直前的精神。所以，以這兩個「反面教材」作為正面教材來用，這是有深意的。

師：很好。從這兩個例子來說，作者一反人們平時用的角度，反而來欣賞他們、讚美他們，這裡面有深意：讚美他們不怕犧牲。

247

生32：我覺得雖然有人貶低夸父，說他很傻，但是也有人讚美夸父的。可是飛蛾撲火這個詞卻一直作為貶義詞來用的。而飛蛾，這麼小的一個昆蟲，這麼平凡的一個昆蟲，作者居然讓它和夸父並肩，一同得到作者的讚美，我想這是很不容易的，這是為什麼呢？是因為作者覺得，飛蛾在最後一瞬間能撲向火，為了追求光和熱，作者希望自己也能像飛蛾一樣，即使在生的時候不能擁有光和熱，在死的一瞬間也要得到光和熱，而且他希望整個世界都是溫暖的，整個世界都能被光明所覆蓋，這樣的一個美好的願望寄託在了這樣一隻小小的昆蟲身上。

　　師：好的，謝謝！你不光說了第一段，把第五段也都說了。其實，飛蛾撲火它也沒想到巴金會讚美它，但是，巴金把它和夸父逐日一樣地去評價，去讚美，可見在他們兩者身上是有共同的精神值得巴金去讚美的：獲得光和熱。

　　生33：我很欣賞飛蛾，我喜歡許嵩的《飛蛾》。這首歌告訴我：不管你的堅持是對的還是錯的，只要堅持，你就應該走下去。我覺得我就像一隻飛蛾。飛蛾追求的其實是一種信念，作者的追求也是光和熱，作者希望能在死亡之際得到他所想要的。我覺得這就是一種貞潔的追求。就像李清照寫的「生當作人傑，死亦為鬼雄」，只要他堅持自己的信念，即使他死了他也不在乎。

　　師：是的，這裡講的是一種堅持力。席靜雅堅持相信飛蛾的堅持，也覺得巴金欣賞的是它的堅持力。是不是也有這麼一份深意：我們要學會堅持。好，你還有補充。

　　生34：第三段說，「生命是可愛的。但寒冷的、寂寞的生，卻不如**轟轟烈烈的死**」。我覺得巴金可能生活在寒冷的、寂寞的世界裡，但他依然嚮往這樣的光和熱，所以，他希望改變這個世界，哪怕付出自己的生命也不在乎。

　　師：表達了這麼一種情懷：雖然我生在黑暗當中，但我不願寂寞地死去，我希望自己是**轟轟烈烈**的。正如剛才季威廷同學所說的「特殊的年代」。確確實實，是這樣的一個年代，我們來齊讀一下。

　　（螢幕顯示）

因為有了第四段──巴金《短文兩篇》課堂實錄

「特殊的年代」

這兩篇短文寫於四十年代初期，當時抗戰正進入一個比較艱苦的階段，中國大地正遭受日本帝國主義的蹂躪，這正是最黑暗的死寂時期。為了中華民族的獨立和生存，千千萬萬不甘做亡國奴的人們，拿起武器，走上戰場，志士仁人們為了國家光明的未來而不惜犧牲，全國人民都在企盼勝利的到來。

師：志士仁人們拿起武器走上戰場。巴金先生也拿起武器走上戰場，他的武器是──

眾生：筆。

師：走上怎樣的一個戰場？

生：文學的戰場。

師：是的，文學的戰場！我們都知道，巴金，是現代文學史上著名的文學家之一，他更是一位反帝反封建的戰士。他的追求不是在那兩個晚上才有的，他曾經說過這麼兩句話。

（螢幕顯示）

「生的目標是什麼？是豐富滿溢的生命。一個人的生命應該為他人放射，在必要的時候還應該為他人犧牲。」

「讓我做一塊木柴吧！我願意把我從太陽那裡受到的熱放散出來，我願意把自己燒得粉身碎骨，給人間添一點點溫暖。」

師：他說過，「生的目標是什麼？是豐富滿溢的生命。一個人的生命應該為他人放射，在必要的時候還應該為他人犧牲」。我們來理解一下他的木柴情懷。

生（齊讀）：「讓我做一塊木柴吧！我願意把我從太陽那裡受到的熱放散出來，我願意把自己燒得粉身碎骨給人間添一點點溫暖。」

師：是啊！所以他要學飛蛾，但是飛蛾撲的是燈火，巴金可不願僅僅撲燈火，巴金要撲──

眾生：太陽。

師：巴金要撲太陽，要撲日球。言為心聲，文字是表達作者的心的。讀文就是讀心。所以，不管是《月》也好，還是這篇《日》也好，《日》、《月》這兩篇文章都表達了同一個心意。

（螢幕顯示）

日月同心

「憂鬱而熱情的青春氣息」。

師：有人這樣評價巴金散文的特點，我們來齊讀一下。

（螢幕顯示）

「對光和熱的讚美，對生命力的讚美，對探索者和殉道者的讚美，對漫漫長夜和嚴冷寒夜的憎惡，這就是巴金散文中反覆出現的四組意象系列，這構成了巴金散文憂鬱而熱情的青春氣息。」

（《論巴金建國前的散文創作》）

師：這兩篇文章頗能代表並傳達出這樣的「憂鬱而熱情的青春氣息」。你們能不能結合相關語句說：我在這兒讀到了一種憂鬱的氣息，我在這裡讀到了一份熱情的氣息。請結合句子來說一說。

生35：我找到的是最後一段中的「倘使有一雙翅膀，我甘願做人間的飛蛾」。從這一句話我可以看出，其實巴金並沒有一雙翅膀。他想為人間做點貢獻，可是他並沒有那種能力，所以我覺得這句話體現了巴金的憂鬱。

師：哦！你讀出的是憂鬱——我為什麼沒有翅膀啊？好憂鬱。這句話也許除了憂鬱，更有一種熱情。我們一起來齊讀這句話。

生（齊讀）：倘使有一雙翅膀，我甘願做人間的飛蛾。

師：這種熱情被大家讀出來了，飛蛾要撲火呀！好，繼續來說。

生36：第五段的最後一句話，「我要飛向火熱的太陽。讓我在眼前一陣光、身內一陣熱的當兒，失去知覺，而化作一陣煙，一撮灰」。

師：讀慢一點。你都要化為煙，化為灰了，還要那麼快啊？

生36：我覺得這一段寫出了作者急於飛向火熱的太陽的一種……一種熱情。即便化作了一陣煙，一撮灰，但他得到了眼前的一陣光，身內的一陣熱，他已經很滿足了。

師：好的。「化作一陣煙，一撮灰」不僅僅是熱情，更有犧牲精神。

生37：我覺得第八課短文兩篇把《日》和《月》放到一起，就正好體現出了巴金散文的「憂鬱而熱情的青春氣息」。首先，在《日》裡面，我覺得他又說夸父又說飛蛾，就體現了他的熱情和執著，願意為光和熱而放棄自己的生命。而在《月》中，又體現出了那麼一種憂鬱和無奈，寫出了他不願死在這種寒冷寂靜的環境中。所以，這樣兩篇文章放在一起就更體現出了他寄託的深意和別樣的心情。

師：夏蘇莖同學很聰明啊！他理解了教材的編者把這兩篇文章編到一起的用意。既有憂鬱的，也有熱情的，但更是青春的，要報效祖國，要走上戰場的氣息。我們來小結一下。在《月》裡，月給我們的感覺是——

生：淒涼的、寒冷的。

師：淒涼的、寒冷的（板書：寒、冷），作者的態度是改變它們。（板書：改變）《日》給我們的感覺是——

生：溫暖的、火熱的。

師：（板書：光、熱）作者的態度是追求。（板書：追求）一冷一熱、一個憂鬱、一個熱情，都表達出他的青春的夢，青春的追求。（將板書連為三角形）這個追求就是——

（學生看板書，迷惑。）

師（笑）：（板書：明）

（學生恍然大悟。）

師：明亮的生活，明麗的人生。我們來讀一讀作者一輩子的追求。

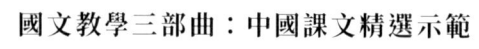

（螢幕顯示）

感受情懷

「光明，這就是我許多年來在暗夜裡所呼叫的目標，它帶著一幅美麗的圖畫在前面引誘我。同時慘痛的受苦的圖畫，像一根鞭子在後面鞭打我。在任何時候我都只有向前走的一條路。」

「以文字為武器，在作品中生活，在作品中戰鬥。」

「以文字為武器，在作品中生活，在作品中戰鬥。」

師：我想我們能夠理解作者的追求。把最後兩行讀得慷慨激昂一些。

（生齊讀課文。）

師：像巴金一樣生活，像巴金一樣戰鬥！下課。

教學後記

關鍵詞：瓶頸突破

我選定巴金的短文兩篇《日》、《月》作為公開課，主要因為這篇課文可參考的資料實在是少之又少，連《教師教學用書》上都沒有對《月》的解讀。我的目的只有一個：利用公開課磨礪自己的文本解讀能力和獨立的教學設計能力，於是在很多人的不理解中毅然決然地選擇了這一課。

文本解讀沒有捷徑，就是讀，反反覆覆地讀，讀進去，再讀出來。讀出作者，再讀到自己，最後在還原作者意圖中超越自己的原初理解。我反覆閱讀，在教材上閱讀、勾畫、筆記；把它影印出來閱讀，一有空就拿出來咀嚼、品讀。不參考任何的資料，我寫出四千多字的解讀稿。在後來的備課中再不斷地充實和豐富先前的理解。有了獨立的解讀做保證，設計就有了把握。

第一次的設計，我首先考慮的是兩篇短文的教學如何以不同的方式呈現；其次，我還關注學生的活動形式和學習方法。我把整堂課設計為三個部分：以讀促解學習《日》，以寫促解學習《月》，聯讀賞析學《日》、《月》。可是，按照這樣的方案在自己班級上課的時候，問題就出來了。

《日》的演讀環節，學生根據提示進行演讀，因為要看著螢幕，還得一下子弄清角色安排，所以，讀起來一點都不流暢，更別談要把作者的豐富情感表現出來了。其次，研讀環節，讓學生找最能表達「寄託著深意」的語句，這個話題可能是有問題的。而我預設的文本解讀都是圍繞我認為的這個「之最」語句展開的。此教學環節的推進過程很艱澀，導致後面的內容全都受到了嚴重的影響。另外，兩篇文章的難易情況不同，然而教學中我幾乎是平均用力的，所以，出現了重點不突出的問題。

　　反思時，那節課後一個學生說的話重回耳畔：「老師，我經過講台時看到你的教案上寫的『日是理想，月是現實』，我就突然懂了這兩篇文章了。」

　　是啊！日是理想，月是現實，困難在《月》這一篇，為什麼不從它開始突破呢？一旦理解了《月》傳達的是作者對寒冷死寂的現實思考，就能很容易地明白作者願意化作人間的飛蛾去撲向火熱太陽的那份情懷了。

　　於是，我推翻了原先的整個教案，從學生學習難處的突破、學習能力的提高的角度重新設計教學方案。

　　《月》的教學關鍵是要引領學生理解，作者在「憑欄望月」時的那份「別樣的心情」。這到底是怎樣的心情，文章在第四段有具體的呈現。其他語段更多的是直接說月給人的印象，諸如「涼月」、「明鏡」、「死的光」、「冷得很」等，而第四段用情景交融的手法細膩地表現了「面對涼月」時「我」的「這感覺」。於是，我把挖掘第四段的作用作為一個獨立的板塊，設置了話題「因為有了第四段」，帶領學生從內容、結構、語言、情感等多角度來理解此段的作用。角度是多維的，答案是不唯一的，因此學生能夠有話可說。

　　以寫促解這個環節在試講過程中沒有用過，一來受時間影響，二來擔心學生一時寫不出來。但這是訓練學生寫情景交融的一個好的契機，棄之實在可惜。於是，課前作為預習作業安排下去。讓學生根據對文意的理解，也寫一段表現月下孤獨、淒清、寂寥、悲傷的情緒的文字，要做到情景交融。這樣，在教學中，既節省了時間，也可以讓學生在當時進行修改。更重要的是，因為有了完成的文字，課堂上我突然就有了讓學生互相欣賞的念頭，讓學生

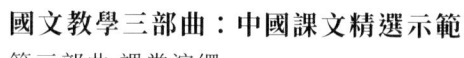

國文教學三部曲：中國課文精選示範
第三部曲 課堂演繹

閱讀周圍同學寫的文字，並推薦和朗讀別人的文字。從課堂的效果看，這個環節可謂是一堂課的亮點。

課文學習導語中的「特殊的年代」、「寄託著深意」、「別樣的心情」是我教學這一課時的鑰匙。學生已經感受過我對課文學習導語的重視和運用，所以在分析文本時，學生很聰明地就聯繫到學習導語來加強理解。充分利用教材的好習慣在許多學生身上已經養成。

兩篇文章是前後兩天寫成的，它們都表達了作者的那份情懷、心思。「日月同心」環節，我摒棄了原先設計寫作手法的總結而改作專門用來理解作者情懷。讀文就是讀人，就是讀另一顆心，所以要走近巴金，理解他的那份「憂鬱而熱情的青春氣息」。把巴金散文的「憂鬱而熱情的青春氣息」作為理解這兩篇短文的「同心」無疑是最合適的，可以讓學生聯繫具體語句感受巴金的「憂鬱」、「熱情」和「青春」。這一環節的設計巧妙地將兩篇文章關聯起來，也更加深入到文本內部。

評點

從精彩走向有效

——評點柳詠梅老師《〈短文兩篇〉教學實錄》

丁衛軍

柳詠梅老師執教的這一節巴金的《短文兩篇》，很值得玩味。有很多課錄，是讀一遍就有話可說的，可是這一次我遇到了讀王君的《老王》、讀熊芳芳的《寒風吹徹》一樣的狀況，幾次三番地研讀、玩味，遲遲不敢下筆，真怕是辜負了這樣的好課。與王君、熊芳芳一樣，柳詠梅老師也是當下文學界中「有想法」的女教師，也是個性鮮明的「這一個」。

柳詠梅老師的課的鮮明個性在於，對文本拿捏的分寸尺度。柳詠梅老師喜歡思索教材，把這一篇課文放在國中三年的六冊書中、放在這一年級的這一本書中、放在這一本書的這一單元中去思索，這似乎已經成為她的一種習慣，這也是她常常把課文解讀得合乎課程、合乎教材、合乎作者、合乎這一

課的法寶。她有著一般教師往往不太在意的課程意識。僅僅關注課堂教學，不在乎教材、不在乎課程的文本處理或課堂教學，常常給人瑣碎、偏狹之感，就是出新了，就是出彩了，細細思索，總感覺多了那麼一點牽強，少了那麼一點自然。

你看柳詠梅老師的課堂導入，巧妙地抓住了「課文前的導讀」、「這一段文字中，你覺得有哪幾個短語可以幫助我們更好地去理解這兩篇短文」。看似無足輕重的一問，就一下子打開了學習本課的切入口。體悟作者在那個「特殊的年代」寄託的「深意」和「別樣的心情」，就構成了這一節課的主問題，提挈全課。在通覽柳詠梅老師的其他課例時，我們會驚訝於她對教材的研究，就單說針對「導語」（無論是單元導語，還是課前導語）的研究，像她這樣如此精微、如此系統的，在全國怕是難找到第二人了。這也是她的課堂教學設計精巧、課堂生成精彩、課堂開掘精深的基礎。現在的很多課，足見教者的文化底蘊，足見其文本解讀的獨到視角。但是，在其解讀不能不說有高度，不能不說實現了多元之餘，似乎游離了「這一篇」、「這一課」，也似乎少了那麼一點文學味。這在柳詠梅的課堂幾乎是看不到的，這也正因了她對文本拿捏的分寸尺度。她始終堅持創新，但首先堅持守正，守國文之正，守文本之正。

柳詠梅老師的課程的鮮明個性在於，善於選點啟智、激發精彩生成。選好點的前提在於，教者善於發現文本教學的價值。就像一個老到的掘井人，擁有一雙慧眼，找到適宜的開掘點，深挖下去，引來汩汩甘冽的清泉。作者到底在《月》中表現了怎樣的「別樣心情」呢？這顯然是學習本課的重點之一，也是難處之一。柳詠梅老師在文本的研讀中，智慧地抓住了文本第四小節的教學價值，以體悟作者面對冷月時的感覺為抓手，開啟學生的智慧，激發學生的思考。點選好了，如何用好，這更是對教者教學機智的考驗。「因為有了第四段……」這一話題的設計，為學生走進文本深處打開了一扇窗，讓學生有話說。這似乎還不夠，那麼說什麼，怎樣說得有條理，說得更集中？柳老師順勢教給了學生說話的角度：「可以從內容、結構、語言、情感等角度來討論。」話題設計新穎精當，討論話題多元開放，保證了學生有話說、會說話，依據文本說得有理有據有創意，用文學的方式教國文，師生互動，

國文教學三部曲：中國課文精選示範
第三部曲 課堂演繹

生生對讀，在智慧的碰撞中，向文本理解的「青草更青處漫溯」，讓我們看到了課堂「對話」的搖曳多姿，課堂煥發出生命的活力。

文本價值的最大化，進一步彰顯了教者的教學智慧。還是這個第四小節，可謂是情景交融的典範。柳老師引導學生又往前走了一步，試著把自己在月下的感受寫出來。不僅是由讀而寫，讀寫結合的推進，更是由「讀文」到「讀我」的推進。

月光是白的，煞白的。月，這顆已死的星球，似乎有一種神奇的力量，在夜晚便鋪下它那天羅地網，所有的事物皆逃不出這魔障，大到參天古木，小到微蟲細物，皆是慘白。返景入深林，復照青苔上，並不是這樣的。不，月不是柔情的，不是。像那厚厚的霜一樣，月是冰冷的。

「小時不識月，呼作白玉盤。」關於月的觀賞與幻想，好像總是在遙遠的幼年。那時的天真填滿了寂寥的月球上那一個個環形山，那時候的稚氣包裹著月外的一圈皎潔的光。有時，我在寧靜的黑夜望著明月，她也靜靜地望著身下的一切，雪白的光遮住了星星，灑進無邊無際的黑暗中，這樣寧靜的對望讓我快樂，彷彿自己的心飛翔在月光中，滿足地享受著那「白玉盤」裡飄來的清香。我會想像那香氣是源於嫦娥孤單的桂樹，透過夜晚的月光與地上的人們問候。當我又抬起頭時，那白玉盤一樣的月卻仍一片空白，讓我去想像。哦！「小時不識月，呼作白玉盤。」

孤立地讀這樣的文字，你也許不會想到是出自國二的學生之手吧！因為有了巴金的文字示範、情感渲染，學生筆下的月也似乎多了一種「別樣」的意境、「別樣」的情緒了。學生在「讀我」中更加深切地感受到作者在那個「特殊年代」的「別樣心情」。

柳詠梅老師的課的鮮明個性在於，讓學生的學習看得見。柳老師始終堅持這樣的理念：讓學習看得見，看得見的不僅是學習的結果，更是學習的過程。只有學生真正地投入到「學」之中了，才會有如此精彩多元的理解和體悟。

師：……從這兩個例子（夸父逐日、飛蛾撲火）來說，作者一反人們平時用的角度，反而來欣賞他們、讚美他們，這裡面有深意：讚美他們不怕犧牲。

生32（潘悅嘉）：我覺得雖然有人貶低夸父，說他很傻，但是也有人讚美夸父的。可是飛蛾撲火這個詞卻一直作為貶義詞來用的。而飛蛾，這麼小的一個昆蟲，這麼平凡的一個昆蟲，作者居然讓它和夸父並肩，一同得到作者的讚美，我想這是很不容易的，這是為什麼呢？是因為作者覺得，飛蛾在最後一瞬間能撲向火，為了追求光和熱，作者希望自己也能像飛蛾一樣，即使在生的時候不能擁有光和熱，在死的一瞬間也要得到光和熱，而且他希望整個世界都是溫暖的，整個世界都能被光明所覆蓋，這樣一個美好的願望寄託在了這樣一隻小小的昆蟲身上。

師：好的，謝謝！你不光說了第一段，把第五段也都說了。其實，飛蛾撲火的飛蛾也沒想到巴金會讚美牠，但是，巴金把牠和夸父逐日一樣地去評價，去讚美，可見他們兩者身上有共同的精神值得巴金去讚美的：獲得光和熱。（環視）席靜雅的手是舉還是不舉的？（生舉手）

生33（席靜雅）：我很欣賞飛蛾，我喜歡許嵩的《飛蛾》。這首歌告訴我：不管你的堅持是對的還是錯的，只要堅持，你就應該走下去。我覺得我就像一隻飛蛾。飛蛾追求的其實是一種信念，作者的追求也是光和熱，作者希望能在死的時候得到他所想要的。我覺得這就是一種貞潔的追求。就像李清照寫的「生當作人傑，死亦為鬼雄」，只要他堅持自己的信念，即使他死了他也不在乎。

柳老師的話並不多，但始終注意從文本中來，貼近學生的思維，為學生的思維走向深入做鋪墊。這一組師生對話中，我們可以清晰地看到學生在老師的點撥下生發出的精彩。學生的發言，跟我們常見的公開課最大的區別至少有兩點：一是學生出口成句成段，不是一個詞一個詞地蹦出；二是學生發言角度多樣，有自己獨到的見解，絲毫沒有人云亦云的教學參考書味。這正是得益於柳詠梅老師日常教學的有效訓練：一是言語表達的形式訓練；二是言語表達的內容、角度的訓練。

老師的課堂言語行為就是學生言語行為的最佳示範。柳詠梅老師深諳這一點。有人質疑說，柳老師的 PPT 呈現出的「因為有了第四小節……」的小結文字有蛇足之嫌。君不知，正是這樣的小結，在課堂張弛有序中讓學生的精彩走向了有效。在老師的規範表達的引領下，培養了學生規範表達的能力。我們在課堂上看到的也許只是學生學習結果的呈現。有效的結果，我們可以清晰地看到學生的學習過程，看到學生日常的學習習慣。

柳老師的課堂實現學生真實有效學習的另一個有力的武器，就是及時地幫助學生搭建支架，精心選擇輔助閱讀的資料，相繼鋪墊。本節課中，柳老師適時交代了作者的寫作背景，及時地告訴學生作者生的目標和木柴情懷。學生藉助這些教學憑藉，對夸父逐日、飛蛾撲火的意蘊有了更加深刻的理解，更好地達成了學生的閱讀視野與老師的閱讀視野，以及作者的寫作意圖的大融合。

我們在驚豔一節課的精彩的時候，需要我們去思考，是老師教的精彩，還是學生學的精彩，是老師預設的精彩，還是學生生成的精彩；更重要的是，我們還要去思考，如何讓精彩的教學更好地走向有效的教學。

柳詠梅老師這一節巴金《短文兩篇》的教學給了我們很好的啟發。

（丁衛軍，南通市通州區育才中學高級教師，江蘇省國文特級教師，南京師範大學、江蘇師範大學特聘碩導，出版《小丁教語文》，主編《二十位中學語文名師經典課例實證研究》。）

▎以讀帶析　感受詩意──《金色花》課堂實錄

時間：2010 年 12 月 23 日。

地點：無錫梅里中學。（無錫新區金軍華名師工作室教學研究活動展示課）

師：生活中人們經常給花賦予一些含義，牡丹象徵富貴、玫瑰代表愛情。這叫花語。這是雪中的紅梅，你有怎樣的印象？

（PPT 呈現一組圖片）

生：堅韌不拔。

師：這是什麼花？象徵什麼？

生：康乃馨，象徵幸福，獻給母親。

師：這是百合，和和美美。

師：最後是菊花，有什麼含義？

生：堅強不屈。

師：其實這就是花語，花是會說話的。金色花，它有怎樣的花語呢？今天這節課我們就來聽聽金色花的花語。我們先認識一下金色花，它是菩提樹上的花朵。

（PPT 呈現金色花的圖片）

（PPT 呈現）

金色花，印度聖樹，即菩提樹上的花朵。菩提樹是印度的國樹，被稱為幸福樹。金色花在印度受到大人、小孩的喜愛和敬重。

（生齊讀。）

（PPT 呈現菩提樹的圖片）

師：金色花是菩提樹上的。菩提樹是什麼樣子的？它生長在印度、斯里蘭卡等熱帶地方，它和榕樹是一個科類的。有同學見過菩提樹，以為它是榕樹，巨大的樹形，這是根，這是枝幹，這是它星形的葉子，確實很像榕樹。這就是金色花。我們先了解一下作者泰戈爾。

（PPT 呈現）

泰戈爾，印度詩人，作家、社會活動家，被譽為印度「詩聖」，是印度國歌的作者，他的創作對印度文學的影響很大。1913 年獲得諾貝爾文學獎。代表作有《飛鳥集》、《新月集》、《吉檀迦利》、《園丁集》。

（生齊讀。）

國文教學三部曲：中國課文精選示範

第三部曲 課堂演繹

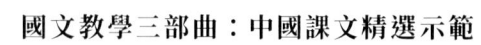

師：《金色花》選自《新月集》。鄭振鐸先生翻譯的《新月集》第一版本的序言中有這麼一段話。

（PPT呈現）

遠望《新月》

《新月集》把我們「帶到秀嫩天真的兒童的新月之國裡去。我們只要一翻開它來，便立刻如得到兩隻有魔術的翅膀，可以使自己飛翔到美好天真的兒童國裡去。而這個兒童的天國便是作者的一個理想國」。

（生齊讀。）

師：從這段話裡，你讀到新月與兒童的關係了嗎？為什麼把這個詩集命名為《新月集》？

生：兒童就像新的月亮，很有朝氣，它的特點是秀嫩天真。

師：在作者的眼裡，兒童就像天上新的月亮，美淨、天真、秀嫩，兒童的世界就是理想的世界。兒童的世界到底是一個怎樣的世界呢？透過《金色花》以及其他作品，我們也許可以感受到泰戈爾心目中的兒童世界的特點。其實，在寫《新月集》的時候，作者正處於人生最悲苦的時候：1902年泰戈爾的妻子病逝，第二年他的一對子女夭亡，這對一位四十一歲的中年男子來說真是非常沉痛的打擊。但是，泰戈爾就是泰戈爾，他沒有讓自己沉淪、抑鬱下去，而是寫詩，寫兒童的詩歌，寫生活的詩歌，把愛播撒出去。所以，他的詩歌裡面充滿了對生命的愛，對兒童的愛，對自然的愛，對一切的愛。我們一起來欣賞《金色花》。先齊讀全文。

（PPT呈現）

賞金色花

朗讀

讀出畫面

讀出形象

讀出情感

（生齊讀全文。）

師：評價一下，剛剛我們讀得怎樣？

生：我覺得還算是比較好，讀出了一點感情，讀出了孩子的天真。

生：感情有點到位，讀出了母子之間的真情。

師：在哪裡？你再讀一下，這是一種怎樣的真情？

生：第九段「你到哪裡去了？你這壞孩子。我不告訴你，媽媽」。讀出了母親孩子之間的依戀，母親的著急。

生：我覺得我們缺少一點天真調皮的語氣。這篇課文寫孩子天真、調皮、搗蛋，他故意變成金色花，讓他母親找不到。

師：這是對同學們高的要求了。大家讀得這麼順溜，咬字這麼清晰，真的很棒了！要想讀得更好，文章解讀完了就會讀得更棒的。下面，同學們選讀一段你最喜歡的，待會兒交流，說說你為什麼選這一段？為什麼這樣讀？

（生自由讀最喜歡的一段。）

師：你最喜歡的一段話是？

生：「孩子，你在哪裡呀……我在那裡一聲不響。」因為這一段中，有孩子的焦急，有母親對孩子的愛。

師：請你讀出這種焦急。

（生再讀。）

師：聽出了他的焦急嗎？（示範朗讀「孩子，你在哪裡呀！」）讀得焦急一些。

師：這一段重點寫焦急呢還是寫「我」呢？再讀，讀出「我」的偷笑。

（生再讀。）

國文教學三部曲：中國課文精選示範
第三部曲 課堂演繹

師：怎麼可以處理得更輕快一點，讓我們能夠想像出一個孩子躲在樹葉裡匿笑？怎麼樣的笑叫匿笑？同學們笑一下。（學生笑）一邊笑一邊捂嘴，幾個同學都是這樣。這樣吧！我去找你，你試著偷笑。每個同學讀一讀這句話。我讀「孩子，你在哪裡呀」，你們齊讀「我暗暗地在那裡匿笑，卻一聲兒不響」。

（師生配合讀。）

生：我讀的是第一段。（讀）這一段寫了小孩天真活潑。

師：再活潑一點，讀出天真。

（生再讀。）

師：「你會認識我嗎？」這裡面有得意，要讀出活潑感。

生：「當你黃昏時拿了燈到牛棚裡去，我便要突然地再落到地上來，又成了你的孩子，求你講故事給我聽。」讀出孩子的天真，濃濃的真情。

師：這段的孩子是一個怎樣的孩子？

生：天真、可愛，跟母親有著濃濃的真情。

師：怎麼看得出來？整篇文章我們都可以看出天真可愛，在這裡的特點呢？

（生再讀。）

師：那應該怎樣求媽媽才會答應呢？「便要突然地再落到地上來，又成了你的孩子」，小機靈鬼又回來了。「求你講故事給我聽」，怎麼讀呢？我的年齡可以做你的媽媽了。這樣吧！我們倆試著演讀一下。

（生再讀。）

師：這一句表現的不是簡單的天真活潑，而是撒嬌。不改變原文，請你再撒嬌一次。

（另一生再讀。）

師：啊呀！我不得不講故事了！女同學把撒嬌讀出來了。把「又成了你的孩子」再讀讀看。

（生讀。）

師：這下孩子的撒嬌味就完全出來了。此時此刻，他和媽媽要達到怎樣的情感共鳴呢？我們在讀的時候要讀出味道，還可以讀出畫面，讀出形象，讀出其中的情感。好，我們繼續讀。

生：我喜歡讀第三段「我要悄悄地開放花瓣看著你工作」。「悄悄」體現了孩子的調皮，故意看著媽媽工作，不讓媽媽找到他。

師：請你把「悄悄地」讀得再悄悄一點。

（生再讀。）

師：再慢一點，讀出悄悄的、靜靜的感覺。

（生再讀。）

師：「悄悄地」讀輕一點。像這樣，「悄悄地開放」，雖然「我」藏起來了，但離「你」不遠，陪著「你」一起工作，這裡面要讀出孩子的體貼。繼續，還有其他段落嗎？

生：我讀第八段「你到哪裡去了，你這壞孩子」。讀出媽媽的著急，找不到孩子。

師：你讀得再著急一點。

（生再讀。）

師：有點著急了。「你到哪裡去了，你這壞孩子。」僅僅是著急嗎？還有其他味道嗎？

生：還有媽媽的一種驚喜。因為媽媽一天找不到孩子，現在突然出現了，所以有種驚喜。

師：請你讀出驚喜的感覺。

263

國文教學三部曲：中國課文精選示範

第三部曲 課堂演繹

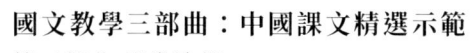

（生再讀。）

師：這兩位同學讀出了媽媽的兩種感覺：一種著急，一種驚喜。其實，還不止這兩種。待會兒我們再探討。我們讀出了這麼活潑可愛的孩子。第四、五段，誰來讀一讀？

（生讀第五段。）

師：糾正你的字音，膝蓋的膝應讀「ㄒㄧ」，不讀「ㄑㄧ」。接著說。

生：這句話表現了小孩子變成金色花，想讓母親知道又不想讓母親知道的矛盾心理。

師：又想讓你知道又不想讓你知道，還要幫幫你遮光的這種矛盾感，要讀出來。我們讀出了畫面，讀出了情感。真正的情感在哪裡呢？我們透過這樣的問題來思考：孩子為什麼要變成金色花，而不變成其他的花朵呢？結合我們剛才讀到的母子之間的深厚情感，結合我們對金色花的了解，同桌相互說說「他變成金色花，是因為……」

生：首先，金色花是印度的聖花，又是印度人景仰的一種花，他變成金色花，很有樂趣。

師：一是它是聖潔的，二是金色花是小碎花，隱藏在樹葉當中，不容易被母親發現，便於小孩子調皮地和媽媽捉迷藏。

生：我覺得，因為金色花是印度的聖花，在他的眼中，母親也是聖潔的，所以就想變成金色花。

師：能送給母親的唯有金色花這樣聖潔的花，也只有這樣的花才配得上聖潔的母親。

生：因為作者的母親每天要坐在小庭院禱告，在窗前讀書，變成金色花，可以時刻陪伴在母親的身邊。

師：與母親相伴。這是一首散文詩，詩歌中的「我」一定是作者嗎？文中的「我」不是作者，指的是孩子。

生：因為金色花是聖潔、幸福的象徵，孩子變成金色花，是想讓母親幸福。

師：多好的孩子，要讓母親幸福，這是孩子美好的祝福。

生：首先是因為聖潔；其次金色花是金色的，金色代表珍貴，他覺得他和母親的時光是珍貴的，所以，要變成金色花。

師：珍貴的回憶。泰戈爾作為丈夫、父親有這樣的遭遇；作為兒子，他也有這樣的遭遇，在他很小的時候，母親去世了，所以，這裡面也折射出作者的心理，在追懷母親。

生：金色花，是印度的聖花，是大人、小孩喜歡的花，作者說孩子變成金色花，躲起來捉弄母親，說明母親對孩子的愛。

師：愛是相互的，大人喜歡金色花，小孩也喜歡，我變成金色花，你當然也喜歡我。同學們的解讀都很漂亮，把觀點集中起來，就是金色花在這裡的含義。變成了金色花，為什麼不告訴媽媽呢？齊讀最後兩段。

（生齊讀。）

師：下面請女生扮媽媽，男生扮演孩子，我當旁白，分角色朗讀。

（PPT 呈現）

「你到哪裡去了，你這壞孩子？」

「我不告訴你，媽媽！」

這就是你跟我那時所要說的話了。

（師生配合朗讀。）

師：為什麼又不告訴了？「這」指代什麼？請同桌討論交流。

生：「這」指代我與母親說的話，「你到哪裡去了，你這壞孩子」，「我不告訴你，媽媽」。

師：「這」指代的是一問一答，這一問一答就是當時所說的。還有什麼呢？還可能指代其他嗎？

國文教學三部曲：中國課文精選示範
第三部曲 課堂演繹

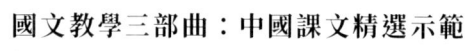

生：「這」指代的是，以前孩子讓母親告訴他在哪兒，母親曾經說過不告訴你。

師：此時此刻有可能？

生：有可能是孩子不告訴，媽媽問孩子的時候，孩子也會說不告訴你。

師：倒是很有趣的理解。會不會是母子兩人同時說這句話的情景呢？我們一起來試試看。請一個男同學試一下。

師：你到哪裡去了，你這壞孩子？

師生：我不告訴你，媽媽。

師：你到哪裡去了，你這壞孩子？

生：我不告訴你，媽媽。

師：兩種方式，兩種感覺，能體會出來嗎？當我倆說「我不告訴你，媽媽」的時候，你所認識的媽媽是一個怎樣的媽媽？

生：了解孩子。

師：是啊！我太了解你了呢！咱們是默契的。如果我用追問的語氣說：「你到哪裡去了，你這壞孩子」。那種焦急、抱怨就全出來了。其實，媽媽這一天根本沒找孩子，我們從文章裡看「找了嗎」？看到你回來，突然蹦到我面前，「你這小東西，又到哪兒玩了一天，又出來逗我、「你到哪裡去了，你這壞孩子」，我就知道你要說「我不告訴你，媽媽」。所以，我也脫口而出：「我不告訴你，媽媽。」這就叫默契。我和我兒子經常這樣，站在鏡子面前時，他會說：「小矮子！」因為他現在比我高了。後來，只要我倆在鏡子面前，我倆就會脫口而出：「小矮子！」為什麼？這就是我們母子之間的了解、理解、默契。如果我很認真地說：「幹嘛，你幹嘛罵我小矮子」，（生笑）那就不好玩了。所以，我們可以理解「我不告訴你，媽媽」是同時說的。何以見得呢？我們看英文原版。

（PPT 呈現）

以讀帶析　感受詩意——《金色花》課堂實錄

"Where have you been, you naughty child?"

「你到哪裡去了，你這壞孩子？」

"I won't tell you, mother." that's what you and I would say then.

「我不告訴你，媽媽！」這就是你跟我那時所要說的話了。

師：「you and I」，你和我，同時。你對我用「to me」。兩人同時說，這樣更有情趣一點。

師：我這次備課的時候，發現我用的書和你們用的書版本不同。這篇《金色花》文字上也有不同之處。怎麼回事呢？下面我們進行比較閱讀。我讀我的課本，你看你的課本。把你聽到的和你書上不一樣的地方迅速標誌出來。比較一下，哪兒好，哪兒不好？

（PPT 呈現）

聽一聽，圈出兩個版本文字上的不同之處。

比一比，說一說，兩個版本效果有何不同。

（師示範朗讀全文。）

生：第一段有「變了」和「變成了」的不同。我覺得「變了」好一些。

師：我「變了」一朵金色花，我就像魔術師，可以「變了」一個，又「變了」兩個。我卻還是我。「變成了」是指我成了金色花。所以，「變了」是有歧義的吧？還有哪些不一樣的地方？

生：「笑哈哈地在空中搖擺」，我聽到的是「笑嘻嘻地」。我認為，「笑嘻嘻」好一些，「哈哈」表示大笑，「嘻嘻」可以指偷笑。如果是「哈哈」笑就會被發現。

生：下面段落中有「匿笑」這個詞。「笑嘻嘻」是甜美的，匿笑。這裡用「笑哈哈」是有問題的。笑哈哈是大笑，雖然媽媽不知道哪朵花是孩子，但也一定知道有動靜呢！「笑哈哈」沒有「笑嘻嘻」有味道。

267

生：我的書上是「母親，你會認識我嗎」，老師讀的是「媽媽，你會認識我嗎」。我覺得用「母親」好。

師：「媽媽」不親切，「母親」更親切嗎？

生：「媽媽」是日常生活的口語，「母親」是書面語。

師：生活中一個孩子當然用口語來稱呼媽媽，在生活中一般不會用「母親」。雖然兩個詞所指的是一個人，但是，翻譯成「媽媽」、「母親」，感覺是不一樣的。

生：我書上的是「在新生的樹葉上跳舞」，我聽到的是「在新葉上跳舞」。我覺得「新生的樹葉」好一些。

師：「新葉」和「新生的樹葉」的區別是什麼呢？

生：「新生的樹葉」是指剛長出來的樹葉。

師：那「新葉」呢？是很早就長出來的？

生：沒有「新生的樹葉」新。

師：沒有新生的那麼新？「新生的樹葉」、「新葉」語義上有區別嗎？「新葉」比「新生的樹葉」更簡潔，這是詩歌用詞的特點。至於你說「新生的樹葉」是正在長的小芽，和「新葉」有很大的區別，我覺得不是很重要。關鍵是從詩歌的角度來講，語言應更精練更優美。

生：我聽到了「小小影子」，我書上的是「小影子」。

師：疊詞，更符合兒童語言的特點。疊詞在文中很多，如笑嘻嘻、悄悄、暗暗、小小，都是兒童語言。「小小」更可愛，更活潑一點；「小影子」只是強調大小。我們不是一定要比出哪個版本更好，而是要學會辨析、體會詞語的細微區別。比方說「母親」與「媽媽」，兩個詞情感的親近程度是不一樣的。第一段還有，「長在樹的高枝上，笑嘻嘻的在空中搖擺，又在新葉上跳舞」。你們說在哪兒跳舞啊？對啊，「在風中」、「在空中」搖擺，其實是在半空中，但感覺不一樣，為什麼？「在空中搖擺」是自己搖擺，跳的是搖擺舞。「在風中搖擺」是被風吹的，有可能是風把人吹得擺動。空中搖擺，

孩子的活潑可愛的味道就出來了。剛才我們用比較兩個版本文字的不同來品析了散文詩的語言，很有意思。

師：泰戈爾的作品值得我們好好去品味，尤其是他的《新月集》。下面我們一起欣賞《新月集》裡的一個小作品《花的學校》。

（PPT 呈現）

連讀欣賞：《花的學校》

一起分享你最喜歡的詩句吧！

（生閱讀資料。）

生：最後一句，「我自然能夠猜得出他們是對誰揚起雙臂來：他們也有他們的媽媽，就像我有我自己的媽媽一樣」。側面寫出我和媽媽的愛。

生：「樹枝在林中互相碰觸著，綠葉在狂風裡蕭蕭地響著，雷雲拍著大手。這時花孩子們便穿了紫的、黃的、白的衣裳，衝了出來。」對顏色的描寫，寫出了花的色彩，生動形象。

師：用花們穿著衣服的顏色來表現花的繽紛。用「衝」字來表現什麼呢？

生：表現急著找媽媽的情態。

生：「他們關了門做功課，如果他們想在散學以前出來遊戲，他們的老師是要罰他們站牆角的。」這句話寫得真實，特別有童真。

師：這句話是作者的想像，把花想像成做作業的孩子。

生：「於是一群一群的花從無人知道的地方突然跑出來，在綠草上狂歡地跳著舞。」用擬人手法，生動形象地寫出了花的活潑，很有童趣。

師：回答得很規範，有手法、效果、特點。文中這樣的句子還有很多。我們能不能透過這些文字感受到泰戈爾在作品中表達的愛的主題呢？

師：《金色花》，表達的是母子生活中的童趣、理解、快樂、默契、幸福。尤其是母子倆同時說：「我不告訴你，媽媽」，母親也是很有童真之心的。這篇文章既是泰戈爾家裡生活的再現，可能也是透過作品來懷念親愛的妻子、

兒女，祝福他們在天堂有更好的生活。我們用這樣的板書，把金色花的花語表達出來。

（同時板書，完成花型的板書。）

師：這部作品透過金色花，透過塑造一個孩子為母親遮陽光，為母親祝福，像一個天使一樣散發幽香陪母親禱告來表達一個中年男子對親愛的妻兒的懷念、祝福。我們生活中要多一點童心，孩子們要這樣，大人也要這樣，這樣我們就會發現生活中的詩意。課下大家可以再讀讀《新月集》中的其他作品。

（PPT 呈現）

課外閱讀：

《榕樹》、《告別》、《小大人》

《惡郵差》、《同情》、《英雄》……

師：螢幕上的是一朵勿忘我，這是我送給大家的禮物。下課。

生：老師再見。

教學後記

關鍵詞：選準角度

《金色花》不是表達母愛的，也不單純是表達孩子對母親的愛。結合作者泰戈爾的生活經歷，我所讀到的是一個中年男子對親愛的妻兒的深切懷念。文中表現的情境，也許是泰戈爾自己小時候和母親之間的故事，也許是泰戈爾妻子和孩子之間曾經有過的，也許是泰戈爾希望天堂裡的妻兒就是這樣的相處，更是泰戈爾所希望普天下母子的溫馨故事。正如每一種花都有它的花語一樣，金色花也是有其獨特的花語的。花語？對，就以花語為切口進入課文教學，整堂課以花語為線索，在苦思冥想之後，我為自己的這個角度和發現而欣喜。

以讀帶析　感受詩意——《金色花》課堂實錄

　　從課堂效果看，由四幅精美的圖片導入到「花語」是行得通的，開課即給課堂創造設計了美好愉悅的氛圍。

　　作者的個人經歷作為背景資料，補充的時機比較合適、恰當。備課時只預設了第一個資料，在教學過程中，分析文末的那兩句人物語言時我又臨時補充了泰戈爾自己小時候的經歷，感覺很有必要，對深入理解文本背後的意義很有幫助。這一個小生成提示我們：老師廣泛的閱讀就是教學的最好背景資料。

　　朗讀要「讀出畫面，讀出形象，讀出情感」，對這篇文章是合適的：不強調朗讀技巧，而關注朗讀要出效果。「為什麼要變成金色花」這個主問題推進得比較好。嚴格地算來，全課的教學只有這一個提問，但是，這一個問題是關鍵的，對後面話題的理解發揮了鋪墊作用，對「花語」這個教學中心是起著扶襯作用。

　　比較閱讀環節，是我這一課教學設計的亮點和創意。第一個孩子分析「變了」和「變成了」的區別時，我見他說得不到位，又一眼看到了講台上的塑膠花，於是機智生成，拔了幾枝花兒下來，透過動作讓他區分出「變了」與「變成了」的不同效果。雖然，最後我也表達了這個活動不是在強調哪一個版本好，而是讓他們透過對比閱讀來體會散文詩語言的特點，透過比較品析來培養他們的語感，但是，我對其中一個版本的充分肯定，一定也流露出老師話語的強勢傾向了。

　　末兩段的教學，我覺得推進得還是有點艱難的。現在想來，與我關注的點過偏過窄很有關係。完全可以直接讓學生「感受末兩段表現出了家庭生活怎樣的情趣」，可是我卻在「這」字的指代上追究得太深，以至於這一教學環節推進得相當生澀，耗時較多。也許，在合適的時候，我乾脆點白了也不是壞事。這篇文章單獨看，似乎並沒有什麼理解上的難度。理解的時候也許可以更簡約些，只要呈現兩種理解就可以了。反思設計這一環節根本的動機可能還是在這一點上：真正理解泰戈爾創造《金色花》、寫作《新月集》的真實情感目的。這就是作者的意義嗎？文學就是人學，讀文學作品就是讀人的情感，讀作者的那個內我，最終是閱讀讀者自己的情感。這個目標對國一

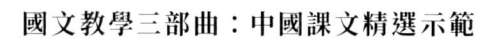

的孩子來說也許深了吧！學生經驗和學生體驗是走近文本的前提、基礎，他們不可能有泰戈爾的經歷，情感同理也許很難。但是，他們的生活可能有泰戈爾筆下的情境，我希望他們真正用心去讀懂作者筆下的生活內容，更去理解一個普通男子的樸實的、真摯的、細膩的情感，學會感受、學會理解、學會感動、學會情感，最終與作者同在。

教學設計時曾經想過及時板書的，可是在實際的教學中，當我感覺到第一個板書的最佳時機已經過去的時候，我改變了主意。所以，在最後的歸納和總結時，我扣住「花語」這個中心線索，把文章裡流露出來的泰戈爾可能的情感都提煉出來，然後說：「讀完這篇文章，我們也許可以用這樣的一些詞語來總結《金色花》的話語內涵了。」用紅筆寫字，用黃筆描圖，於是，一朵飽含豐富愛意的花朵呈現在黑板上。孩子們看到我的這一幅別緻的板書圖時，那閃亮的眼神和微笑讓我知道，他們會記住這節課。

最後，向孩子們和聽課老師們表示感謝時，我的 PPT 上呈現的是勿忘我花的圖片。這是我真實的心理感受。謝謝你們，所有的孩子和老師們！謝謝你們與我一起共享了這一節國文課，與我一起共度生命中的這一短暫而美好的時光。

評點

讓國文課堂成為一首詩

——評點柳詠梅老師的《金色花》

金軍華

泰戈爾的散文詩《金色花》，清新自然，想像豐富，語言秀麗，除了表現母愛，也表現了孩子對母親的依戀之情。

《金色花》有著詩一樣的結構、詩意的語言、詩一般的意境與內蘊。柳老師的課堂如行雲流水，美不勝收，就像一首美妙的詩。

以讀帶析　感受詩意——《金色花》課堂實錄

一、詩一樣的結構

上課一開始，柳老師先以四幅精美的圖片導入，引出「花語」，同學們一起傾聽「花語」……一開課即創造設計了溫馨愉悅的課堂氛圍。接著探討金色花獨特的「花語」含義，並以此為切入口進行課文教學，以「花語」為中心線索。

之後，柳老師讓學生讀課文，在一次次的引導點撥下，學生誦讀的味兒有了，足了；這樣再進行品讀，便水到渠成。末了，柳老師引導學生探討本文作者泰戈爾先生的命意，從「依戀」、「默契」、「童趣」、「快樂」、「幸福」等角度展示了那份如「金色花」般的愛，又用花的造型完成了板書，妙不可言。最後，柳老師推薦《新月集》中的其他篇目，讓學生受了一次文學的滋養。

柳老師的課結構巧妙，「助讀、鋪墊」、「誦讀、點撥」「品讀、研討」、「比讀、玩味」；「擴讀、延伸」，它們環環相扣，有效推進了課堂教學。大環節中還有層進的小環節，如在「誦讀、點撥」環節中又分別提出「讀出畫面」、「讀出形象」、「讀出情感」的細緻目標。這樣，各環節間邏輯關係緊密、照應巧妙、絲絲入扣，讓師生漸入佳境。

二、詩意的語言

《金色花》的教學中，柳老師用詩意的語言征服了學生，征服了與會的各位老師，無論是開場激發學生自信心的話語，還是引導點撥的話語，抑或啟迪學生熱愛生活、珍視詩意的總結語，都展示出她純熟的語言魅力。在這樣的課堂上，學生的文學素養定能潛滋暗長。

三、詩一般的意境

柳老師的課非常注重營造詩一般的意境。柳老師在讓學生誦讀時，特別關注他們的情意表達。如學生在讀「笑嘻嘻地在空中搖擺，又在新葉上跳舞」、「我不告訴你，媽媽」等語句時，柳老師極力讓學生揣摩詩中人物的心理與情感，鼓勵學生一次次地嘗試，從而領略涵詠之妙處。在充分的蘊蓄後，柳老師讓學生齊讀，短短的十幾分鐘指導，孩子們的誦讀已頗具情味。

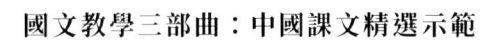

柳老師授課語音柔和、自然，猶如春風拂面。在她的帶動下，課堂的學習氛圍很快就渲染了出來。這是一篇充滿愛的文字，這又是一個洋溢著愛的課堂，文字中的溫情和柳老師與學生間的溫情，在課堂的問答、閱讀、思考、朗讀中流淌、纏繞。

四、詩意的朗讀

在柳老師的課堂上，朗讀形式多樣：「齊讀」、「跳讀」、「老師示範朗讀」、「理解文意讀」……透過深入地讀、個性地悟、開放地談，文章的優美與深刻慢慢浸入心底。可以說，學生在讀書、感悟之後再各抒己見，就是個人情感在朗讀過程中得到昇華的極佳表現。

最富匠心的是她安排了「比讀」環節。她透過對不同版本《金色花》文本進行比較，讓學生談談「兩個版本有哪些不同，找出一處來，說說你更喜歡哪個版本的語言，為什麼」。在比讀中，學生各抒己見，將獨特的見解展示出來。柳老師巧妙地將「應把握書面語與口語的區別，應追求語言的簡潔，應注重語言的情態，應關注語言的照應關係」等國文常識寓於學生的研討中，讓他們自主發現，少了刻板與說教，添了幾多樂趣。這一活動不在於比較兩個版本的優劣，而是試圖讓學生透過比讀進一步體會散文詩語言的特點，培養比較分析的能力，增強語感。

好的國文課，應該可感、可聞、可說。柳老師緊緊地扣住文本，多次讓學生去品析、辨別、體驗、感悟。在讀文章時，她讓學生去讀出焦急、讀出偷笑、讀出撒嬌……讀出畫面、讀出形象、讀出情感……一次又一次的朗讀，讓學生真正得以走進文本，達到了老師、文本、學生三者的和諧交流，情感流淌。

讓國文課堂成為一首詩，這也許是柳老師這堂課裡所體現的最鮮明的教學追求。

（金軍華，江蘇省無錫市梅里中學高級教師、副校長，江蘇省國文特級教師，出版專著《追尋詩意的教育》。）

生成中盡顯教學能力——基測複習課上的精彩

教學過程及感受

快要基測了。下午的考卷練習，我們仍然堅持課前的優美文章聽記交流活動。

十一班的張同學國文課上背誦了一篇《父之殤》。文章寫的是大地震中的一個父親的故事，很多同學聽記交流的時候都是含著淚的。我想把這篇文章也推薦給四班。除了作為優美文章的累積以外，我發覺這篇文章還可以用來出許多典型的基測閱讀題目。

我認真地將文章讀完。

教室裡很安靜。

我看到了不少學生眼裡已滿含晶瑩的淚花。

我說：「也許大家有很多想法。我們先根據文章出幾個題目做做。」

我即興出了以下幾個題目。

1. 第一段的含義和作用分別是什麼？
2. 體會文中細節的作用，如很溫柔、始終微笑；抱著、坐著；一朵野花。
3. 如何理解父親的那一聲大叫？
4. 為何補充介紹武警說的那個情況？
5. 如何理解文章末段的作用？
6. 試體會文章短句語言風格的作用。
7. 說說文章標題的含義。

（感受：課堂教學能力1，開發教學資源的能力。充分利用身邊的教學資源，把學生提供的優美文章作為基測閱讀資料即興出題，這些題目涉及基測閱讀測試的多個方面。）

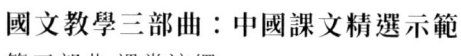

然後，我們對以上問題做了交流。

剛開始學生發言有點拘謹，不主動。

「請猜謎：把你的手伸出來，再握一下。打一個詞。」我看似隨意地說道。

「掌握。」幾個學生答道。

「是啊！掌握。機會就在你面前，就看你願不願意伸出手了。把你的解答說出來給大家評判，這是一次多好的機會啊！」

於是一隻手舉起來了。

（感受：課堂教學能力2，引導和鋪墊能力。能夠根據課堂教學現狀，做靈活機動、活潑自然的引導。）

我們一個題目一個題目地交流。交流中，透過關注題目、強調答法、理清思路，努力引導孩子們學會答題，而且答滿分。

幾個題目交流後，我以為差不多了。

這時，角落裡舉起一隻手。

這是一個平時上課不太聽課的孩子。

他說：「父親的那一聲大叫，壓抑了三天。也許他覺得兒子希望自己的父親保持鎮靜。所以他後來才發洩。」

儘管他的回答從考試的閱讀題角度看，不是很好。但是他能參與、主動舉手表達自己對這一題的解讀，至少他融入了我們的課堂，至少他走進了文章，走近了人物。課堂上，他態度的這一改變很讓我感動。這或許是這篇文章的魅力，我更相信這是國文課的魅力。

（感受：課堂教學能力3，尊重學生的表達。給每一個孩子關注，相信每一個人都是一座豐富的寶礦。）

另外一隻手也舉起來。

這個男孩以前的性情不好,這個學期有了不少改變。近來,他變得穩重、細膩、容易被感動了。他說:「父親在最後把一朵野花放在兒子身上,這是父親對兒子愛的表現。野花是堅韌的,儘管兒子已經不在人世,但是父親希望兒子在另一個世界裡也能有野花一樣的品質。」

說到這兒,他哽咽了,眼睛紅紅的,坐下。他擦擦眼睛,望向窗外。

我說:「孩子,不要刻意掩飾自己的情感,有淚就讓它流吧!我們能在一起交流,能被一篇文章感動,這是多麼美好、幸福的事情。我喜歡你們被感動時的樣子。此時你們是多麼純真、善良、可愛!」

我補充道:「野花也是美麗的,不論我們的生命如何,我們都要開出我們的生命之花。」

(感受:課堂教學能力4,理解學生的內心。要用心用情理解學生,用愛讓自己與學生的心同一頻率跳動。每一顆心靈都有最柔軟的角落。)

後排兩三個學生的手同時舉起。

一個是常發言的女生。一個是難得認真聽課,常常會破壞課堂的男生。

我請了那個男生。(為平時常常被忽略的孩子搭建平台,因為他在參與課堂。這一點對他是很不容易的!我理解一個孩子有表達和被關注的願望。)

他說:「野花是一個信物,父親把野花放在兒子身邊,是希望兒子知道父親永遠在他的身邊,父親的愛一直在追隨著他。」一個平時不懂事又經常搗亂的孩子很認真地說出這些話時,帶給我們全班的是震撼和感動。全班同學情不自禁地為他鼓掌。他羞紅了臉,坐下。一直到下課,他都很認真地參與到課堂活動中。

(感受:課堂教學能力5,針對不同學生,創造設計不同平台。讓學生尤其是平時常被忽略的學生有一種被關注、被肯定的快樂感、幸福感。)

旁邊的女生補充道:「野花是不被人注意的,但是有堅定的追求、堅韌的信念,不管別人是否注意,都要開花。」

我說:「是的,即使沒人注意我們,我們依然有我們生命的追求:開花。」

國文教學三部曲：中國課文精選示範
第三部曲 課堂演繹

我們師生在交流中，愈來愈清晰地、深刻地理解了這位父親。

壓抑了三天，不說一句話。如果在兒子永遠離開他以後，他還是能那麼保持平靜，我們真的不太能理解他了。前面幾天不論怎樣，挖出兒子之前是充滿希望的；後來挖出的兒子儘管已經變形，摟著兒子那也還是相擁相依的；但是，這一次，是真正的生離死別了，再也見不到兒子也沒有與兒子有關的希望與寄託了。我們完全能夠理解他的這一聲「穿雲裂石的大叫」。這一聲大叫，與前面三天的緘默形成強烈的對比，叫出了一個父親內心強大的苦楚，叫出了一個父親巨大的悲慟，使這個父親的形像一下子就立體起來。這才是一個有血有肉的父親，這才是一個有靈有性的父親！

（感受：課堂教學能力6，文本解讀能力。這是國文老師的基本能力，更是老師個人對生活的感悟能力。）

同學們的眼神、表情都告訴我，他們能夠深深地理解這個「沒有人知道他是誰」的父親。他們的目光柔柔的、亮亮的。

我告訴學生：「國文，是要讓我們透過讀懂文字來理解人的。文學，即人學。我們去讀懂故事、把握形象、理解作者，這一切的原點和終點都是為了我們自己。作為一個人，從這些作品中我們參悟人生道理，學得人生智慧，來走好自己的人生道路。」

我說：「我希望不論如何，我們心底裡都應該留有我們本能的善良和悲憫情懷。善良與悲憫是我們之所以為人的一大特徵。人只要能被打動、被感動，被美好的情感濡染，情商一定不低，今後一定能成就一番事業。」

下課鈴響了。

學生還要發言。

徵得同學們的意見後，大家表示要繼續交流下去。於是，我們心甘情願地甚至是快樂地延遲下課。

（感受：課堂教學能力7,利用學科特點對學生進行大教育的能力。除了學習本學科的知識以外,各學科都有對學生進行做人教育的義務和責任。說到底,就是人的教育。）

最後我說：「看得出來,這節課,我們上得很舒暢。我們沒有做指導書上的任何一個題目,但我們透過這篇文章,藉助即興編的題目把散文、小說閱讀的能力進行了綜合訓練。更重要的是,我感覺到我們這一節課師生們都非常和諧地處在一個特殊的情境中。這個情境就是我常說的一個字——」學生馬上齊聲接到「場」！「是的,在這個場裡我們透過文字進行了一次那麼有意義、那麼和諧的交流。我們理解了父親,更重要的是我們理解了人。這是一篇文章帶給我們的收穫,我們收穫了國文課給我們的幸福。」

學生們也紛紛表示他們對這節課的熱愛,還提醒我,還有兩個題目沒交流呢！是啊,還有兩個題目沒交流。明天繼續吧！繼續我們幸福的國文課！

（感受:課堂教學能力8,詩意地總結課堂的能力。讓學生學到國文知識、獲得國文能力,更收穫人生的智慧。）

附錄：學生聽記故事的原文

父之殤

有一種痛,即使許他日月星辰,也照亮不了泣血的心。

這是來自地震現場人員的講述。一個父親從5月12日下午就開始挖,用手,一個人挖,什麼話都不說。默默地挖,很快雙手就流血了。他沒有注意,只是不停地挖。後來武警戰士來了,看他那麼慘,雙手指甲掉光了,讓這個父親別挖,他們幫他挖。他不說話,一個人繼續挖。於是武警和他各挖各的。

挖了三天三夜,不吃東西,偶爾喝點水。從不說話,不哭也不叫。

第三天夜裡挖出來了,他忽然笑了,很溫柔的笑,但是他的兒子已經變形了。

他叫了武警一起抬開預製板，把兒子挖出來，輕輕放在地上，找來水和紗布，給兒子擦身子和梳頭。很輕，很溫柔，他始終微笑，武警看到都要哭，又不敢勸他。

擦完，他就把兒子抱起來，坐著，兩個人，父子。坐了一夜，也不和別人說話，偶爾親親兒子。

天亮了，運屍體的車來了。他拿了一個屍體袋，把兒子裝進去。別人要幫忙，他都拒絕了。然後，抱起裝兒子的袋子，把兒子抬上車。這時候，他突然大叫一聲，那種穿雲裂石的聲音，在場的武警都以為他瘋了。上去拉他，他很快平靜了，說：「我沒事。」

他把兒子放好後，跳下車，抓了一朵野花，放在裝兒子的袋子上，說：「兒啊！爸爸再送你一程。」然後，關門，目送車子離去，一個人轉身走了。

武警說，他兩個食指的第一節骨頭都沒有了。

故事完了。

誰也不知道他是誰。

教學後記

關鍵詞：教學能力

這一節課，我很是喜歡，因為它是靈動的，它創造了沒有預設的精彩。基測複習期間，突破了一味地死做題的課，既有累積又有訓練更有昇華的課是難得的、更是有意義的。喜歡這節課，還在於，它磨練和檢測了我平素的教學能力。

課堂教學能力在老師的能力結構中處於核心地位，因為它是完成教學任務的直接工具，直接決定了課堂教學質量水準。它也是老師各種素質水準的集中表現，它更是老師的職業能力。

我刻意在教學實錄中，對各個教學環節中表現出的教學能力做了提煉，是想讓自己更加清楚教學能力的表現形態，以鞭策自己更加努力。

這一節特殊的課中，以下的教學能力也許值得重點關注。

1. 開發教學資源的能力

大考複習課，是師生都不喜歡的課。很多時候幾乎所有學科的課堂都已經成了考卷的天下，做考卷講考卷，再做考卷再講考卷。如何在大考複習時還能讓國文課散發出國文應有的味道，這離不開老師用心地思考和經營。本節課將學生提供的優美文章直接作為國文閱讀複習的資料，把聽記故事這個特色活動和複習很自然很巧妙地結合起來，開發了國文複習課上的新資源。現在都要求，「讓學生直接接觸國文資料」，只要是能對學生的國文學習、情感品質發展有幫助的材料都可以拿來使用。從課堂效果來看，這篇課外文章發揮了很大的作用。這也給我們帶來一個新的思考和收穫：我們盡可能創造條件讓學生去直接占有廣泛的國文資料，這既擴大學生的閱讀面、增加閱讀量，更讓他們覺得出考卷不是多麼神祕的事情，減輕對考試的畏懼感，讓學生用積極的心態面對考試。

2. 利用學科特點進行大教育的能力

我的課堂教學追求一定的「情境場」。因為，只有在一個和諧的「場」裡，所有的成員才可能敞開心扉真誠交流。而創造設計「場」需要老師有獨特的觀察力、敏感的捕捉能力與機智的調控能力的。

情感教育離不開素材。用怎樣的素材，在何種情況下進行教育就有很大的講究了。最重要的一個條件是，學生是否真正是這個教育活動的主體。文學對人的情感教育、思想品質的影響是潛移默化的，而又是永恆的，因為它用獨特的資料——文本與獨特的方式——滲透來影響人的精神和靈魂。

文章由學生選擇，且文章先感動了學生自己，在一個特定的心靈交流的情境中文章自然也會感動其他人。當所有在場的人的心都被這篇文章激發，每一顆心都發出同樣頻率的波動時，強烈的共鳴便形成了，一個巨大的心靈磁場也就產生了。每一顆心都是友好地、真誠地向他人敞開的，愉悅地接受著他人發自內心的表達。這是國文課區別於或者說超越於其他學科課堂教學的優勢所在。在這樣的「場」裡進行情感教育、思想教育、道德教育，便會

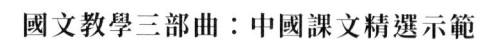

取得顯著的效果。所以，我們國文老師應該著力培養自己充分利用國文學科的特點，對學生進行大教育的能力，發揮國文課堂的獨特魅力，多創造、多利用、多享受國文課堂上的「情境場」，實現文學的多重教育功能。

3. 應對複習和考試的能力

考高中是一次正規的選拔考試，但不能算一個學生國中生活的全部目的。為了這場考試，如何組織複習、積極備戰，取決於老師對高中考試的認識。國文老師要有獨立設計閱讀題的能力和技巧。這一節課上，現場編制的題目，涵蓋了考試國文閱讀題的多個角度、多個內容，如理解人物形象、體會重要語段、體會典型細節的作用、把握文章中心、賞析語言等題目，都是典型的考題。多進行這樣及時生成的訓練，老師的教學能力、學生的學習能力自然都會得到提高。

如何讓學生在繁重的大考複習中還能感受到文學的魅力、學習的快樂，是每一個國文老師應當思考的重要問題。要把最後階段的複習做得有聲有色，既有考試訓練，又能呵護學生的學習熱情；既是國文學習，又不忽略學生情感的需要和表達，這要求國文老師必須得加強課堂教學能力的培養。

老師具有了多種必須的課堂教學能力，才會遊刃有餘，課堂也才會充滿機智和靈動。

評點

磁力　張力　功力

——評點柳詠梅老師的基測複習課

郭志明

這是一堂很見國文老師功力的課。大考國文複習課常常給人「雞肋」的感覺，沒有這種複習課不行，但這種課對學生國文水準的提高、應試能力的增強到底有多大的意義，誰也說不清楚。關鍵是國文老師要透過這種複習課讓學生在完成建構的基礎上能有感有悟，真正形成國文方面的某些素養，練就國文方面的某些功力，並內化為自身的國文能力，無論閱讀、寫作、做題，

都能得心應手、左右縱橫。柳老師的這堂課是有這樣的境界的，她把國文複習課上得這樣有磁力、有張力，讓人不得不佩服她這位「文學人」在課堂教學所體現出來的卓越的教學功力。

　　一般的國文老師總是習慣於根據教材備課、上課，很少有人能拎起一篇文章稍作閱讀就能面向學生開始教學的。柳老師與眾不同。另一班上有位張同學在國文課上背誦了一篇文章《父之殤》，寫大地震中一個父親的故事，很多同學聽記交流的時候都是含著淚的。她感覺到文章很美，便推薦給自己的班，並作為考試閱讀資料即興出題，和學生上起了大考複習課。教學過程中，柳老師感情的蘊蓄很及時，情感的宣洩很自然，透過自己的朗讀很快就感染了孩子，讓他們眼含淚水，學生瞬間就走進了作品深處。閱讀理解時，她出的幾道題都是典型的大考閱讀題目，這些題目涉及考試閱讀的多個方面，有層次，成系統。這足以顯示出她作為一名優秀的國文老師非凡的教學功力：利用身邊的教學資料，把學生提供的優美文章作為教學內容，按新課程標準的要求「讓學生直接接觸國文資料」，只要是能對學生的國文學習、情感品質發展有幫助的資料都可以拿來使用，這是教學資源的開發能力；根據文本內容迅速地梳理歸納、提綱挈領，這是文本的解讀能力；題目設計系統、科學，題目分析準確、有條理，這是命題解題能力；引導學生閱讀理解，充分顧及各層面學生的學習傾向與能力，讓每一個孩子都得到應有的發展，這是課堂的設計與組織能力⋯⋯我們曾經驚嘆於魏書生老師執教示範課，不是帶著預先準備好的教案去上課，而是上課前徵求學生意見，學生點哪篇課文他就教哪篇課文。這說明他對課文的鑽研已很到位，每一篇課文是什麼、怎麼教都在他的心裡。而柳老師似乎更有發展潛力，隨便點一篇文章，稍作準備就可以即席執教。之所以能夠突發奇想，創新構思，上出一種全新的基測國文複習課，讓學生獲得一種不同尋常的國文享用，靠的是深厚的積澱，靠的是獨特的悟性，這正是我們廣大一流老師最需要不斷錘鍊的國文教學的基本功。

　　我們都非常欣賞國文老師善於利用生成資源實施教學的能力，這看上去是對國文老師教學智慧的肯定，其實質是對他們先進的教學理念的欣賞。一切的教都是為了學，老師教的水準再高，沒有學生主動積極的投入，就不會有真正的教學效益。所謂課堂教學生成資源多，其實就是學生的積極性充分

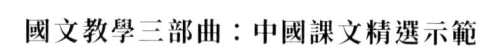

國文教學三部曲：中國課文精選示範
第三部曲 課堂演繹

帶動起來了，學生在課堂上真正成為主人了，主動參與、主動思考、主動行動、主動表達，所以才有那麼多的「意外」，才有那麼多的「驚喜」。優秀的老師如果真的把學生看作是學習的主體，他就會欣喜地抓住這些「生成」，把學生學習的「胃口」吊起來，讓他們更積極地投入學習，有想法、有發現、有爭論、有探究，從而躍上新的台階。柳老師執教，她那麼關注學生，不僅關注每一個孩子的表情、眼光，讓每一個想表達的人都有表達的機會，她尤其重視那些平時並不怎麼聽講甚至是有很多缺點的學生，像「一個上課不太聽課的孩子」、一個「以前的性情不好，這個學期有了不少改變，變得穩重、細膩、容易被感動」的男孩、一個「難得認真聽課，常常會破壞課堂的男生」等，柳老師誘導他們的思維，激發他們的情感，讓他們在課堂上充分地享有學習的權利。這不只是柳老師作為一個優秀老師具有卓越的教學智慧，更重要的是她的心裡有學生，她的教學就是要讓學生「學」，而且是讓不同層面的孩子都有思考、表達、討論、辨析的權利和機會，從而促使他們都有不同程度的進步。這足以說明她的學生立場，她把「學生第一」真正找到落點，新課改倡導的教學理念在她的課堂上變成了現實。

國文教學要追求過程的流暢、教學目標達成的完美，這其實還是一種基礎的要求。柳老師的教學流程當然也是「間關鶯語花底滑」，非常的圓潤熨帖。但聽她的課，你會發現，她追求的絕不只是設計精巧、推進順暢、師生配合默契，而是努力創造設計課堂教學那種獨特的有情境、有魅力的「場」，讓老師和學生非常和諧地處在這一特定的「場」中。正像李海林老師所說，「師生都沉浸在自己的世界中，但似乎有一條線，將老師的世界和學生的世界溝通起來。外人很難進入他們的世界」。

在課堂上，柳老師和孩子們即興編題，透過文字進行了一次那麼有意義、那麼和諧的交流，透過交流，他們理解了父親，感悟到人性，同時，學生散文、小說閱讀的能力又得到了綜合訓練。這樣的課堂教學，是情與情的交流、心與心的碰撞，師生在輕鬆、快樂的一路行走中不斷地擷取果實，收穫著國文帶給他們的幸福。柳老師把這樣的課堂理解為「利用國文學科特點對學生進行大教育」，在這樣的課堂上師生的心「都被這篇文章激發，每一顆心都發出同樣頻率的波動時，強烈的共鳴便形成了，一個巨大的心靈磁場也就產

生了」。在這樣的場景中，國文教學就不只是語言文字的教學，而是以語言文字為載體，融情感教育、思想教育、道德教育、文學文化教育等於一體的大國文教育，具有多重的教育功能。學生得到的自然是綜合的、立體的、複式的、文學的感悟和技能，他們也就能盡享國文學習的獨特魅力和滋養。

　　一流的國文老師只要送過畢業班，自然上過無數的基測國文複習課，這些課的呈現方式往往是講義、考卷主宰課堂，學生做題，老師講題，把複習課上得很無趣，所以對學生沒有吸引力。老師也不喜歡。柳老師的複習課則是一種全新的嘗試，給人耳目一新之感，原來基測國文複習課還可以這樣上：不用現成的資料，直接用學生提供的優美文章作為國文閱讀複習的資料，把聽記故事這個特色活動和基測複習很自然、很巧妙地結合起來，複習資料「現炒現賣」；老師現編閱讀訓練題，師生共同研討；設計的內容無不關乎基測，題目都是典型的考題，理解人物形象、體會重要語段、體會典型細節的作用、把握文章中心、賞析語言等，涵蓋了基測國文閱讀題的多個角度、多個內容；訓練的過程不是機械繁瑣的，而是讓所有的學生都參與，十分注重課堂的生成……這就讓學生不感到基測國文複習的無趣、無聊，而能輕輕鬆鬆，在繁重的基測複習中感受到國文的魅力、學習的快樂，又在快樂中獲得文學的感覺、應試的技能。這樣，基測複習最後階段的課堂就顯得有聲有色，既有考試訓練，又能呵護學生的學習熱情；既是國文學習，又不忽略學生情感的需要和表達。這與純粹以應試為目的複習課截然不同，是一種全新的基測國文複習課堂，是能真正帶動學生複習熱情，並讓學生透過複習能真有收益的國文課堂。如何在基測複習時還能讓國文課散發出國文應有的味道，如何創造條件讓學生去直接占有廣泛的國文資料，擴大學生的閱讀面、增加閱讀量，更讓他們覺得出考卷不是多麼神祕的事情，減輕對考試的畏懼感，讓學生用積極的心態面對考試？柳老師的探索具有典型意義，為基測國文複習課創造了一種新課程，引出了一條新路子。

　　總體而言，這堂課根據教學內容、課堂走勢、學生學情，很流利地推進，上得清新自然、順暢圓潤、行於當行、止於當止。但或許是過於注重教學的「順」，所以就有點「順其自然」之嫌：課堂教學預設的目標和任務沒能夠有計畫地全部完成，課堂教學的重點、難處的把握有失偏頗，課堂教學的整

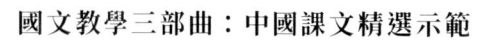

體性不夠強，這些就導致學生就這堂課沒能形成一個相對獨立、整體的建構，這是國文複習課的一種忌諱，自然也是這堂課的一個缺憾。常態的課堂教學，老師一定要強化整體意識，每堂課都要讓學生在優化文學素養的基礎上，完成某一方面的知識和能力的建構，促進課堂教學效益的真性提升。

（郭志明，南通市通州區教育局副局長，江蘇省國文特級教師，江蘇省有突出貢獻中青年專家，出版《國文課堂教學優化藝術》《有效教學操作論》等多部著作。）

依體而教報導文學──《羅布泊，消逝的仙湖》課堂實錄

時間：2012 年 3 月 29 日。

地點：南京浦口石橋中學。（浦口區教學研究活動示範課）

（正式上課前。）

師：我們來了解一下同學們的預習提問。大家提問的內容都很重要。我選其中的一部分唸給大家聽聽。

1. 造成生態環境破壞的深層原因是什麼？

2. 「悲劇並沒有止住」，在文中的作用？

3. 全文在結構上有什麼特點？

4. 本文是一篇報導文學，它的報導性和文學性分別表現在哪裡？

5. 文章的題目有什麼作用？

6. 第十四段「羅布泊消逝了」簡短的一句話，為什麼讓它獨立成段，有什麼意圖呢？

7. 作者寫這篇文章的用意是什麼？

8. 全文在表達上有什麼特點？

9.「此時此刻,我們停止了說笑。那一片巨大的黃色沙地深深地刺痛著我們的心,使我們個個心情沉重。」這句話有什麼作用?

10.「羅布泊還能重現往日的生機嗎?我問自己。」為什麼作者說「我問自己」?

11.「這出悲劇的製造者又是人!」為什麼這句話要單獨成段?

12.「這出悲劇的製造者又是人!」作者為什麼要用「又」,這表達了怎樣的情感?在文中的作用是什麼?

13. 胡楊就是最美麗的樹的意思,在這裡為什麼要寫到胡楊呢?

14. 本文是否只是為了警醒人們保護生態,有沒有更深一層的含義呢?

15.「『泊』字左邊是三點水啊!」為什麼要單獨成段,有什麼好處?

16.「號稱千年不死的胡楊林啊……又像是向誰伸出求救之手!」用了什麼修辭手法?有什麼表達效果?

17.「悲劇並沒有止住。同樣的悲劇仍在其他一些地方上演。」這句話怎麼理解?

好,這些都是我們同學提出的有代表性的問題,也是我們這節課需要面對的、一定要解決的問題。希望同學們互相幫助,解決所有的問題。

(師生問好。)

師:今天,我們一起來學習第十二課,課題是——

生(齊讀):《羅布泊,消逝的仙湖》。

師:很好,聲音響亮。我們打開書,看課文的學習導語,即正文前的方框裡的內容。我們來齊讀,同時思考:在這一段文字中,哪一個詞最能概括這一段話的內容。

生(齊讀導語):羅布泊曾經是美麗的仙湖,牛馬成群,綠林環繞,水如明鏡。一九七〇年代,仙湖消逝了,羅布泊從此成了一個令人恐怖的地方。是誰造成了這樣的悲劇?

師：聲音響亮又整齊。讀書的時候，還可以坐得端正一些，讓你的氣質昂揚起來。哪一個詞可以概括這一段的內容呢？（生七嘴八舌地小聲說）聲音大一點兒地說。

生1：消逝。

師：「消逝」可以概括這一段話的內容？還有呢？

生2：悲劇。

生3：「美麗」更好。

生4：曾經。

師：在剛剛說的幾個詞中，我們來挑一個，看它是否能把這一段的內容概括進去。

眾生：悲劇。

師：為什麼？

生5：「羅布泊，由仙湖變成了恐怖的地方」，這是一場悲劇。

師：是啊！羅布泊這仙湖消逝了，變成了恐怖的地方，這是一場悲劇。我們從語言文字的角度看，「是誰造成了這樣的悲劇」？「這樣」指的是什麼呢？就是前面兩句話呀，前面兩句話就等於「悲劇」。「仙湖」、「消逝」、「悲劇」，請把這三個詞圈出來。

師：這篇文章從文體上看，屬於哪一種文體？

生6：科學小品。

師：從哪裡知道是科學小品？除了科學小品，其他同學還知道它是什麼文體？

生7：說明文。

生8：報導性文學。

師：到底是什麼呢？我們要學會利用課本的邊邊角角來幫助我們理解。請看書下注解1。

［生看注釋1：節選自《善待家園——中國地質災害憂思錄》（《2001年中國最佳報導文學》，灘江出版社2002年版）。標題是編者加的。］

師：知道了嗎？

生（齊答）：報導文學。

師：這是我們遇到的一個新的文體。什麼叫報導文學呢？報導文學兼有新聞和文學的兩種特點。剛剛同學們的提問裡就有：這篇文章的報告性和文學性分別表現在哪裡？

（螢幕顯示）（生齊讀）

報導文學，兼有新聞和文學兩種特點。

新聞要求真實性，敘述事實、列舉數據等都要真實可靠，如文章涉及的調查研究、實地考察、查閱資料等。

文學要求藝術加工，比較講究形象性、抒情性，如對胡楊、荒漠的生動描寫，看到荒漠時的情感抒發等。

師：很好。這是一個新的知識點。請大家在課題旁邊寫下「報導文學」這個短語。再寫上「真實性」、「形象性」、「抒情性」。我們要養成一種習慣，每遇到新的知識點，我們都應該記下來。

師：這節課，我們將圍繞「報告」和「文學」這兩個詞來學習這篇課文。

師：看課文，有同學提出，課文題目有什麼含義？其實，課文題目就是全文的內容。(1) 羅布泊；(2) 曾經是仙湖；(3) 消逝了。

師：下面我們一起去觀賞仙湖。

（螢幕顯示）

觀仙湖

組編：

勾畫相關的描寫語句，組編成一段話，展現「仙湖」美景。

（師巡視，了解學生情況。）

師：好。同桌交流吧！

（師巡視，了解同桌交流情況。）

師：下面全班交流。我們這個任務主要在哪幾段中完成？

生（齊答）：四到八段。

師：沒錯。一定要有這樣的敏感度，既然是描寫仙湖的語句，那就不用在後面的荒漠部分尋找了。

（生共同找出這幾段中的描寫語句。）

（螢幕顯示）（生齊讀課文）

在遙遠的過去，那裡是牛馬成群、綠林環繞、河流清澈的生命綠洲。有綿延不絕的綠色長廊；豐富的水系滋潤著萬頃綠地；映入眼中的是遍地的綠色和金黃的麥浪。

羅布泊像座仙湖，水面像鏡子一樣，在和煦的陽光下，不遠處幾隻野鴨在湖面上玩耍，魚鷗及其他小鳥歡娛地歌唱著⋯⋯

師：如果用課前導語中的一個短語來說，這一部分寫的是———。

生（齊答）：美麗的仙湖。

師：作者對「美麗的仙湖」，是有一種讚歎之情的。在這一部分內容中，有沒有一句話，讓我們能夠體會到作者是在「讚歎」呢？

生9：羅布泊，「泊」字左邊是三點水啊！

師：你能不能試著讀出這種讚歎之情呢？

（生讀，師指點。）

生（齊讀，深情地）：美麗的仙湖。「泊」字左邊是三點水啊！

（螢幕顯示）

美麗的仙湖。

「泊」字左邊是三點水啊！

師：讀得非常好！這一個「啊」把讚歎之情抒發了出來。請大家在這一段的旁邊寫上「讚歎」。

師：小結一下，這第一部分描述了仙湖美景，作者發出讚歎：「泊」字左邊是三點水啊！

這一部分主要用的表達方式是敘述和描寫。當然，更多的是用了想像的手法。如作者不可能隨著張騫一道出去，而是透過歷史資料，發揮想像寫的。看，我們已經解決了同學的一個提問：文章的表達方式上的特點。

師：「泊」字左邊是三點水啊！「泊」字左邊是不是一直都有三點水呢？羅布泊是不是一直有水呢？

（師板書：泊。）

生（齊答）：不是。

師：後來呢？

生（齊答）：少水了。

（師板書：沙。）

師：再後來呢？

生：沒有水了，成了沙漠了。

（師板書：漠。）

師：成了沙漠，也就是「莫」有水了。是不是？漢字多美呀。（指著板書講解）原來有一片白茫茫的水域的時候叫「泊」，水少了就是「沙」了，再莫有水了就是「漠」了。整篇課文呈現的就是：羅布泊從有水到沙漠的過程。

師：好。我們來了解仙湖的消逝過程。

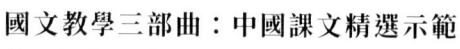

（螢幕顯示）

嘆消逝

1. 提煉：概括羅布泊消亡的原因。

2. 結合具體語句說說文章所表現出的「報告」的特點。

師：我們透過提煉的方法來了解羅布泊消逝的原因。速讀相關語段，把原因讀出聲來。

（師巡視了解，相繼點撥。）

師：大家一起來解決這個問題：羅布泊消逝的原因。

生10：盲目用水、盲目截水、盲目引水、盲目抽水，即「四盲」。

師：「四盲」概括得很好。還有其他原因嗎？

生11：人口數量激增。

師：確實是一個不可忽視的原因。還有補充嗎？

生12：人為改道塔里木河。

師：非常好。三個同學把我們好多同學提出的問題都解決了。是什麼原因造成羅布泊消逝了的呢？塔里木河人為改道、人口激增和「四盲」。同學們已經在書上圈劃出了。這就是一種好習慣。

師：我們再看這部分，能不能結合具體的語句來說一說文中所表現出來的「報告」的特點呢？還記得我們剛才介紹的「報導文學」具有「報告」的特點嗎？

生（齊答）：記得。要有「真實性」。

師：文章有哪些地方表現出了真實性的？

生13：《漢書·西域傳》、《亞洲腹地探險八年》和《西域水道記》。引用了三本書。

師：透過這三本書來介紹羅布泊的一些歷史情況，這是其「真實性」的一個表現。還有嗎？

生14：塔里木河全長1321公里，是中國第一、世界第二大內陸湖。據《西域水道記》記載……1921年，塔里木河改道向北流入孔雀河匯入羅布泊……

三個村莊的310戶村民逃離家園……1958年，塔里木河流域有胡楊林780萬畝，現在已減少到420萬畝。列數據。

師：文中用了大量的數據，表現了幾十年間水庫建了很多、用水很多，這都是關於報告性的特點。這部分中，用了大量的真實的數據呈現和史書的記載呈現。當然後面還有，如第十五段「金秋十月，我們」，第段節裡「我們沿塔里木河向西走出」，第二十一段中「再向前，我們到了」，這些語句是透過介紹行蹤、用人物的活動來呈現了這種真實性。剛剛有同學提問：既然文章在第十四段已經說了「羅布泊消失了」，然後在下面抒發感慨就是了，為什麼從十五段到二十段，都寫了胡楊呢？胡楊是「最美麗的樹」的意思，為什麼一定要寫胡楊呢？

（螢幕顯示胡楊林圖片。）

師：這一片能叫胡楊林嗎？這最前面的是一株枯死的胡楊。看到旁邊有那麼多樹，我們就知道，這裡曾經確實是一片胡楊林。胡楊是一種生命力很強的樹，有人說，它一千年不死；即便死了，死後一千年不倒；倒下，一千年不朽。

師：三千年的生命啊！咱們中國人太厲害了，太兇殘了。多少年就讓它死透了？

生（齊答）：二十餘年。

師：書上寫道：在忍受了二十餘年的乾渴終於變成了乾枯的「木乃伊」。作者為什麼要寫這篇文章？讓我們一起朗讀作者專門寫胡楊的文字，能正好表現這幅照片內容的文字。哪一段可以算是這幅圖片的解說詞呀？

（生齊讀第二十段。）

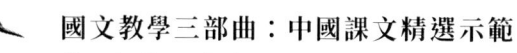

國文教學三部曲：中國課文精選示範
第三部曲 課堂演繹

　　號稱千年不死的胡楊林啊！在忍受了二十餘年的乾渴後終於變成了乾枯的「木乃伊」。那奇形怪狀的枯枝、那死後不願倒下的身軀，似在表明胡楊在生命最後時刻的掙扎與痛苦，又像是在向誰伸出求救之手！

　　師：請大家解讀這一段文字。可以從不同的角度來品析，一個詞、一個句子、一個標點、一種修辭等。

　　生15：「求救之手」是擬人的手法，寫出了胡楊忍受痛苦，對生命的渴望。

　　生16：把胡楊比擬成「木乃伊」，寫出了胡楊乾枯，沒有任何的生命跡象了。

　　生17：第十六段，運用了比喻的修辭手法，把胡楊林比作長城，寫出了胡楊林的生機勃勃。

　　師：你讀的十六段中的這個句子確實表現出了胡楊林生機勃勃的特點。我們現在研讀的是第二十段。看看這兩段有什麼特點呢？

　　生17：第十六段與第二十段形成強烈的對比。

　　師：很好。在對比中更能表現胡楊林的歷史與今天的巨大反差。剛剛我們在讀第二十段時，是按照文章本身的散句方式來讀的。如果我們把這段文字改造成詩歌的樣子，也許更容易理解作者那種痛惜之情。我們來讀讀看。

　　（生深情誦讀課文上以詩行排列的第二十段。）

　　（螢幕顯示）

　　號稱千年不死的

　　胡楊林啊

　　在忍受了二十餘年的乾渴後

　　終於　變成了

　　乾枯的　「木乃伊」

　　那奇形怪狀的枯枝

那死後不願倒下的身軀

似在表明

胡楊 在生命最後時刻的

掙扎 與痛苦

又像是

向誰

伸出求救之手！

師：向誰伸出求救之手呢？

生（齊答）：人。

師：可是羅布泊已經消逝了呀！面對羅布泊的消逝，作者如果再說「『泊』字左邊是三點水」這句話，他不會再是讚歎了，可能要表達出一份追問、一份憂思了。我們來把這兩句話讀一下。

（螢幕顯示）

羅布泊消失了。

「泊」字左邊是三點水？

（生深情齊讀。升調讀出質疑、追問。）

師：是啊！三點水，水呢？面對這樣的一種變化，我們來看看作者到底要透過這篇文章傳達一份怎樣的思考。

（螢幕顯示）

解憂思

1. 品析：圈出最觸動自己內心的語句、詞或標點，做簡要評點。

2. 感受本文「文學」的特點。

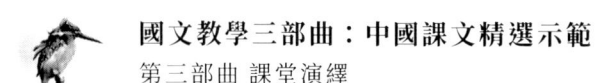

師：閱讀文章的最後一部分，我們去解讀作者的那一份憂思。羅布泊，「泊」變成了「沙」變成了「漠」，哪一段呈現出羅布泊現在的情況了呢？看看大家是否都能讀懂，也有默契。一起讀。

（生齊讀第二十二段。）

師：我想這胸膛裡的痛苦與無奈，不光是羅布泊的，更多的可能是作者的，還有所有看到這番景象的人的。作者透過遣詞造句，給我們呈現出了一幅令人心寒的畫面。請試著品析這一段。從一個詞、一個小短語品析就可以，表示你讀懂了作者為什麼這樣遣詞造句。

生18：痛苦是因為當初碧波蕩漾，如今是一片沙漠，無能為力的一種無奈。

師：你是從情感的痛苦與無奈的角度來解讀的。不錯！

生19：「脫盡了外衣，露出了自己的肌膚筋骨」，失去植被，沒有了任何的保護了。

生20：「那一道道肋骨的排列走向」讓我們看到了現在的羅布泊的情況，毫無生機。用的是擬人的手法。

師：第二十二段呈現了今天的羅布泊令人心痛的景象。如果我們也把這一段改成詩行讀呢？

（螢幕顯示）

站在羅布泊邊緣

會突然感到

荒漠

是大地裸露的胸膛

大地在這裡

已脫盡了外衣

露出自己的

肌膚筋骨

（師）站在羅布泊邊緣

（女）你能看清

那一道道肋骨的

排列走向

看到

滄海桑田的痕跡

（男）你會感到

這胸膛裡面

深藏的

痛苦與無奈

（生齊讀第一節，再分角色朗讀第二節。）

師：這哪裡是羅布泊呢？分明就是一個人啊！我們難道不心痛嗎？

師：透過朗讀，我們發現，如果把散文的句子轉換為詩行的話就更有利於抒情，也留給我們更多想像的空間和畫面。除了這一段，作者發出感慨、憂思的語段，還有好多地方值得我們品析，哪怕是一個句子、一個詞、一個標點。課前也有同學提問，比如第二十五段、二十六段，都有同學問到了。下面請每個同學自選一個角度，選一處寫一寫對這一處的理解。

（師巡視了解，及時點撥。）

師：好了，我們來交流吧。

生21：第二十四段，「那一片巨大的黃色沙地深深地刺痛著我們的心，使我們個個心情沉重」。兩個詞「刺痛」、「沉重」表現出作者的心情。

師：很好。抓住了兩個詞「刺痛」、「沉重」，這是作者的直抒胸臆。

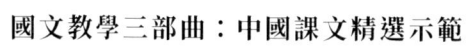

生22：那一片巨大的黃色沙地……三十年前那片胡楊茂密、清水盈盈……

師：我們來看這兩句話有什麼關係？

生22：對比。

師：很好。在對比中呈現胡楊林的歷史與現在，更加襯托作者的傷痛。

生23：我談「這出悲劇的製造者又是人」！這一句，強調「又是人」是悲劇的製造者。

師：這位同學品析了「又是人」、「又」字揭示了人的破壞力。有沒有同學品析「這出悲劇的製造者又是人！」這句話中的驚嘆號呢？

生24：驚嘆號，表達了作者憤怒的譴責！

師：很好。讓我們看看其他的驚嘆號吧！

（生讀第二十七段、二十八段的最後一句。）

生25：「這一切也都是人為的！」有作者的譴責和憤怒。

生26：「救救所有因人的介入而即將成為荒漠的地方！」這個句子中的驚嘆號是哀求、是呼籲，請求人們不要再幹壞事了。

師：標點是會說話的，是能傳情達意。看看其他標點符號呢？

生27：第二十七段後面，「大有乾涸之勢……」省略號省略了其他類似的破壞情況。

師：很好。這個標點很重要。它省略的就是第二十六段說的，「同樣的悲劇仍在其他一些地方上演」。同學們品得都不錯！

師：其實，我們是用一種文學的手法來品味了。那位提出文學性的特點在哪裡的同學現在明白了嗎？作者用直接抒情、用對比、用修辭、用有表現力的標點符號來說話，用多種手法來表現這篇文章的文學性的特點。

師：在這一部分中，作者用了一句話來表達他對羅布泊消逝的原因的判斷，是哪一句話呢？

生（齊讀）：這齣悲劇的製造者又是人！

師：我們把這兩句話連起來讀一讀，要讀出作者複雜的情感。

（螢幕顯示）

這出悲劇的製造者又是人！

「泊」字左邊是三點水啊！

（生齊讀。）

師：我們回顧一下，全文的結構是怎樣的呢？寫了什麼呢？反映作者什麼樣的情感態度呢？先前有同學說，文章太長了，理不出來。看螢幕，現在能理出來了嗎？（提問的學生點頭）

（螢幕顯示）

美麗的仙湖。「泊」字左邊是三點水啊！

羅布泊消失了。「泊」字左邊是三點水？

這出悲劇的製造者又是人！「泊」字左邊是三點水啊！

師：文章的結構和內容透過這樣的處理就很清晰了。是不是就是我們剛才分析的三句話的反覆出現呢？（生恍然大悟）

師：我們把這六句話再讀一下，要讀出作者在文章中的起起伏伏的情感來。

（生齊讀螢幕上的六句話。）

（螢幕顯示羅布泊碑刻的圖片。）

師：這是現在的羅布泊的照片。我們看到了羅布泊的碑，碑上刻的是「永遠的羅布泊」。你們知道這碑的位置嗎？（學生搖頭）就在曾經的羅布泊的湖中心。（學生驚嘆）

師：讓我們來歸納一下這篇文章的內容（邊說邊完成板書）。

文章介紹了仙湖的美景，告訴我們它是如何消逝的。從仙湖到消逝，這是一場災害。當然這樣的災害只是悲劇之一，還有很多很多這樣的悲劇。無數的悲劇讓我們憂思，我們必須以善待的態度去面對大自然，去建設美好的家園，而那美好的家園也許就像仙湖一樣美麗。

板書如下：

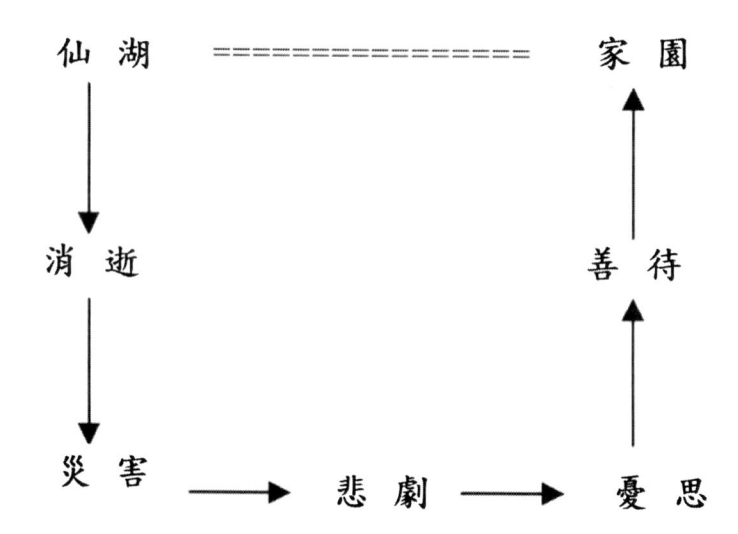

```
仙 湖 ================  家 園
 |                       ↑
 ↓                       |
消 逝                    善 待
 |                       ↑
 ↓                       |
災 害 ——→ 悲 劇 ——→ 憂 思
```

師：大家看一下這個板書，文章的內容和作者的寫作目的，你現在明白了嗎？用自己的話說說這個圖示吧！

（看板書師生齊說。）

師：知道我用的這些詞從哪兒來的嗎？書下注解 1。請把它圈出來吧！還是要提醒大家，要學會用國文書籍啊！

師：總結一下這堂課，我們做了哪些事情。

（螢幕顯示）

學習小結

累積知識：報導文學；

掌握方法：組編、提煉；

訓練能力：品析、感悟。

師：我們累積了知識，新認識了「報導文學」，了解了它的特點是——

生（齊答）：真實性、形象性、抒情性。

師：非常好。我們還掌握了那麼長的文章，我們怎麼學習的呢？掌握了一點方法：用組編和提煉的方法；我們還知道，可以透過品析和感悟來理解一部文學作品。

師：這節課就上到這裡。下課。

教學後記

關鍵詞：依體而教

上了一節「依體而教」的課。

感覺舒舒爽爽。

晚間聽自己的課堂錄音，發現：最大的進步是語速慢了，最大的問題是話還是多了。

對這一篇文章的處理，我所聽的課、我所讀到的案例，都是把它作為普通的說明文來教學的，而在教學過程中，又偏於環保教育課、思想政治課的內容了。忽視或者壓根兒不知道這篇文章是報導文學是普遍現象。因而對這篇文章的處理不得體，教學中自然就不得法了。

這是一篇報導文學，「節選自《善待家園——中國地質災害憂思錄》（《2001年中國最佳報導文學》，灕江出版社2012年版）」，書中這一條看似不起眼的注釋是一個非常重要的資訊，正給我提供了一個非常獨特的教學切入口。「報導文學」，具有「報導性」，也有「文學性」，它的這兩個特點為教學設計打開了窗。

反覆研讀這篇曾經被我怠慢過的課文，越發覺得它的可愛了。我對此文本的解讀，可以歸結為以下三點。

國文教學三部曲：中國課文精選示範
第三部曲 課堂演繹

1. 一句話貫穿全文情感。

2. 三句話串起全篇內容。

3. 五種表達方式綜合使用。

我的教學設計均是圍繞這獨特的「一三五」來完成的。

「『泊』字左邊是三點水」，這一句從構字法的角度來解讀羅布泊曾經是仙湖時的命運，頗有意味。然而，這又何嘗不是作者面對羅布泊消逝而成戈壁灘後發出的一聲慨嘆呢？用不同的語氣來讀這一句話，可以讀出不同的情感和態度。備課時，我透過反覆朗讀，體會了不同讀法帶來的不同效果。教學設計時，我決定把這一句話作為全篇教學的一個線索，由這一句話來表現羅布泊的不同命運及作者的態度。從課堂效果看，這一個設計還是很精妙的！

如何讓學生更好地理解作者在文章後半部分表達的那份沉痛、憂思，是文章的一個教學重點。賞析語句、品味情感，這是一貫的手法。然而，本文中的情感已經不是作者的個人小情感，而是所有關注、關心、關愛著人類發展、地球環境的人的共同情感，以怎樣的方式來解讀文字才能達到與文字匹配的深重情感呢？當我緩慢又深情地朗讀第二十段的時候，我竟然感覺自己讀的不是普通的長句，而是可以帶給我們想像和畫面的詩句。於是，我把第二十段的文句排列成詩行，再讀的時候，果然感覺不同了，似乎更能理解和貼近作者的心、更能貼近羅布泊的心了。「文詩轉化」的創意就源於此。排成了詩行，再分角色朗讀，發揮詩行的作用，這樣的創意處理在課堂上的效果非常好！

關於運用圖片，在這一課的教學中，也值得說一說。

見過大量的課程案例，都是呈現許多張照片來反映羅布泊的歷史變化。那些有大面積的湖面、有成片的樹林的照片，很難確認是不是羅布泊的。有時，文字呈現的世界一旦用圖片來代替了，我們就會以為不過如此。所以，圖片這樣的教學憑藉的使用是要有所講究的。這節課，我用了兩張圖片，一張是枯死的胡楊林，其中還有不願倒下的像在掙扎的枯樹幹；還有一張，是

如今的羅布泊戈壁灘的圖片。最令人觸目驚心、永遠難忘的是那個黑色的墓碑，「永遠的羅布泊」的墓碑的位置竟然是羅布泊曾經的湖中心。學生看著照片聽我解說，他們在感嘆不已中又不得不接受這種令人心痛的事實。我想，一張照片就足以有力量讓他們永遠記住羅布泊的悲慘經歷了。

依體而教，是確定教學內容的前提，也是選擇教學策略的基礎，更是有效教學的保障。依體而教，更是一個值得繼續深入研究的教學課題。

2011年版課標把「鑽研教材」、「精心設計教學方案」寫進「教學建議」，是否因為當下老師對教材的獨立鑽研不夠、教案設計不夠精心呢？把最最基本的要求列入課標，憂喜參半啊！

永遠記得「國文老師的第一看家本領是解讀教材的能力」的訓導。一直努力著，追尋有個性有思想的創意設計。

評點

教學細節處講究「活」與「法」

——品讀《羅布泊，消逝的仙湖》的「教學細節」

徐杰

教學細節處，可見老師的教學理念、教學智慧。

一、《羅布泊，消逝的仙湖》，執教者在教學細節處流露出其一直以來的教學理念，那就是「教學活動講究一個字——活」。

1.「活」體現在讓教學對象真正「鮮活」起來。我們不妨回顧一下教學細節。

(1) 我們來了解一下同學們的預習提問。大家提問的內容都很重要。我選其中的一部分唸給大家聽。

(2) 剛剛同學們的提問裡就有：這篇文章的報告性和文學性分別表現在哪裡？

(3) 同學們提問：胡楊是最美麗的樹的意思，為什麼一定要寫胡楊呢？

第 (1) 處是學生課前的質疑，這體現了執教者的教學理念——讓學生學會充分預習。敢於質疑的學生，學習方法才會靈活。愛動腦思考，學生的思維品質才能提升。讓教學對象鮮活起來，在課前就已經預熱。第 (2)、(3) 同樣體現了執教者的理念，講究「從學生中來，到學生中去」，這樣前後的順勢牽連，看似無意，實則有意；看似是預設，實則是生成，問題的回答隨文而教，隨課堂活動推進而呈現。

2.「活」體現在教學形式的「多樣」。綜合整堂課，發現執教者採用了很多學習形式，比如：(1) 預習課文，質疑。

(2) 組合「羅布泊」的「美景」。

(3) 詩意地改寫二十、二十二段，以詩歌的形式呈現文本內容。

(4) 提煉課文主要內容和豐富情感。

學習形式的多樣，不是追求課堂呈現時面上的轟轟烈烈，而是一種實實在在的溯源追本。「預習質疑」是培養學生的思維品質，這是國文學習的本真，我們的國文教學不僅僅是讓學生學到知識。「組合美景」，這是提煉、是分析、是感受，是學習閱讀的方法。詩意的改寫，節奏鮮明，整散句結合，情感更為強烈，教學形式不拘泥於報導文學這一題材，引入詩歌的形式，敢於創新，激活課堂。內容與情感的提煉和整合，內容之間存在著這樣的關係：美在哪裡？為什麼不美了？不美的原因是什麼？邏輯很鮮明。情感愈來愈強烈，層層遞進，不復沓。

二、執教者在教學細節處彰顯教學智慧，如庖丁解牛那般遊刃有餘，講究「法」，即執教者講究的教學策略。

1. 講究「等待」的策略。我們說的教學策略有很多，如處理好課堂節奏的快慢、課堂結構的疏密等等。執教者在執教過程中有多處的「等待」。舉一例。

師：哪個詞可以概括這一段的內容呢？

（生七嘴八舌小聲說。）

生：消逝。

師：「消逝」可以概括這一段話的主要內容？還有呢？

生：悲劇。

生：「美麗」更好。

生：曾經。

師：在剛剛說的幾個詞中，我們來挑一個，看它能不能把這一段內容概括進去。

眾生：悲劇。

在學生自言自語時，老師不打斷，這是對學生信心的培養，等待學生在自我培養中學會表達。在學生回答不一致時，老師耐心等待，這是尊重學生的個性思考。在答案紛呈時，老師不慌不亂，讓學生對呈現的答案進行比較，老師的等待就是讓學生學會辨別與思考。很多時候，課堂不需要熱熱鬧鬧，而是安安靜靜，讓學生慢慢想、細細品，這不是老師的不作為，相反，這是在作為，做的事情就是實現「生生共生」，課堂此時尤為精彩，等待是必要的。講究教學節奏這一策略，執教者真是得「法」。

2.講究「總結」的策略。本堂課，老師的總結有很多處，細細數來有十多處。執教者在總結的時候，不是對學生回答的重複，而是有提煉，更有補充，還有推進。提煉，不僅僅是對學生答案的提煉，還是對教學內容的提煉。補充，是對學生沒有回答到位的補充，更體現其文本細讀的意識，以自己的「細讀」帶動學生「細讀」。推進，是在學生回答的基礎上的提升，讓學生的思考更上一層樓。

如果說硬要對本課講幾句「瑕疵」，那就是：兩次變形朗讀，均是老師的「成果」展示，如果能把其中一處交給學生去試試，也許效果會更好。

（徐杰，江陰市國中國文教學研究員，「精緻國文」首倡者，連續兩屆全國中國語言「優秀老師」，著有《精緻語文》、《聽徐杰老師評課》等。）

國文教學三部曲:中國課文精選示範
後記

後記

文學，一場生命的相遇

「所有真實的生活都在於相遇。」（布貝爾）因為與文學的相遇，才有了面前這本讓我心愛的小書。

因為與一則看起來輕描淡寫的通知相遇，我做出了離開大學進入中學的選擇。國中國文教學與研究是我的使命與歸宿，我堅信。

因為與骨幹培訓班的相遇，聆聽了許多專家的講座，我方知道國文研究的天地有多麼廣闊，國文研究的世界有多麼斑斕。

因為與余映潮老師的相遇，尤其是成為余老師的弟子，我才真切地感受到了視國文為命業、全身心進行國文研究的超然境界。與恩師相遇，是我文學生命中最有意義的事情。

因為與「樵民紅軍」四兄弟（劉恩樵、王益民、梁增紅、丁衛軍）的相遇，一起研討、一起公益，我獲得了同道之人相伴取暖、攜手前行的踏實和幸福。與友人相遇，讓我的文學視野更寬廣，文學生活更豐富。

因為與所有學生的相遇，要面對各具性格的個體與團隊，我努力讓自己不僅僅是他們生命中的匆匆過客，因而獲得不斷成長的動力。與學生相遇，讓我感受著為師的責任與幸福。

因為與我的親密愛人的相遇，我的身邊總有一個愛傾聽我的教育故事、欣賞我的教育熱情、分享我的點滴成功的人。與愛人相遇，讓我獲得了來自家庭的理解與支持，得以更投入地工作。

因為與鐘小族編輯的相遇，他給了我合理的建議、真誠的鼓舞、持續的關注，讓我終於有了把自己的文字出版的決心和勇氣。與鐘先生的相遇，讓我感受到國文老師走得並不寂寞。

因為與太多的人、太多的事相遇，熱愛文學、熱愛教育成了我終生的愛好和事業。

國文教學三部曲：中國課文精選示範
後記

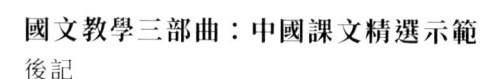

　　獨立的文本解讀、別緻的創意設計、切實的教學後記，這便是任何一位國文老師都應用心彈奏的國文教學三部曲。每天，在自己譜寫的樂章中，聆聽文學的節奏和旋律，感受文學之曲帶來的身心愉悅和精神滿足，這是人生中何等幸福的樂事呀！

　　進入中學教學一線十三年了，從2008年8月6日正式記錄文學生活算起，也整整六個年頭了。這六年，我充分享受著國文教學與研究的快樂與幸福。我的一點點的成績，全都是在這六年裡取得的。由純粹當學生聽課，到現在被北師大、北大等多所大學邀請開課、講座；由只是個讀者，到現在文章在核心期刊發表並被人大複印資料轉載；由只站在自己的教室裡，到被應邀在多個省市的會堂裡，甚至在千人會場上授課、做報告……這六年，我認認真真地對待每一天，踏踏實實地走好每一步。數百萬字的記錄就是我與文學相遇後的生活史。

　　打開電腦，點擊2011年寒假期間整理的「文集新目錄120篇26萬字」的文件夾，「草稿1」、「草稿2」、「新目錄1」、「新板塊2」等文件名稱，讓我想起那段每天整理自己文字的美好日子。我要對自己進入中學十年的生活進行認真的總結，那時我以為，把伴隨並見證自己成長的文字編輯成集是最好的方式。可是，遲遲地，我一直沒有把那些文稿整理到令自己滿意。這三年中，我並沒有完全停止這個工作。我在根據我對文學的理解、對教學的解讀以及對自己的認識，不斷地調整書稿的內容。比較這兩本文集，我發現眼前的這本幾乎沒有了三年前那本的影子，變化最大的部分恰恰是我專業成長最突出之處。

　　程翔老師在《語文教師要善於累積自己的課堂作品》一文中提出：「一個老師，三尺講台幾十年，備課本寫滿幾大摞，教案數以千計，這就是老師的財富。這些教案不一定都是成功的，但其中必有精心之作。把這些精心之作集中起來，就是一本課堂作品集。」

　　這三十一篇文字，不知能否稱得上是「精心之作」，也不知能否配得上「作品」這個有力量的詞語，權且把它們視作這幾年我自己沒有怠慢文學生活的證明吧！

比起我的幾位好友幾乎一年出一本書的高產速度，我簡直就是在以蝸牛的速度行進，但做到一路向前、從不停步、心安理得而已。想起益民兄曾經在校園裡遇到的那只蝸牛和為它而作的詩歌。蝸牛在攀登自己的金字塔，享受一路攀爬的多姿多味，全部的世界最後盡在眼前。「每個人都有自己的金字塔。」每一節課、每一次錄音、每一篇論文，都是我金字塔的磚石，一塊一塊地壘，一步一步地登，只為建造屬於自己的文學之塔。

　　從原來的一百二十篇文章，到眼前的三十一份國文教學作品，我走了三個春秋，這絕不是一個簡單的篩選過程，而是認識自己、理解國文的漫漫之旅。最令人欣慰的是：這三年裡，我沒有一天怠慢過我酷愛的文學。我享受著與文學相遇、相愛的日子。這樣的深情蜜意將伴隨我未來的每一個日子並直到永遠。

　　這是我第一本正式出版的國文教學作品，它告訴了我什麼叫熱愛、什麼叫堅持、什麼叫事業。我相信這絕不是唯一的一本。因為，與文學的相遇，是我生命中最重要的經歷；與文學人的相遇，是我文學之旅上的幸事和樂事。

　　再一次感謝我的恩師余映潮老師，我的好友「樵民紅軍」兄弟，我的親密愛人顏一平先生，我歷屆的所有學生夥伴，評點我實錄的郭志明、謝雲等諸位師友，熱心的鐘小族編輯，還有一直關心、鼓勵我成長的李葆嘉、胡賢琴等老師。生命中與諸位師長、學友的相遇，是我的幸福與財富。如果有機會讓我重新選擇，我還會選擇與文學相遇，選擇與你們攜手走在美麗芬芳的文學小徑上，欣賞滿程的燦爛風光。

國家圖書館出版品預行編目（CIP）資料

國文教學三部曲：中國課文精選示範 / 柳詠梅 著. -- 第一版.
-- 臺北市：崧燁文化，2019.09
　　面；　公分
POD 版

ISBN 978-957-681-940-7(平裝)

1.國文科 2.教學設計 3.中等教育

524.31　　　　　　　　　　　　　　　　　108015033

書　　名：國文教學三部曲：中國課文精選示範
作　　者：柳詠梅 著
發 行 人：黃振庭
出 版 者：崧燁文化事業有限公司
發 行 者：崧燁文化事業有限公司
E - m a i l：sonbookservice@gmail.com
粉絲頁：　　　　　網址：
地　　址：台北市中正區重慶南路一段六十一號八樓 815 室
8F.-815, No.61, Sec. 1, Chongqing S. Rd., Zhongzheng
Dist., Taipei City 100, Taiwan (R.O.C.)
電　　話：(02)2370-3310　傳　真：(02) 2370-3210
總 經 銷：紅螞蟻圖書有限公司
地　　址:台北市內湖區舊宗路二段 121 巷 19 號
電　　話:02-2795-3656 傳真:02-2795-4100　　網址：
印　　刷：京峯彩色印刷有限公司（京峰數位）

本書版權為西南師範大學出版社所有授權崧博出版事業股份有限公司獨家發行電子書及繁體書繁體字版。若有其他相關權利及授權需求請與本公司聯繫。

定　　價：500元
發行日期：2019 年 09 月第一版
◎ 本書以 POD 印製發行